# 中国印染行业绿色低碳发展研究报告

中国印染行业协会
石狮市人民政府
国家先进印染技术创新中心

联合编著

中国纺织出版社有限公司

## 内 容 提 要

本书全面阐述了印染行业在“碳达峰”“碳中和”背景下的绿色低碳发展路径。首先分析了印染行业的生产特点与发展现状，分析了温室气体及污染物排放源，并详细研究了能源消耗与碳排放情况，探讨了印染行业低碳发展技术及方向，包括节能低碳工艺技术、染料助剂、装备及热能回收等，重点介绍了减污降碳协同增效评价方法与技术清单，通过典型案例展示了协同增效技术的实际应用。最后，提出了印染行业减污降碳协同控制改造提升的路径和建议，旨在推动行业全面绿色低碳转型，为实现高质量发展提供有力支撑。

**图书在版编目（CIP）数据**

中国印染行业绿色低碳发展研究报告 / 中国印染行业协会，石狮市人民政府，国家先进印染技术创新中心联合编著. --北京：中国纺织出版社有限公司，2025. 3.

ISBN 978-7-5229-2502-8

Ⅰ. F426. 81

中国国家版本馆 CIP 数据核字第 20256DJ096 号

---

责任编辑：陈怡晓　　责任校对：高　涵　　责任印制：王艳丽

---

中国纺织出版社有限公司出版发行

地址：北京市朝阳区百子湾东里 A407 号楼　邮政编码：100124

销售电话：010—67004422　传真：010—87155801

http://www. c-textilep. com

中国纺织出版社天猫旗舰店

官方微博 http://weibo. com/2119887771

鸿博睿特（天津）印刷科技有限公司印刷　各地新华书店经销

2025 年 3 月第 1 版第 1 次印刷

开本：710×1000　1/16　印张：13. 25　彩插：2

字数：193 千字　定价：380. 00 元

京朝工商广字第 8172 号

---

# 《中国印染行业绿色低碳发展研究报告》


顾　　问：孙瑞哲　俞建勇　李陵申　曹学军　陈志华

主　　编：林　琳

执行编辑：刘添涛　赵伟伟

编　　委：（按姓氏笔画顺序）

丁思佳　王　岩　叶银容　刘东榕　刘秀艳

巫菲祥　李　方　李双双　李　荣　李秋芳

李鹏飞　张怀东　张晓侠　张　蕾　陈聪颖

贾　斌　顾　仁　董淑秀

# 前　言

实现“碳达峰”“碳中和”是一场广泛而深刻的经济社会系统性变革，需要各地方、各部门、各领域、各行业的通力配合。2021 年以来，《中共中央 国务院关于完整准确全面贯彻新发展理念做好碳达峰碳中和工作的意见》《2030 年前碳达峰行动方案》相继发布，为实现“双碳”目标作出顶层设计，明确了“碳达峰”“碳中和”工作的时间表、路线图、施工图。在顶层设计出台之后，我国陆续发布重点领域和行业“碳达峰”“碳中和”实施方案和支撑保障措施，一系列文件构建起目标明确、分工合理、措施有力、衔接有序的“碳达峰”“碳中和”“1+N”政策体系。

工业是碳排放重要领域，积极推动工业绿色低碳发展对实现“碳达峰”“碳中和”目标意义重大。作为纺织工业节能减排、绿色发展的核心领域，近年来，我国印染行业坚定不移贯彻落实党中央、国务院决策部署，积极践行绿色低碳发展理念，持续推广绿色先进适用技术和工艺的应用，行业清洁生产水平不断提高，能源资源利用效率明显提升，绿色发展取得积极成效。

在取得巨大成绩的同时，我国印染行业实现全面绿色转型和低碳模式发展仍面临着较大挑战，仍存在不同区域、不同规模、不同类型印染企业的绿色发展水平差距较大，部分地区行业发展与生态环境保护之间的矛盾还较为突出等问题。深入推进印染行业绿色低碳转型，是纺织工业实现绿色低碳循环发展的核心要点，是解决资源环境约束问题的根本之策，也是培育和发展新质生产力、实现高质量发展的必然选择。

为加快建立绿色低碳循环发展的现代化产业体系，深入推动行业绿色低碳转型和高质量发展，协同推进降碳、减污、扩绿、增长，中国印染行业协会组织开展了《中国印染行业绿色低碳发展研究报告》的研究编写工作。报告以印染行业生产特点为基础，全面分析了印染行业能源消耗、碳排放与污染物排放特征，创新性研究了印染行业减污降碳协同增效评价方法，系统梳理了印染行业节能低碳先进技术与减污降碳协同增效技术，深入研究了印染行业减污降碳协同增效实施路径，并提出了相关建议。报告旨在为印染行业企业碳排放管理工作提供研究基础，对指导和推动印染行业全面绿色低碳转型具有重要的参考意义。

推进行业绿色低碳发展是一项系统工程。本报告编写过程中，得到了行业众多专家学者、印染及相关企业的热心指导与帮助，在此一并表示感谢。由于编写时间仓促和水平所限，本书中难免存在疏漏及不足之处，敬请读者批评指正。

本报告的编写和发布得到了石狮市人民政府和国家先进印染技术创新中心的大力支持和帮助，在此特别致谢！

本书编委会

2025 年 1 月

# 目　　录

# 第1章　印染行业生产特点与发展

## 1.1　印染行业生产工艺及特点

印染行业是纺织产业链中提高产品附加值的关键行业，也是能源消耗的主要行业之一。为全面分析识别印染生产过程的碳排放源，本章对印染行业生产涉及的主要原辅材料生产工艺过程和生产特点进行分析。

### 1.1.1　印染行业原辅料

印染行业所用的原辅料主要包括纺织纤维、染料、通用化学品和印染助剂。

#### 1.1.1.1　纺织纤维

根据纤维的来源和生产工艺，可将纤维分为天然纤维和化学纤维。其中天然纤维是自然界原有的或经人工培植的植物上、人工饲养的动物上直接取得的纺织纤维，包括植物纤维、动物纤维和矿物纤维。化学纤维是指以天然或人工合成的高分子化合物为原料，经过制备纺丝原液、纺丝和后处理等工序制得的具有纺织性能的纤维，分为人造纤维（再生纤维）、合成纤维、无机纤维。纺织纤维分类见表1-1。

**表1-1　纺织纤维分类与成分**

| | | | |
|---|---|---|---|
| 天然纤维 | 植物纤维（纤维素） | 种子纤维 | 棉、木棉等 |
| | | 叶纤维 | 剑麻、蕉麻等 |
| | | 茎纤维 | 苎麻、亚麻、大麻、黄麻等 |
| | 动物纤维（蛋白质） | 毛发类 | 绵羊毛、山羊毛、骆驼毛、兔毛、牦牛毛等 |
| | | 腺分泌物 | 桑蚕丝、柞蚕丝等 |
| | 矿物纤维（无机物） | 无机金属硅酸盐类，如石棉纤维等 | |

续表

| | | | |
|---|---|---|---|
| 化学纤维 | 再生纤维 | 再生纤维素纤维 | 黏胶纤维、醋酸纤维等 |
| | | 再生蛋白质纤维 | 大豆纤维、花生纤维等 |
| | 合成纤维 | 普通合成纤维 | 涤纶、锦纶、腈纶、丙纶、维纶、氯纶等 |
| | | 特种合成纤维 | 芳纶、氨纶、碳纤维等 |
| | 无机纤维 | 玻璃纤维、金属纤维等 | |

### 1.1.1.2 染料

（1）按染料化学结构分类。按染料化学结构可分为：偶氮染料、蒽醌染料、芳甲烷染料、靛族染料、含硫染料等。

①偶氮染料：共轭体系由一个或多个偶氮基连接芳环而成的染料。色谱全，品种多，产量大。

如分散蓝 3R

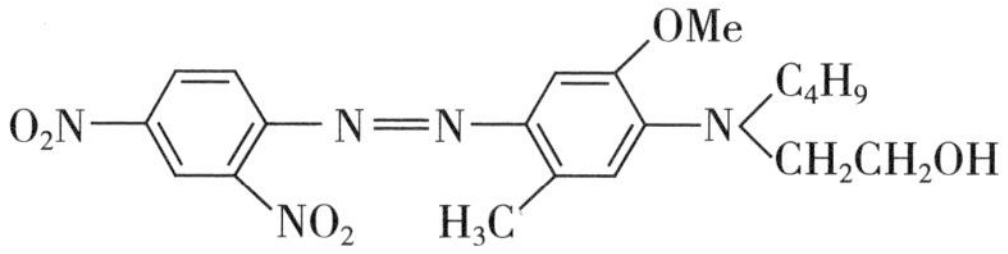


②蒽醌染料：由蒽醌和稠芳环结构组成，在共轭体系中含有两个或两个以上羰基的发色体系。色谱全、产量大、品种多，仅次于偶氮染料。

如酸性蓝 B

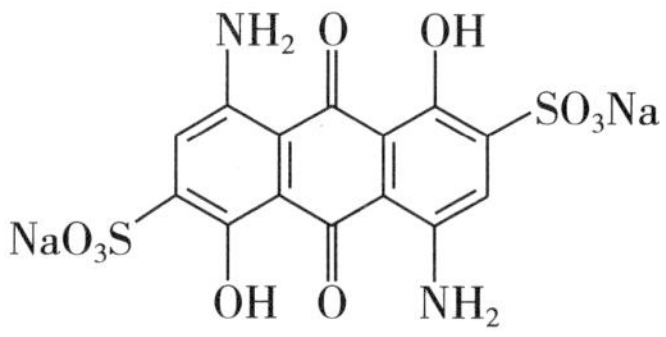


③三芳甲烷染料：由中心碳原子连接三个芳环形成主要骨架，芳环可以是苯环、萘环等。

如结晶紫

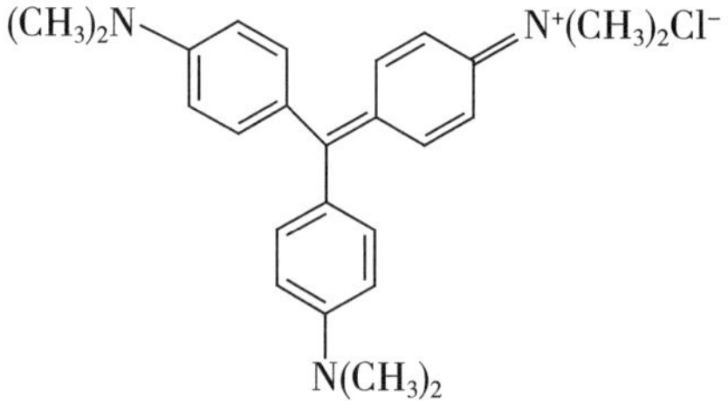

④靛族染料：由碳碳双键链接两个羰基的杂环组成的共轭体系作为母体结构的染料。

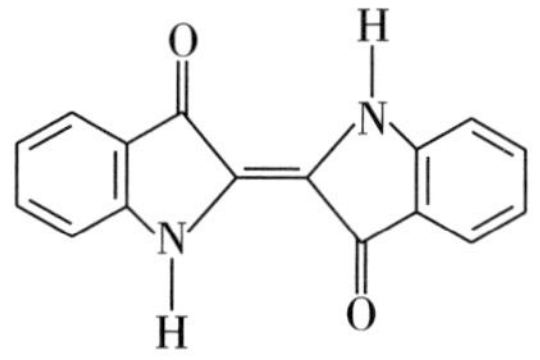

⑤含硫染料：由苯的衍生物与硫、硫化钠加热制得。

⑥其他结构：酞菁染料、硝基和亚硝基染料、甲川和多甲川类染料、氮杂甲川染料、呫吨、吖啶、吖嗪、噁嗪、噻嗪、噻唑、喹啉、苯醌和萘醌等，产量不大。

（2）按染料性质和应用分类。按照染料性质和应用方法，可分为直接染料、酸性染料、分散染料、活性染料、还原染料、阳离子染料、不溶性偶氮染料、硫化染料、可溶性还原染料等十余种。染料特点及适用纤维见表 1-2，染料结构及染色机理见表 1-3。

**表 1-2　染料特点及适用纤维**

| 染料类别 | 特点 | 适用纤维 | | | | | | |
|---|---|---|---|---|---|---|---|---|
| | | 棉 | 麻 | 丝 | 毛 | 锦 | 涤 | 腈 |
| 直接染料 | 溶于水，使用方便，色谱齐全，价格便宜，色牢度较差 | √ | √ | √ | √ | √ | | |
| 活性染料 | 溶于水，使用方便，色泽鲜艳，色谱齐全，价格适中，湿处理牢度优良 | √ | √ | √ | √ | √ | | |
| 不溶性偶氮染料 | 不溶于水，使用过程繁复，色谱不全（缺绿），价格低廉，色牢度良好 | √ | √ | | | | | |
| 还原染料 | 不溶于水，使用过程繁复，色谱不全，价格昂贵，色牢度好 | √ | √ | | | | | |
| 可溶性还原染料 | 溶于水，使用方便，色谱不全，价格昂贵，色牢度好 | √ | √ | | | | | |
| 硫化染料 | 不溶于水，使用过程繁复，色谱不全，色谱齐全，价格低廉，色牢度良好 | √ | √ | | | | | |

续表

| 染料类别 | 特点 | 适用纤维 | | | | | | |
|---|---|---|---|---|---|---|---|---|
| | | 棉 | 麻 | 丝 | 毛 | 锦 | 涤 | 腈 |
| 酸性染料 | 溶于水，使用方便，色谱齐全，价格适中，色牢度良好 | | | √ | √ | √ | | |
| 酸性媒介染料及酸性含媒染料 | 溶于水，使用较方便，色谱不全，价格适中，色牢度优良 | | | √ | √ | √ | | |
| 分散染料 | 微溶于水，色泽艳，色谱齐全，价格较高，色牢度优良 | | | | | √ | √ | |
| 阳离子染料 | 溶于水，使用方便，色泽浓艳，色谱齐全，价格适中，色牢度优良 | | | | | | | √ |

**表 1-3　染料结构及染色机理**

| 染料类别 | 结构特点 | 染色机理 | 染色/印花助剂 |
|---|---|---|---|
| 直接染料 | ①匀染性直接染料：一般为单偶氮或双偶氮染料<br>②盐效应直接染料或盐控型直接染料：常为双偶氮或三偶氮染料<br>③盐和温度可控的直接染料：常为多偶氮染料 | 直接染料含有磺酸基（—$SO_3H$）、羧基（—COOH）等水溶性基团，且分子结构排列成直线型，芳环结构处于同一平面，这种结构使得直接染料对纤维素纤维具有较大的亲和力<br>在中性染浴中，直接染料能直接对纤维素纤维进行染色。染料首先被纤维吸附到表面，再不断向纤维的无定形区扩散。在扩散过程中，染料与纤维大分子形成氢键和范德华力的结合，从而实现染色 | 促染剂：氯化钠、碳酸钠<br>固色剂：<br>①低分子阳离子固色剂（表面活性剂：季铵盐、锍盐或磷盐；非表面活性剂：含有两个或两个以上的季铵基团）<br>②树脂型固色剂（多胺化合物等）<br>③反应性固色剂（多乙烯多胺与环氧氯丙烷的缩合物等） |
| 活性染料 | ①均三嗪活性基类<br>②卤代嘧啶活性基类<br>③乙烯砜活性基类<br>④其他活性基类（磷酸基型，α-卤代丙烯酰胺基）<br>⑤多活性基类 | 活性染料带有活性基团，在适当条件下，能够和纤维素纤维上的羟基、蛋白质纤维及聚酰胺纤维上的氨基等发生键合反应，形成共价键，使染料和纤维结合在一起，提高耐洗色牢度 | 中性电解质：硫酸钠（元明粉）、氯化钠<br>助溶剂：尿素<br>固色碱剂：碳酸钠、碳酸氢钠、磷酸三钠、硅酸钠、氢氧化钠 |

续表

| 染料类别 | 结构特点 | 染色机理 | 染色/印花助剂 |
|---|---|---|---|
| 还原染料 | ①靛类<br>②蒽醌类 | 还原染料不溶于水，分子上通常含有两个或多个羰基，染色时，在碱性条件下，被还原剂还原为可溶性的、对纤维素纤维有亲和力的隐色体钠盐上染纤维，染色后再经氧化，恢复为原来不溶性的染料色淀固着在纤维上 | 碱剂：氢氧化钠<br>还原剂：连二亚硫酸钠（保险粉）<br>氧化剂：双氧水、过硼酸钠、重铬酸盐<br>电解质：硫酸钠（元明粉）、氯化钠<br>匀染剂：脂肪醇聚氧乙烯醚（平平加 O） |
| 可溶性还原染料 | 还原染料隐色体硫酸酯盐 | 可溶性还原染料上染纤维素纤维的原理与直接染料和还原染料隐色体相似，与纤维主要通过氢键和范德华力结合，但其亲和力较对应的还原染料隐色体低 | 促染剂：硫酸钠、氯化钠<br>显色剂：过氧化氢、亚硝酸、重铬酸盐、硝酸钠<br>其他：碳酸钠，抵消酸性气体影响；硫酸溶液作为显色液；亚硝酸过量时用尿素或硫脲去除 |
| 不溶性偶氮染料 | 在适宜 pH 值条件下，在织物上发生偶合显色反应形成的一类不溶于水的染料。偶合剂大多数是含羟基的芳香族化合物 | 由芳伯胺在低温下制成重氮盐，直接在纤维上和偶合组分发生偶合显色 | 溶解色酚：氢氧化钠<br>重氮化试剂：亚硝酸钠、盐酸<br>其他：色基重氮化过程中，过量的亚硝酸用尿素去除 |
| 硫化染料 | 以某些芳香胺类化合物或酚类化合物为原料，与硫黄或多硫化钠共热硫化，制成一类含硫的有色物 | 硫化染料不含水溶性基团，不溶于水，染料母体对纤维没有亲和力，染色时，在碱性硫化碱等还原剂作用下，染料被还原为溶于水的隐色体，隐色体对纤维有亲和力，上染纤维后重新被氧化为不溶于水的硫化染料母体，形成不溶于水的染料沉积在纤维上，因此硫化染料上染过程与还原染料相似 | 还原剂：硫化钠、保险粉<br>氧化剂：双氧水、过硼酸钠<br>防脆剂：尿素、海藻酸钠 |

续表

| 染料类别 | 结构特点 | 染色机理 | 染色/印花助剂 |
|---|---|---|---|
| 酸性染料 | 偶氮类、蒽醌类、三芳甲烷类、呫吨或氧杂蒽、硝基亚胺类、靛族类、酞菁类等<br>其中，偶氮结构的酸性染料品种最多，蒽醌和三芳甲烷染料次之，其他染料品种少、产量小 | 酸性染料中的酸性基团以磺酸基（—$SO_3H$）为主，以磺酸钠盐（—$SO_3Na$）的形式存在于染料分子上，个别染料以羧酸钠盐（—COONa）为酸性基团。相对其他染料分子结构简单，染料分子中缺少长的共轭连贯系统，染料的直接性低 | 调节 pH 值：醋酸、硫酸、甲酸、硫酸铵、醋酸铵、氨水<br>缓染剂：硫酸钠（元明粉）<br>染锦纶固色剂：合成单宁（带磺酸基甲醛类缩合物、硫酚类化合物、二羟基苯砜化合物） |
| 酸性媒介染料及酸性含媒染料 | ①酸性媒介染料：偶氮类酸性媒介染料（水杨酸衍生物类、羟基偶氮类）、芳甲烷类酸性媒介染料、蒽醌类酸性媒介染料等<br>②酸性含媒染料：1∶1型酸性含媒染料、1∶2型酸性含媒染料 | 酸性媒介染料染色过程：染料在酸性染浴中吸附在纤维上，扩散进入纤维内部；在媒染处理时，染料与金属离子反应生成络合物<br>1∶1型酸性含媒染料主要用于羊毛染色，染色时能与羊毛上的氨基和羧基发生络合作用<br>1∶2型酸性含媒染料由于染料分子中的金属原子已与染料完全络合，不能与羊毛、蚕丝和锦纶上的供电基发生配价键结合。1∶2型酸性含媒染料的染色原理与中性浴染色的弱酸性染料相似 | 媒染剂：重铬酸盐<br>调节 pH 值：醋酸、元明粉、硫酸铵 |
| 分散染料 | 非离子型染料，不含—$SO_3$—、—COO—等亲水性基团，含有—OH、氨基、—$NO_2$及氰基等极性基团。有偶氮型、蒽醌型、杂环型，主要是单偶氮 | 分散染料分子小，不含水溶性基团，借助分散剂的作用在染液中均匀分散，能上染聚酯纤维、醋酯纤维及聚酰胺纤维 | 调节 pH 值：醋酸、醋酸钠、磷酸二氢铵、硫酸铵<br>还原清洗剂：保险粉、氢氧化钠 |

续表

| 染料类别 | 结构特点 | 染色机理 | 染色/印花助剂 |
|---|---|---|---|
| 阳离子染料 | 可电离为带正电荷的色素阳离子和无色阴离子的水溶性染料 | 阳离子染料主要用于腈纶纺织品及其混纺、交织物的染色和印花。阳离子染料对腈纶上染实质上是一个离子交换过程。染料离子与纤维上的酸性基团以离子键的作用上染 | 缓染剂：阳离子型、阴离子型、无机缓染剂（醋酸、醋酸钠、硫酸钠）<br>连续轧染工艺中添加纤维膨化剂：碳酸乙烯酯、碳酸丙烯酯、尿素/甘油（1∶1）等 |

### 1.1.1.3　印花色浆、墨水构成及印花机理

印花是织物局部获得有色花纹的加工过程。色浆的功能在于使染料（或颜料）顺利地转移到纤维上，在织物上印制出清晰的花纹。色浆应具有一定的化学稳定性、润湿性、黏着力和成膜性。表 1–4 列举了常用的印花色浆及其墨水构成和印花机理。

**表 1–4　印花色浆、墨水构成及印花机理**

| 印花色浆种类 | 墨水构成 | 印花机理 |
|---|---|---|
| 染料印花色浆 | ①染料：活性染料、酸性染料、分散染料、阳离子染料等<br>②印花助剂：碱剂（碳酸氢钠、三氯酸钠、碳酸钠、碳酸钾）、助溶剂（尿素、甘油、硫二甘醇等）、渗透剂、消泡剂等<br>③糊料：淀粉、淀粉衍生物；纤维素衍生物（羧甲基纤维素钠、甲基纤维素、羟乙基纤维素等）；海藻酸钠；乳化糊料（可和海藻酸钠等原糊混合使用，主要用于涂料印花或印花后需要树脂整理加工的织物的印花）；合成糊料（丙烯酸类等，主要用于涂料印花）；其他糊料<br>④水 | 色浆中的染料对纤维的着色上染在汽蒸（或培烘）过程中完成，色浆浆膜与纺织纤维之间的染料浓度差，促使染料扩散上染纤维，印花助剂起助染作用<br>印花通过印花色浆的印制完成，色浆需要一定的黏度（色浆靠印花糊料或印花增稠剂提供黏度，但两者的着色机理完全不同），防止渗化 |
| 涂料印花色浆 | ①涂料：主要是偶氮结构、部分为蒽醌、硫靛、三苯甲烷结构<br>②黏合剂：常用的有丙烯酸酯、丁二烯、醋酸乙烯腈等单体的聚合物以及聚氨酯<br>③合成增稠剂<br>④水 | 用于着色的涂料被印花黏着剂形成的薄膜包裹固定在纤维表面，印花黏着剂的性质决定了印花的手感和色牢度。涂料印花固色通过汽蒸（或培烘）完成，培烘时印花黏合剂发生交联反应。涂料印花一般无须预处理和后处理，只需汽蒸（或培烘）固色 |

续表

| 印花色浆种类 | 墨水构成 | 印花机理 |
|---|---|---|
| 热转移印花油墨 | ①水溶性油墨：分散染料、尿素、海藻酸钠、水<br>②醇溶性油墨：分散染料、正丁醇、乙基纤维素、异丙醇、苯丙醇、水 | 分散染料在200℃左右时，转印纸上的分散染料升华汽化转移到涤纶面料上形成色彩图案 |
| 数码喷墨印花墨水 | ①染料墨水：活性染料墨水、酸性染料墨水、分散染料墨水等<br>②涂料墨水 | 数码喷墨印花是通过各种数字化输入手段，把所需图案经数据编辑处理后，由喷头将专用染料直接喷印到各种织物（如丝、棉、麻、毛、化纤等）和纺织品（如服装、家纺、毛巾、布艺、地毯等）上。染料墨水喷墨印花前需进行预处理（上浆），喷印后进行汽蒸、水洗和干燥。涂料墨水不需要特殊的预处理和后处理，只需要培烘固色 |

#### 1.1.1.4 印染常用酸、碱、盐、氧化剂、还原剂

印染行业是化学加工行业，生产过程需要用到酸、碱、盐、氧化剂、还原剂等。常用的酸有硫酸、乙酸、盐酸、草酸等；常用的碱有氢氧化钠、碳酸钠、碳酸氢等；常用的盐有氯化钠、硫酸钠等；常用的还原剂有连二亚硫酸钠等。表 1-5 列举了印染常用酸、碱、盐、氧化剂、还原剂等。

**表 1-5 印染常用酸、碱、盐、氧化剂、还原剂**

| 试剂 | 化学物质 |
|---|---|
| 酸 | 盐酸、硝酸、硫酸、发烟硫酸、磷酸、甲酸、乙酸、乙二酸（草酸）、2,3-二羟基丁二酸（酒石酸）、2-羟基丙三酸（柠檬酸）、硬脂酸（硬醋酸）、2-羟基丙酸（乳酸）、邻羟基苯甲酸（水杨酸）、单宁酸、丁烯酸、丙炔酸、山梨酸、苯甲酸 |
| 碱 | 氢氧化钠、碳酸钠、碳酸氢钠、碳酸钾、硫化钠、硅酸钠、磷酸三钠、氢氧化铵、氢氧化钙、三乙醇胺、乙二胺 |
| 盐 | 硫酸铵、氯化铵、七水硫酸锌、六水氯化镁、碳酸钡、氯化铜、重质氧化镁、轻质氧化镁、硫酸铜、硫酸铝、醋酸镁、醋酸钠、醋酸钾、醋酸锌、硫酸钠、乙酸钠、硫酸氢钠、氯化钠、六偏磷酸钠、磷酸氢二钠、氯化钾、硫酸铝钾、磷酸二氢铵 |

续表

| 试剂 | 化学物质 |
|---|---|
| 氧化剂 | 过氧化钠、漂白粉、次氯酸钠、重铬酸铵、重铬酸钾、重铬酸钠、过氧化氢、过硫酸铵、亚硝酸钠、硝酸锌、无水三氯化铁 |
| 还原剂 | 连二亚硫酸钠（保险粉）、二氧化硫脲、硫代硫酸钠（大苏打）、氯化亚锡、硫酸亚铁、亚硫酸氢钠、无水亚硫酸钠、甲醛次硫酸氢钠（吊白块） |

#### 1.1.1.5　印染助剂

印染助剂是指在纺织品前处理、染色、印花、后整理及染料商品化处理过程中使用的除染料和通用化学品（如酸、碱和盐）外物质的总称。印染助剂可划分为前处理助剂、染色助剂、印花助剂和后整理助剂。表 1–6 列举了不同工艺阶段所需的主要助剂。

**表 1–6　印染过程中所使用的主要助剂**

| 工艺阶段 | 助剂名称 |
|---|---|
| 前处理 | 渗透剂、润湿剂、煮练剂、漂白剂、螯合剂、络合剂等 |
| 染色 | 乳化剂、消泡剂、匀染剂、分散剂、固色剂、促染剂、缓染剂、防泳移剂、膨化剂、媒染剂、氧化剂、还原剂等 |
| 印花 | 黏合剂、增稠剂、交联剂、拔染剂、防染剂等 |
| 后整理 | 柔软（整理）剂、涂层整理剂、防缩整理剂、防皱（整理）剂、免烫整理剂、耐久压烫整理剂、吸湿排汗整理剂、抗静电整理剂、阻燃剂、防水剂、拒水剂、拒油剂、易去污整理剂、抗菌防臭整理剂、防腐剂、防霉整理剂、防螨整理剂、防紫外线整理剂、防滑移整理剂、防起毛整理剂、防起球整理剂、防毡缩整理剂等 |

常见用于印染助剂的化学物质见表 1–7。

**表 1–7　常见助剂的化学物质**

| 助剂名称 | 化学物质 |
|---|---|
| 渗透剂 | 蓖麻油酸丁硫酸酯、丁基萘磺酸钠盐、琥珀酸二辛酯磺酸钠、脂肪醇聚氧乙烯醚、烷基酚聚氧乙烯醚、辛醇硫酸酯等 |
| 乳化剂 | 非离子型表面活性剂 |
| 固色剂 | 胺盐和高分子季铵盐等 |
| 分散剂 | 磺化油（太古油、土耳其油）、烷基或长链酰胺基苯磺酸钠、烷基聚氧乙烯醚、木质素磺酸钠、萘磺酸甲醛缩合物、油酰基聚胺基羧酸盐等 |

续表

| 助剂名称 | 化学物质 |
|---|---|
| 匀染剂 | 聚氧乙烯醚类表面活性剂 |
| 增稠剂 | 高分子聚乙二醇双醚或双酯、由丙烯酸酯共聚的聚丙烯酸酯 |
| 黏合剂 | 合成胶乳如丁二烯、苯乙烯、丙烯腈、醋酸乙烯酯、氯乙烯及丙烯酸酯等的共聚物；自交链基团的聚丙烯酸酯共聚物以及聚氨酯类 |
| 树脂整理剂 | 脲醛树脂、三聚氰胺甲醛树脂、二羟甲基次乙烯脲树脂、二羟甲基二羟基乙烯脲树脂及双羟乙基砜 |
| 抗静电剂 | 聚丙烯酸、聚乙二醇酯及高分子两性化合物 |
| 防霉蛀剂 | 各种铜盐，以及有机酚的衍生物，如五氯酚铜、环烷酸铜、8-羟基喹啉铜以及二羟基二氯二苯基甲烷、水杨酰苯胺等 |
| 消泡剂 | 磷酸三丁酯、辛醇、有机硅的复配物等 |

### 1.1.2 印染行业主要工序的用能

印染生产包括前处理、染色、印花、整理涂层和层压复合等工艺过程。

根据纤维种类、纺织材料形态、产品要求等差异，印染生产过程中各环节采用的具体生产工艺不同。不同织物典型印染工艺见表1-8。

**表1-8 印染行业不同原料织物典型印染加工工艺流程**

| 序号 | 生产工艺 | 工艺流程 |
|---|---|---|
| 1 | 纯棉或棉混纺织物染色、印花 | 坯布→烧毛→退浆→煮练→漂白→丝光→染色、印花→整理→成品 |
| 2 | 涤棉织物染色 | 坯布→烧毛→退浆→煮练→漂白→丝光→染色、印花→整理→成品 |
| 3 | 涤纶织物染色、印花 | 坯布→精练→（预定形）→（碱减量）→染色、印花→整理→成品 |
| 4 | 棉针织产品染色、印花 | 针织坯布→煮练→漂白→染色、印花→整理→成品 |
| 5 | 麻纺产品染色 | 坯布→烧毛→退浆→煮练→（漂白）→（丝光）→染色、印花→整理→成品 |
| 6 | 丝绸产品染色、印花 | 坯绸→精练→染色、印花→整理→成品 |
| 7 | 毛粗纺织物染色、印花 | 毛坯布→洗呢→缩呢→染色→整理→成品 |

续表

| 序号 | 生产工艺 | 工艺流程 |
|---|---|---|
| 8 | 毛粗纺散毛染色 | 散毛→染色→梳毛→纺纱→络筒→整经→织造→洗呢→缩呢→整理→成品 |
| 9 | 毛精纺毛条染色 | 毛条→染色→复精梳→纺纱→络筒→整经→织造→烧毛→洗呢→煮呢→蒸呢→成品 |
| 10 | 绒线染色 | 坯线→洗线→染色→烘干→成品 |

各个工序生产过程能源消耗如下。

#### 1.1.2.1　前处理

前处理主要是去除纺织品上的天然杂质，以及浆料、油剂和其他沾污物，以提高纺织品的润湿性和渗透性能，利于进一步加工。棉及棉型织物前处理工序包括烧毛、退浆、煮练、漂白、丝光等过程；合成纤维织物前处理包括精练、碱减量等过程。

烧毛是用物理方法对织物表面进行处理的工艺，使织物表面纹路清晰，整洁光滑，不易起毛起球。目前生产中多采用气体烧毛机烧毛，将原布平幅迅速地通过可燃性气体火焰以烧去布面上的绒毛。烧毛工艺除了电能、天然气等主要能源，在灭火落布时用到少量的蒸汽，干落布时蒸汽用于冷却面料。

上浆对织造是有利的，但却给后续的印染加工带来困难，在退浆中，要尽可能多地除去坯布上的浆料以保证后续染整加工的顺利进行。

精练（煮练）主要目的是去除天然杂质、退浆中未退净的浆料、纺丝油剂或脱去丝胶，使织物获得较好的外观和毛效，以利于后续加工。

精练后的棉及棉型织物，还要继续进行漂白处理，去除天然色素，提高织物的白度和鲜艳度；在退浆和精练中未除净的杂质，在漂白中也会进一步被除去。合成纤维织物不含色素，一般不进行漂白。

退浆、精练、漂白工艺主要能源为电能、蒸汽，耗能工质为水。电能转换为机械能，用于设备传动部件运转；蒸汽转换为热能，用于汽蒸、水洗、烘筒的加热。水是工艺介质，主要用于配制工作液和水洗。

丝光是在张力条件下，用烧碱溶液处理纤维素纤维纺织品的加工工艺，有织物丝光和纱线丝光两种加工形式。棉布或棉纱经过丝光后，棉纤维发生了超分子结构和形态结构上的变化，除获得良好的光泽外，棉纺织品的尺寸稳定性、染色性能、拉伸强度等都获得一定程度的提高和改善。丝光工艺主要能源为电能、蒸汽，耗能工质为水。电能转换为机械能，用于设备传动部件运转；蒸汽转换为热能，用于碱液、去碱箱、水洗、烘筒的加热。水是工艺介质，主要用于配制碱液和水洗。

碱减量是在高温和较浓的烧碱液中处理涤纶织物的过程，经碱减量处理后，纤维手感柔软，其吸湿性也有所提高，具有真丝般的光泽和飘逸的悬垂性。碱减量工艺主要能源为电能、蒸汽，耗能工质为水。电转换为设备电机的机械能，蒸汽转换为加热碱液的热能。

#### 1.1.2.2 染色

染色主要是将染料溶解或均匀分散在水中，在一定的工艺条件下将染料转移到织物上，形成有色织物。根据染料施加于被染物和使染料固着在纤维中的方式不同，可分为轧染（连续式）和浸染（间歇式）两种。

（1）轧染（连续式）是将织物经轧槽浸渍染液，随后用轧车将染液挤入织物组织的空隙中，并去除多余的染液，使染料均匀分布在织物上，在焙烘或汽蒸等处理过程中完成固色的过程。轧染工艺主要能源为电能、蒸汽。电能转换为机械能、热能，用于设备传动部件运转、红外线烘干；蒸汽转换为热能，用于汽蒸或焙烘、水洗、皂洗、烘干的加热。水是工艺介质，主要用于配制染液、水洗和皂洗。

（2）浸染（间歇式）是将织物浸渍在染液中，经一定时间使染料上染纤维并固着在纤维中。浸染工艺主要能源为电能、蒸汽，耗能工质为水。电能转换为机械能，用于设备传动部件运转；蒸汽转换为热能，用于染液、水洗液、皂洗液、烘筒的加热。水是工艺介质，主要用于配制染液、水洗和皂洗。

#### 1.1.2.3 印花

印花是将各种染料或颜料调制成印花色浆，局部施加在纺织品上，使之获得花纹图案的加工过程。

印花过程包括：图案设计、筛网制版、色浆调制、印制花纹、后处理等几个工序。印花色浆一般由染料或颜料、糊料、助溶剂、吸湿剂和其他助剂等组成。

印花方法包括筛网印花（平网印花、圆网印花），转移印花和喷墨印花。筛网印花方法在套色印完后，织物需进入烘干装置进行烘干。转移印花加工过程简单，特别是干法转移印花无须蒸化、水洗等后处理。喷墨印花工序简单，印花精细度高，生产灵活性强，同时染料按需喷射到纺织品基质上，减少化学品的浪费和污染物的排放。

涂料印花是借助黏合剂在织物上形成的树脂薄膜，将不溶性颜料黏着在纤维上的印花方法。涂料印花主要用于纤维素纤维织物、合成纤维及其混纺织物的直接印花。涂料印花色浆一般由涂料、黏合剂、乳化糊或合成增稠剂、交联剂及其他助剂组成。涂料直接印花工艺为印花、烘干、固着。固着有两种方式：汽蒸固着（102～104℃，4～6min）和烘焙固着（110～140℃，3～5min）。特种涂料印花，包括金银粉印花、珠光印花、夜光印花、金属箔印花、发泡印花、弹性胶浆印花、反光印花等加工方式各不相同。涂料数码喷墨印花工艺包括织物预处理、涂料喷墨印花和后处理等工序。涂料印花的优点是印花后不需要水洗。

印花工艺主要能源为电能、蒸汽，耗能工质为水。电能转换为机械能和热能，用于设备传动部件运转和印花机预热板加热；蒸汽转换为热能，用于烘箱、汽蒸箱、水洗/皂洗、烘筒的加热。水是工艺介质，主要用于配制印花色浆、水洗和皂洗、印花导带冲洗。

#### 1.1.2.4　整理

整理是通过物理、化学或物理和化学联合的方法，改善纺织品外观和内在品质，提高服用性能，赋予纺织品某种特殊功能的加工过程。在实际生产中，常将织物前处理、染色和印花以外的加工过程称为整理，也称为后整理。

物理机械方法是利用水分、热能、压力、拉力等物理机械作用达到整理的目的。如拉幅、轧光、起毛、磨毛、热定形、机械预缩等。

化学方法是采用一定方式，在纺织品上施加某些化学物质，使之和纤维发生物理或化学结合，从而达到整理的目的。如硬挺整理、柔软整理、抗皱整理以及阻燃、拒水、抗菌、抗静电整理等。

物理和化学方法通过物理机械和化学整理联合进行，同时获得两种方法的整理效果。如耐久性轧光整理就是把树脂整理和轧光整理结合在一起，使纺织品既具有树脂整理的效果，又获得耐久性的轧光效果。类似的还有耐久性轧纹和电光整理等。

后整理主要能源为电能、蒸汽、天然气、煤等，能耗工质为水。电能转换为机械能，用于设备传动部件运转；蒸汽或天然气转换为热能，用于烘箱、烘筒或轧辊加热；煤、天然气转换为热能，用于锅炉加热导热油。水是工艺介质，主要用于配制化学整理剂、水洗和皂洗。

#### 1.1.2.5　涂层和层压复合

涂层工艺按照涂层的方式分为直接涂层法、热熔涂层法、粘合涂层法和转移涂层法，不同的涂层方式工艺流程也不相同。

(1) 直接涂层法是将涂层剂通过物理和机械方法直接均匀地涂布于织物表面使其成膜的方法。按流程分为干法和湿法两种，干法指将基布浸轧防水剂，然后烘干、轧光、涂层，再烘干、烘焙得到成品。湿法指先将基布预处理，然后涂布溶剂型聚氨酯浆，水浴凝固（20~30℃）后水洗，最后轧光得到成品。

（2）热熔涂层法是将热塑性树脂加热熔融后涂布于基布，经冷却后粘着于基布表面，最后轧光得到成品。

（3）黏合涂层法是将树脂薄膜与涂有黏合剂的基布叠合，经压轧使其黏合成一体，或将树脂薄膜与高温熔融辊接触，使树脂薄膜表面熔融后与基布叠合，再通过压轧黏合成一体，最后经过冷却、轧光形成较厚涂层薄膜。

（4）转移涂层法是以涂层浆涂布于经有机硅油处理过的转移纸，与基布叠合，在低张力下经烘干、轧平和冷却，将转移纸和涂层织物分离的方法。

涂层工艺主要能源为电能、蒸汽。电能转换为机械能和热能，用于设备传动部件运转；蒸汽转换为热能，用于烘筒或烘箱的加热。

层压技术是在涂层技术上发展起来的，可将具有防水透湿功能的微孔薄膜或亲水性无孔薄膜，采用特殊的黏合剂，与普通织物通过层压工艺复合在一起形成防水透湿织物。层压织物是一种织物与织物或织物与其他片状材料如薄膜叠层组成的、以纺织品为基材的复合材料，可以是两层或多层织物。织物层压加工方法主要包括黏合剂法、焰熔法、热熔层压法三种。

（1）黏合剂法属于湿法加工，利用涂敷、印刷、喷涂等方法实现织物与织物或织物与其他材料之间的层压。

（2）焰熔法是利用火焰加热使薄层聚氨酯泡沫塑料的表面熔化，生成含有黏性粒状含有异氰酸酯基团的物质。

（3）热熔法通过加热加压使织物和织物或其他材料黏合在一起。

层压工艺主要能源为电能、蒸汽、天然气或液化气等。电能转换为机械能和热能，用于设备传动部件运转；蒸汽转换为热能，用于烘筒或热辊的加热。天然气或液化气用于焰熔法。

**1.1.2.6　印染行业生产特点**

综上所述，印染行业具有典型的湿加工、热加工、化学加工生产特点。印染行业离不开化学品的使用，印染生产加工过程要使用大量的染料及助剂进行化学加工。印染加工生产过程以湿加工为主，用水量大，生产用水主要包括各类织物的前处理、染色、印花工艺用水和漂洗用水。由于印染加工是湿加工，水介质在加热过程中需要消耗大量热能，目前印染过程主要使用蒸汽加热水。生产中的前处理、染色、印花蒸化、烘干、定形等过程也需要消耗大量蒸汽进行加热。

印染过程还需要消耗大量电能，用于设备传动部件运转。大部分烧毛工艺和部分定形、烘干、焰熔层压工艺会通过化石燃料燃烧进行加热。

# 1.2　印染行业发展现状及趋势

## 1.2.1　产量规模

经过长期发展，中国印染企业主要集中在东部沿海水源丰富和经济发达地区，包括长江流域、珠江流域、淮河流域、东南诸河、海河流域，辽河流域和黄河流域也有一定分布。从省份来看，中国印染产能主要集中在浙江、江苏、山东、广东和福建五大省份。2011—2023 年五大省印染布产量占比保持在 91%以上。从各个省份分析，2011—2023 年，浙江省印染布产量占比由 61.12%下降到 55.57%；福建省印染布产量占比由 7.11%上升到 8.21%；江苏省印染布产量占比由 8.38%上升到 13.27%；广东省印染布产量占比由 9.25%下降到 8.27%；山东省印染布产量占比由 6.56%上升到 7.45%，详见表 1-9。

**表 1-9　2011—2023 年印染行业规模以上企业产量分布情况**

| 年份 | 浙江 | | 福建 | | 江苏 | | 广东 | | 山东 | | 全国 | 五大省产量占比% |
|---|---|---|---|---|---|---|---|---|---|---|---|---|
| | 产量（亿米） | 占比（%） | 产量（亿米） | 占比（%） | 产量（亿米） | 占比（%） | 产量（亿米） | 占比（%） | 产量（亿米） | 占比（%） | 产量（亿米） | |
| 2011 年 | 362.46 | 61.12 | 42.18 | 7.11 | 49.69 | 8.38 | 54.85 | 9.25 | 38.93 | 6.56 | 593.03 | 92.43 |
| 2012 年 | 334.88 | 59.16 | 59.45 | 10.50 | 49.94 | 8.82 | 46.55 | 8.22 | 38.46 | 6.79 | 566.02 | 93.51 |
| 2013 年 | 325.08 | 59.94 | 48.94 | 9.02 | 50.12 | 9.24 | 47.68 | 8.79 | 35.79 | 6.60 | 542.36 | 93.59 |
| 2014 年 | 324.02 | 60.37 | 47.27 | 8.81 | 63.6 | 11.85 | 42.46 | 7.91 | 30.08 | 5.60 | 536.74 | 94.54 |
| 2015 年 | 317.63 | 62.34 | 38.22 | 7.50 | 64.47 | 12.65 | 40.23 | 7.90 | 27.51 | 5.40 | 509.53 | 95.79 |
| 2016 年 | 322.09 | 60.35 | 47.67 | 8.93 | 67.04 | 12.56 | 37.99 | 7.12 | 29.98 | 5.62 | 533.70 | 94.58 |
| 2017 年 | 313.26 | 59.72 | 49.36 | 9.41 | 66.94 | 12.76 | 39.56 | 7.54 | 28.67 | 5.46 | 524.59 | 94.89 |
| 2018 年 | 289.22 | 58.94 | 56.24 | 11.46 | 62.13 | 12.66 | 34.55 | 7.04 | 27.21 | 5.55 | 490.69 | 95.65 |
| 2019 年 | 305.36 | 56.80 | 56.19 | 10.45 | 81.41 | 15.14 | 34.18 | 6.36 | 34.32 | 6.38 | 537.63 | 95.13 |
| 2020 年 | 303.38 | 57.78 | 59.17 | 11.27 | 70.69 | 13.46 | 32.84 | 6.25 | 32.61 | 6.21 | 525.03 | 94.98 |
| 2021 年 | 345.74 | 57.07 | 61.56 | 10.16 | 77.60 | 12.81 | 35.67 | 5.89 | 34.74 | 5.73 | 605.81 | 91.66 |
| 2022 年 | 313.88 | 56.43 | 60.17 | 10.82 | 71.48 | 12.85 | 38.83 | 6.98 | 37.06 | 6.66 | 556.22 | 93.74 |
| 2023 年 | 310.52 | 55.57 | 45.86 | 8.21 | 74.15 | 13.27 | 46.19 | 8.27 | 41.65 | 7.45 | 558.82 | 92.77 |

**注**　自 2011 年起，规模以上企业划分标准调整为年主营业务收入 2000 万元及以上工业法人企业。

数据来源：国家统计局

2011—2023 年，全国规模以上企业印染布产量由 593.03 亿米下降到 558.82 亿米，年均增长-0.49%。2021 年规模以上企业印染布产量回升，创近十三年内最高值，2022—2023 年规模以上企业印染布产量保持在约 550 亿米。

### 1.2.2 经济效益情况

2011—2016 年，规模以上印染企业主营业务收入和利润总额逐步增长，在 2016 年达到高值后开始下降，2020 年整体达到低点，2021—2023 年逐步回升。2011—2023 年，规模以上印染企业主营业务收入由 3657.98 亿元下降到 3256.92 亿元，年均增长-0.96%，利润总额由 173.19 亿元下降到 145.48 亿元，年均增长-1.44%。详细情况如图 1-1 所示。

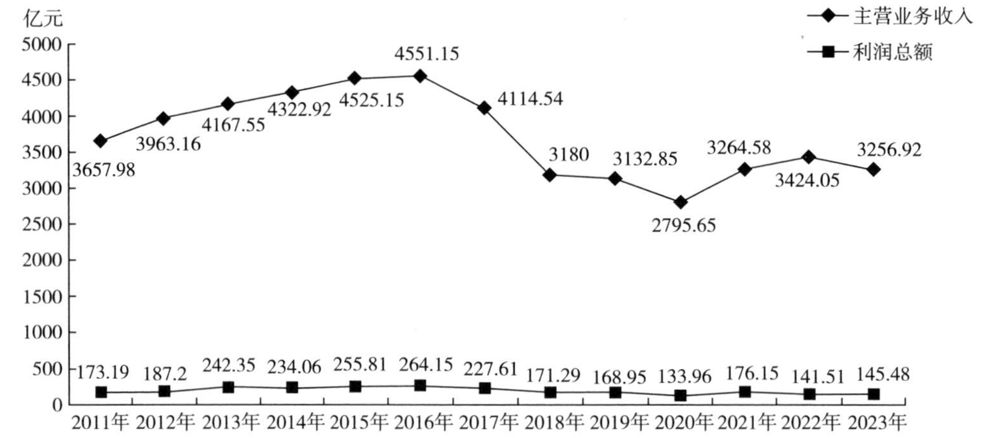


**图 1-1 2011—2023 年规模以上印染企业主要业务经济指标情况**

数据来源：国家统计局

### 1.2.3 进出口情况

2011—2023 年，印染八大类产品（纯棉染色布、纯棉印花布、棉混纺染色布、棉混纺印花布、合成长丝织物、涤纶短纤织物、T/C 印染布、人纤短纤织物）出口数量由 164.29 亿米增长到 311.86 亿米，年均增长 5.49%；出口金额由 190.07 亿美元增长到 301.25 亿美元，年均增长 3.91%，2023 年印染八大类产品出口数量达到近十三年来最高点，详细情况如图 1-2 所示。

2011—2023 年，印染八大类产品进口数量由 16.12 亿米下降到 4.11 亿米，年均增长-10.76%；进口金额由 30.50 亿美元下降到 10.31 亿美元，年均增长-8.64%。2023 年印染八大类产品进口数量达到近十二年来最低点，详细情况如图 1-3 所示。

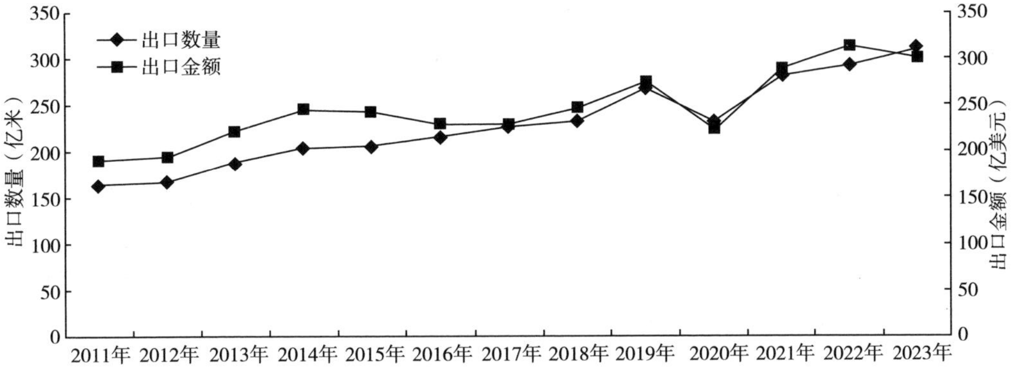


**图 1-2　2011—2023 年印染行业八大类产品出口情况**

数据来源：中国海关

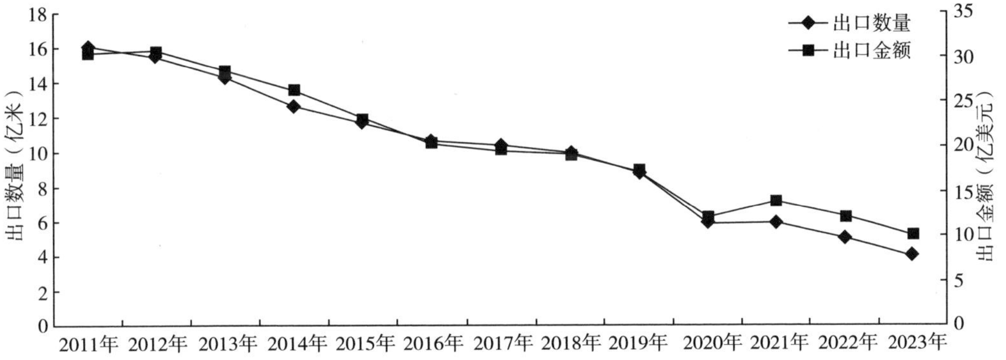


**图 1-3　2011—2023 年印染行业八大类产品进口情况**

数据来源：中国海关

### 1.2.4　印染布产量趋势

从消费端分析，人口是我国发展潜力、发展韧性的基础性因素。根据联合国《世界人口展望（2022）》预测数据显示，预计到 2035 年前，总人口将大致保持在 14 亿左右。从 2010—2023 年居民人均消费支出和人均衣着消费支出来看，未来大概率人均衣着消费支出将会波动增长。印染八大类产品出口数量会小幅上涨，进口数量会小幅下降，但内销情况将不会有太大波动，基本保持在一定范围内。

从生产端分析，“十三五”以来，印染布产量处于波动状态，2021 年印染布产量创新高，2022—2023 年规模以上企业印染布产量保持在约 550 亿米。2024 年，印染行业面临的发展环境仍然复杂严峻。国际方面，全球经济复苏不同步，经济增长动能偏弱，消费复苏内生动力不强；全球通胀水平总体下行，但黏性特征凸显，通胀回落时间可能比预期更长；地缘政治冲突、国际贸易摩擦等问题频发，对行业外贸形成长期扰动，行业出口承压，但仍展现较强韧性。国内方面，有效需求不足是行业面临的现实压力，企业盈利能力分化明显，行业亏损面依然偏高，高质量发展仍面临诸多问题挑战。

由于 2025—2035 年所受国内外影响因素不确定，比较难预判产量情况，根据图 1-4 线性趋势线来看，2025—2035 年规模以上印染布产量在 500 亿~550 亿米之间。

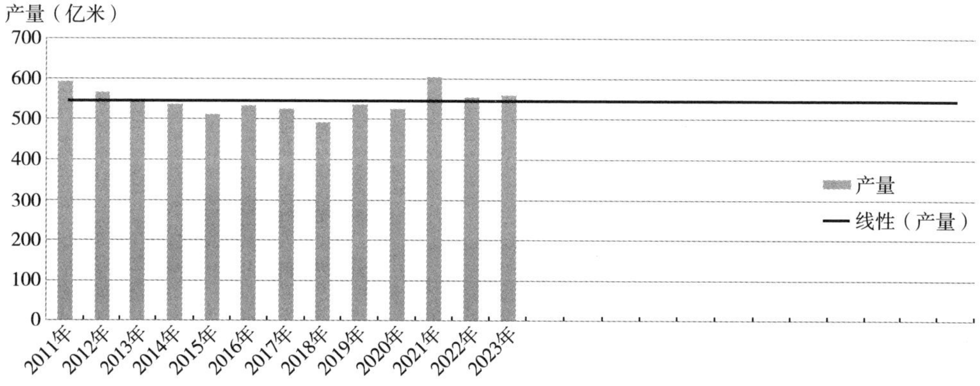


**图 1-4　印染布产量预测**

基于印染布产量预测分析，并结合行业目前发展情况及未来国内外形势的研判，预测 2025 年规模以上企业印染布产量总体保持在 550 亿米左右。2030 年之后，随着国内产业转移政策的引导及“双碳”目标的深入推进，国内印染布产量将总体呈现稳中有降的态势，预测 2030 年规模以上企业印染布产量为 520 亿米左右，2035 年规模以上企业印染布产量为 500 亿~520 亿米。

# 第 2 章　印染行业温室气体排放源识别

## 2.1　国际和国内温室气体核算

温室气体排放核算标准化是指导活动主体实现碳减排的有效方法，是支撑政府开展节能减排绩效考核的技术基础，是推广应用温室气体管理研究成果的重要手段，是降低绿色壁垒和促进国际贸易的重要措施。温室气体管理系列标准为推进“碳达峰碳中和”相关工作提供了重要技术支撑。

### 2.1.1　国际温室气体核算标准

为使碳排放核算具有可比性，各国政府及国际组织形成了涵盖国家、企业（组织）、产品以及服务、个人等多个层面的系统的碳排放核算标准。其中应用广泛的标准包括：GHG Protocol、IPCC 国家温室气体清单指南、PAS 2050、TSQ 0010、ISO 14067、ISO 14064（表 2-1）。

**表 2-1　国际主要温室气体排放标准汇总表**

| 地区/机构 | 标准/规范名称 | 适用范围 | 目的、作用 |
|---|---|---|---|
| 世界可持续发展商业协会（WBCSD）与世界资源研究院（WRI） | GHG Protocol | 企业/项目/产品 | 对企业或项目现有端排放源的核算和报告 |
| ISO | ISO 14064 | 组织/项目/温室气体声明审定 | 企业量化、报告和控制温室气体的排放和消除 |
| IPCC | IPCC 国家温室气体清单指南 | 国家层面 | 从国家层面计算某个国家的整体碳排放，采用的方法是从上到下，需要全国性的温室气体活动水平数据和建立国家级的排放因子 |
| ISO | ISO 14067 | 产品/服务 | 对产品或服务全生命周期的碳排放建立模型进行评价 |

续表

| 地区/机构 | 标准/规范名称 | 适用范围 | 目的、作用 |
|---|---|---|---|
| 英国 | PAS 2050 | 产品/服务 | 对产品或服务全生命周期的碳排放建立模型进行评价 |
| 日本 | TSQ 0010 | 产品 | 对产品碳足迹评估和标识的一般性原则进行规范说明 |

#### 2.1.1.1 国际温室气体核算标准

（1）GHG Protocol。2009年，世界资源组织（WRI）和世界可持续发展工商理事会（WBSCD）发布温室气体核算体系（GHG Protocol）修订稿，2012年发布了最终版，在欧洲和北美各国得到了广泛的应用。其内容包括《企业核算与报告准则》（用于核算与企业生产直接相关的温室气体排放，包括企业持有或控制的排放源产生的排放和由企业采购电力导致的间接温室气体排放）、《项目核算与报告准则》（可为企业计算与报告因项目带来的温室气体减排提供一套可靠、透明的程序）、《企业价值链（范围3）核算和报告准则》（可用于核算企业价值链所带来的排放，包括企业运作的上游和下游）以及《产品核算和报告准则》（为核算具体产品在其生命周期内所带来的排放量提供标准化的方法），四个部分既相互独立又相辅相成，分别用于组织、项目和产品三个应用层面的核算，并分部门提供了不同工业部门的碳足迹计算工具。

（2）IPCC国家温室气体清单指南。联合国政府间气候变化专门委员会（IPCC）于2006年发布了《IPCC 2006年国家温室气体清单指南》，为各国编制温室气体清单提供指导，是国际上通用的温室气体排放计算指南。该指南共分五卷，包括一般指导及报告、能源、工业过程和产品使用、农林业和土地利用以及废弃物。对于碳排放的计算，该指南为所有部门提供了所要求的各个参数和排放因子（EF）缺省值，各国只需提供本国的活动水平数据（AD），将活动水平数据与排放因子相乘即可得到相关的温室气体排放值。

2019年5月12日，IPCC第四十九次（IPCC-49）全会通过了《IPCC 2006年国家温室气体清单指南2019修订版》（以下简称《2019清单指南》）。《2019清单指南》是在《IPCC 2006年国家温室气体清单指南》上的重要进步，为世界各国制定国家温室气体清单和减排履约提供方法和规则，其方法学体系对全球各国都具有深刻和显著的影响。

（3）PAS 2050。2008年10月，英国标准协会、英国环境、食品与农村事务部联合发布了《产品与服务生命周期温室气体排放评估规范》（Publicly Available Specification-2050）（简称PAS 2050），用于计算产品及服务在整个生命周期（从原材料的获取，到生产、分销、使用和废弃后的处理）的温室气体排放量。

PAS 2050 规范是基于产品层面而不是组织层面的碳足迹评价方法，它提供了一种计算产品（包括商品和服务）从原材料采购到生产、分销、使用和废弃物处理整个生命周期内温室气体排放量的基本流程。

（4）TSQ 0010。2009 年 3 月，日本出台了碳足迹产品分类规则，该规则可适用于所有商品和服务项目。同年，日本制定了 TSQ 0010 标准《产品碳足迹及量化和沟通基本准则》，对产品碳足迹评估和标识的一般性原则规范进行说明，包括适用范围、引用标准以及产品碳足迹的量化方法等。

（5）ISO 14067。ISO 14067 是由国际标准组织制定的环境管理系列标准，由范围、引用标准、术语定义、应用、原则、产品碳足迹量化方法、产品碳足迹研究报告、产品碳足迹沟通的准备和产品碳足迹沟通九个部分组成，提出了产品温室气体量化与沟通的要求。此标准分为两部分：ISO 14067-1《温室气体-产品碳足迹-第 1 部分：量化》，ISO 14067-2《温室气体-产品碳足迹-第 2 部分：沟通》。

（6）ISO 14064。2006 年，国际标准化组织发布了 ISO 14064 系列标准，为政府和企业核算温室气体排放量提供了统一标准，同时服务于温室气体排放贸易。ISO 14064-1《温室气体-第一部分：组织层面对温室气体排放和清除的量化和报告的规范性指南》，详细规定了设计、开发、管理和报告的组织或企业温室效应气体清单的原则和要求。ISO 14064-2：《温室气体-第二部分：项目层面温室气体排放减量和清除增量的量化、监测和报告的规范性指南》，包括确定项目基线和与基线相关的监测、量化和报告项目绩效的原则和要求。ISO 14064-3：《温室气体-第三部分：温室气体声明审定和核查的规范性指南》，规定了实际验证过程中核查策划、评估程序和评估温室气体等要素，适用于组织或独立的第三方机构进行报告验证及索赔。

2018 年和 2019 年，国际标准化组织对上述标准进行修订。ISO 14064-1：2018《组织层面温室气体排放和移除的量化和报告指南》于 2018 年 12 月 19 日发布。ISO 14064-2：2019《项目层面温室气体减排和移除增加的量化、检测和报告指南》、ISO 14064-3：2019《温室气体声明之审定与核证指南》于 2019 年 4 月发布。

上述标准中，IPCC 国家温室气体清单指南是从国家层面计算某个国家的整体碳排放，采用的方法是从上到下，需要全国性的温室气体活动水平数据和建立国家级的排放因子。GHG Protocol 中《企业核算与报告准则》、《企业供应链（范围 3）核算和报告准则》和 ISO 14064 中《温室气体-第一部分：组织层面对温室气体排放和清除的量化和报告的规范性指南》为企业层面的温室气体排放核算提供了方法。GHG Protocol 中《项目核算与报告准则》和 ISO 14064 标准中

《温室气体-第二部分：项目层面温室气体排放量和清除增量的量化、监测和报告的规范性指南》为项目层面的温室气体排放核算提供了方法。其他主要为产品或服务全生命周期的碳排放建立模型进行评价，其中最有代表性的为 PAS 2050 和 ISO 14067。

#### 2.1.1.2 国际标准中企业温室气体排放边界确定

（1）GHG Protocol。

①组织边界的设定。从组织结构的角度对需要进行温室气体核算的企业边界进行界定，采用的方法为股权比例法和控制权法，控制权法又可细分为财务控制权法和运营控制权法，方法的选择主要取决于开展核算工作或进行报告的目的。

②运行边界的设定。

范围 1：直接温室气体排放。

生产电力、热力或蒸汽：来自静止排放源的燃料燃烧，如锅炉、熔炉和涡轮。

物理或化学工艺：来自化学品和原料的生产或加工，如生产水泥、铝、脂肪酸、氨以及处理废物。

运输原料、产品、废物和雇员：来自企业自有或控制的移动燃烧排放源的燃料燃烧。

无组织排放：来自有意或无意的泄漏。如设备的接缝、密封件、包装和衬垫的泄漏；煤矿和通风装置排放的甲烷；使用冷藏和空调装置产生的全氟化合物排放；天然气运输过程中的甲烷泄漏。

范围 2：电力间接温室气体排放。

企业持有或控制的设备或业务消耗的采购电力产生的排放。电力传输和配送的间接排放不包含在范围 2 中。向最终用户转售的采购电力导致的排放不包含在范围 2 中。

范围 3：其他的间接温室气体排放。

（2）ISO 14064-1：2006。

①组织边界的设定。确定组织的边界，即确定温室气体排放的核算范围。组织可由一个或多个设施所组成，包括排放及清除温室气体排放源和汇，主要依据核算目的进行组织边界范围的设定，可为整体组织，也可是其中的单一部门或单一制程设备。组织边界设定的选择方式为股权比例法和控制权法。股权比例法即组织依照所有权份额来认定其温室气体排放数据；控制权法指组织能从财务或运行方面进行控制的设施的定量温室气体排放和/或清除进行计算。

②运营边界的设定。运营边界分为以下三个范畴：

a. 直接排放，排放源由组织所拥有或控制，如组织持有或控制的锅炉、车辆等产生的燃烧排放，空调设施等产生的逸散排放，持有或控制的工艺设备发生化学反应所产生的排放。组织应对组织边界内设施的直接温室气体排放和清除予以量化，应对组织生产、输出或配送的电力、热和蒸汽所产生的直接温室气体排放予以量化，生物质燃烧产生的二氧化碳排放应单独计算。

排放源分为四类：固定燃烧源，指固定设备的燃料燃烧，包括锅炉、熔炉、燃烧炉、加热炉等。移动燃烧源，指交通运输设备的燃料燃烧，包括汽车、卡车、火车和飞机等。制程排放源，指物理或化学制程的排放，包括炼油过程中触媒裂解产生的二氧化碳排放、干式蚀刻或清洗化学气相沉积制程反应时所造成的全氟化碳排放等。逸散排放源，如从设备的结合处、密封处、倾料、填塞物的泄漏，瓦斯加工设备排放的甲烷等。

b. 能源间接排放，排放因组织的作业结果产生，但排放源由其他组织所拥有或控制，如外购电力产生的排放。组织应对其消耗的外部输入的电力、热或蒸汽的生产所产生的间接温室气体排放予以量化。

c. 其他间接排放，委外制造、员工通勤或商务旅行、原物料开采及产品使用期间所发生的排放。组织应根据温室气体方案的要求、内部报告的需求或温室气体清单的预定用途对间接温室气体排放予以量化。

（3）ISO 14064-1：2018。ISO 14064-1：2018 规定了温室气体资料和数据管理、汇报和验证模式。与 2006 版比较，以报告边界的碳核查类别取代运营边界，报告边界着重直接排放及与组织有关的重大非直接排放项目。直接排放项目需考虑二氧化碳（$CO_2$）、甲烷（$CH_4$）、氧化亚氮（$N_2O$）、氢氟碳化物（HFCs）、全氟化碳（PFCs）、六氟化硫（$SF_6$）和三氟化氮（$NF_3$）等。间接排放分为五大类：外购能源的间接排放、交通运输的间接排放、组织使用产品的间接排放、与使用本组织产品相关的间接排放、其他来源的间接排放。

①组织边界的设定。组织可以由一个或多个设施组成。设施级别的温室气体排放或清除可能由一个或多个温室气体源或汇产生。组织应汇总其设施级温室气体的排放和清除，使用以下其中的一个方法。

a. 控制：组织负责所有有财务或者经营控制权设施的温室气体排放和/或移除。

b. 股权份额：组织依股权比例核算单个设施的温室气体排放量和/或移除量。

②报告边界的建立。组织应建立并记录其报告边界，包括与本组织业务相关的直接和间接温室气体排放和清除。在组织层级，温室气体排放应汇总类别包

括：温室气体的直接排放和清除；外购能源的间接温室气体排放；交通运输的间接温室气体排放；组织使用产品的间接温室气体排放；与使用本组织产品相关的间接温室气体排放；其他来源的间接温室气体排放[1]。

### 2.1.2 国内温室气体排放及核算

#### 2.1.2.1 国内温室气体排放清单

全球气候变化深刻影响着人类生存和发展，是各国共同面临的重大挑战。《联合国气候变化框架公约》（以下简称《公约》）第4条及第12条规定，每一个缔约方都有义务提交本国的国家信息通报。

中国作为《公约》非附件一缔约方，高度重视自己所承担的国际义务，分别于2004年、2012年和2017年提交了《中华人民共和国气候变化初始国家信息通报》《中华人民共和国气候变化第二次国家信息通报》和《中华人民共和国气候变化第一次两年更新报告》，全面阐述了中国应对气候变化的各项政策与行动，并报告了中国1994年、2005年和2012年的国家温室气体清单。2019年6月，中国按照《公约》相关要求向《公约》秘书处提交了《中华人民共和国气候变化第三次国家信息通报》和《中华人民共和国气候变化第二次两年更新报告》，向国际社会报告了中国2010年和2014年的国家温室气体清单。

2014年，中国能源活动温室气体清单内容包括燃料燃烧和逃逸排放。燃料燃烧覆盖能源工业、制造业和建筑业、交通运输、其他部门及其他，其中，其他部门细分为服务业、农林牧渔和居民生活；其他包括生物质燃料燃烧的甲烷和氧化亚氮排放以及非能源利用的二氧化碳排放，逃逸排放覆盖固体燃料和油气系统的甲烷排放。

2014年中国工业生产过程温室气体清单报告内容包括非金属矿物制品生产、化工生产、金属制品生产、卤烃和六氟化硫生产以及卤烃和六氟化硫消费的温室气体排放。2014年中国农业温室气体清单报告内容包括动物肠道发酵甲烷排放、粪便管理甲烷和氧化亚氮排放、稻田甲烷排放、农用地氧化亚氮排放以及秸秆田间焚烧甲烷和氧化亚氮排放。2014年中国土地利用、土地利用变化和林业温室气体清单报告范围包括林地、农地、草地、湿地、建设用地和其他土地等六种土地利用类型的温室气体排放和碳吸收汇。2014年中国废弃物处理温室气体清单报告内容包括固体废弃物填埋处理、废水处理以及废弃物焚烧处理。

2014年，中国温室气体排放总量（包括土地利用、土地利用变化和林业-LULUCF）为111.86亿吨二氧化碳当量，其中二氧化碳、甲烷、氧化亚氮、氢氟碳化物、全氟化碳和六氟化硫所占比重分别为 81.6%、10.4%、5.4%、1.9%、0.1%和 0.6%。如不考虑温室气体吸收汇，2014 年中国温室气体排放总量为 123.01 亿吨二氧化碳当量（表 2-2）。

**表 2-2　2014 年中国温室气体排放情况**

单位：亿吨二氧化碳当量

| 活动类型 | 二氧化碳 | 甲烷 | 氧化亚氮 | 氢氟碳化物 | 全氟化碳 | 六氟化硫 | 合计 |
|---|---|---|---|---|---|---|---|
| 1. 能源活动 | 89.25 | 5.20 | 1.14 | — | — | — | 95.59 |
| 2. 工业生产过程 | 13.30 | 0.00 | 0.96 | 2.14 | 0.16 | 0.61 | 17.18 |
| 3. 农业活动 | — | 4.67 | 3.63 | — | — | — | 8.30 |
| 4. 废弃物处理 | 0.20 | 1.38 | 0.37 | — | — | — | 1.95 |
| 5. 土地利用、土地利用变化和林业 | -11.51 | 0.36 | 0.00 | — | — | — | -11.15 |
| 总量（不包括 LULUCF） | 102.75 | 11.25 | 6.10 | 2.14 | 0.16 | 0.61 | 123.01 |
| 总量（包括 LULUCF） | 91.24 | 11.61 | 6.10 | 2.14 | 0.16 | 0.61 | 111.86 |

**注**　小于 0.005 亿吨二氧化碳当量表示为 0.00；“—”部分不需填写。

数据来源：《中华人民共和国气候变化第二次两年更新报告》

2014 年，中国能源活动的温室气体排放 95.59 亿吨二氧化碳当量，其中燃料燃烧排放 90.94 亿吨二氧化碳当量，占 95.1%；逃逸排放 4.65 亿吨二氧化碳当量，占 4.9%。从温室气体构成来看，二氧化碳排放 89.25 亿吨，全部来自化石燃料燃烧；甲烷排放 2475.7 万吨，其中化石燃料燃烧排放占 10.6%，逃逸排放占 89.4%；氧化亚氮排放 36.7 万吨，全部来自化石燃料燃烧。

2014 年，中国工业生产过程的温室气体排放 17.18 亿吨二氧化碳当量，其中非金属矿物制品排放 9.15 亿吨二氧化碳当量，占 53.3%；化学工业排放 2.38 亿吨二氧化碳当量，占 13.9%；金属冶炼排放 2.88 亿吨二氧化碳当量，占 16.8%；卤烃和六氟化硫生产排放 1.50 亿吨二氧化碳当量，占 8.7%；卤烃和六氟化硫消费排放 1.26 亿吨二氧化碳当量，占 7.3%。

根据清单结果，2010 年和 2014 年中国温室气体排放总量（不包括土地利用、土地利用变化和林业）分别为 105.44 亿吨二氧化碳当量和 123.01 亿吨二氧化碳当量，比 2005 年分别增长了 31.6%和 53.5%。从温室气体类型看，二氧化碳是中国最主要的温室气体；从排放领域看，能源活动是中国最大的温室气体的排放来源。2010 年和 2014 年土地利用、土地利用变化和林业的温室气体吸收汇分别为9.93亿吨二氧化碳当量和11.15亿吨二氧化碳当量，考虑温室气体吸收汇，温室气体净排放总量分别为95.51亿吨二氧化碳当量和111.86亿吨二氧化碳当量。此外，2010年和2014年国际航空和航海温室气体排放分别为0.48亿吨二氧化碳当量和0.52亿吨二氧化碳当量，生物质燃烧排放分别为7.76亿吨二氧化碳当量和8.98亿吨二氧化碳当量，作为信息项报告不计入清单排放总量。

#### 2.1.2.2 省级温室气体清单主要内容

（1）《省级温室气体清单编制指南（试行）》。2011年5月，国家发展和改革委员会发布了《省级温室气体清单编制指南（试行）》。能源活动排放包括：化石燃料燃烧活动产生的二氧化碳、甲烷和氧化亚氮排放，生物质燃料燃烧活动产生的甲烷和氧化亚氮排放，煤炭开采和矿后活动产生的甲烷逃逸排放，石油和天然气系统产生的甲烷逃逸排放，电力调入调出二氧化碳间接排放。工业生产过程排放包括：水泥生产过程二氧化碳排放，石灰生产过程二氧化碳排放，钢铁生产过程二氧化碳排放，电石生产过程二氧化碳排放，己二酸生产过程氧化亚氮排放，硝酸生产过程氧化亚氮排放，一氯二氟甲烷（HCFC-22）生产过程三氟甲烷（HFC-23）排放，铝生产过程全氟化碳排放，镁生产过程六氟化硫排放，电力设备生产过程六氟化硫排放，半导体生产过程氢氟烃、全氟化碳和六氟化硫排放，氢氟烃生产过程氢氟烃排放，其他生产过程或其他温室气体暂不报告。农业活动排放包括：稻田甲烷排放，农用地氧化亚氮排放，动物肠道发酵甲烷排放，动物粪便管理甲烷和氧化亚氮排放。土地利用和林业包括：森林和其他木质生物质生物量碳贮量变化，森林转化温室气体排放。废弃物处理包括：固体废弃物处理、废水处理。

（2）浙江省和广东省温室气体清单编制指南。2018年6月，浙江省生态环境厅发布了《浙江省温室气体清单编制指南》（2018年修订版）。温室气体清单编制和报告的范围与《省级温室气体清单编制指南（试行）》基本一致。能源活动包括：化石燃料燃烧活动、生物质燃料燃烧活动、煤炭开采和矿后活动逃逸排放、石油和天然气系统逃逸排放、电力调入调出二氧化碳间接排放。工业生产过程包括：水泥生产过程、石灰生产过程、钢铁生产过程、电石生产过程、己二酸生产过程、硝酸生产过程、一氯二氟甲烷生产过程、其他工业生产过程。农业活动包括：稻田甲烷排放、农用地氧化亚氮排放、动物肠道发酵甲烷排放、动物粪便管理甲烷和氧化亚氮排放。土地利用和林业包括：森林和其他木质生物质生物量碳贮量变化、森林转化温室气体排放。废弃物处理包括：固体废弃物处理、废水处理。

《浙江省温室气体清单编制指南》中化石燃料燃烧活动按场所是否固定可分为固定排放源和移动排放源。其中固定排放源按部门可分为工业和建筑部门、农业部门、服务部门、居民生活部门；移动排放源指所有借助交通工具的客货运输活动，移动源的交通方式可细分为民航、公路、铁路、水运等（表 2-3）。

**表 2-3　化石燃料燃烧排放源分类与国民经济行业分类的对应关系**

| 化石燃料燃烧排放源 | | | 国民经济行业分类 |
|---|---|---|---|
| 固定源 | 能源生产与加工转换 | 公用电力与热力 | 电力、热力的生产和供应业 |
| | | 石油天然气开采与加工业 | 石油和天然气开采业；石油加工、炼焦及核燃料加工业 |
| | | 固体燃料和其他能源工业 | 煤炭开采和洗选业；燃气生产和供应业 |
| | 工业和建筑业 | 钢铁 | 黑色金属矿采选业；黑色金属冶炼及压延加工业 |
| | | 有色金属 | 有色金属矿采选业；有色金属冶炼及压延加工业 |
| | | 化工 | 化学原料及化学制品制造业；橡胶和塑料制品业；医药制造业；化学纤维制造业 |
| | | 建材 | 非金属矿采选业；非金属矿物制品业 |
| | | 纺织业 | 纺织业 |
| | | 造纸及纸制品业 | 造纸及纸制品业 |

数据来源：《浙江省温室气体清单编制指南》

2020 年 6 月，广东省生态环境厅发布了《广东省市县（区）级温室气体清单编制指南（试行）》，温室气体清单编制和报告的范围与《省级温室气体清单编制指南（试行）》基本一致。

#### 2.1.2.3　中国企业温室气体排放核算标准

（1）现有系列核算标准。为加快构建国家、地方、企业三级温室气体排放核算的工作体系，实施重点企业直接报送温室气体排放数据制度，2013—2015 年，国家发展改革委应对气候变化司（现生态环境部应对气候变化司）分三批〔2013〕2526 号、〔2014〕2920 号及〔2015〕1722 号发布了 24 个行业的企业温室气体排放核算方法与报告指南（试行），涉及发电、电网、钢铁生产、化工生产、电解铝、镁冶炼、平板玻璃、水泥生产、陶瓷生产、民航、石油和天然气生产、石油化工、焦化、煤炭、造纸和纸制品生产、有色金属冶炼和压延加工、电子设备制造、机械设备制造、矿山、食品烟草及酒饮料、公共建筑运营单位、陆上交通运输、氟化工以及其他工业行业企业。在此基础上，2018 年印发了系列国家标准（GB/T 32150 系列标准），发电、钢铁、水泥、航空、陶瓷、化工等行业初步建成企业温室气体排放核查与报告体系。

目前国家、地方和行业协会发布的与纺织行业相关的温室气体排放标准包括：《工业其他行业企业温室气体排放核算方法与报告指南（试行）》《温室气体排放核算与报告要求第12部分：纺织服装企业》《上海市纺织、造纸行业温室气体排放核算与报告方法（试行）》（SH/MRV-006-2012）、广东省地方标准《纺织企业温室气体排放量化方法》（DB44T 1381-2014）《纺织企业温室气体减排评定技术规范》（T_CNTAC_13-2018）《纺织企业温室气体排放核算通用技术要求》（T_CNTAC_12-2018）《温室气体排放核算与报告要求　羊绒制品生产企业》（T_CNTAC 32-2019）《纺织产品温室气体排放核算通用技术要求》（T_CNTAC 11-2018）。

（2）核算标准主要内容。中国现行企业温室气体排放核算方法与报告指南参照世界资源研究所（WRI）与世界可持续发展工商理事会（WBCSD）共同制定的《温室气体核算体系：企业核算与报告准则》、ISO 国际标准化组织发布的 ISO 14064 标准，根据实际情况进行了转化。从企业层面定义了报告主体边界，排放源对应的活动水平按照具体排放类型进行了细分，给出了排放量计算公式及排放因子的推荐值。

报告主体以独立法人企业或视同法人的独立核算单位为企业边界，量化范围包括范围一（直接温室气体排放）和范围二（能源间接排放）。以“报告主体”为基本的边界划分依据，对在运营上受其控制的所有生产设施产生的温室气体排放进行核算和报告。

核算方法分为“计算”与“实测”两类，单项排放源的温室气体排放量基于缺省排放因子的理论计算或开展实测。推荐有条件的企业开展二氧化碳排放量测量，也可以选择基于排放因子按照物料衡算的原理进行理论计算。温室气体种类以燃料燃烧排放、过程排放、净购入电力和热力隐含的二氧化碳排放为主体，同时兼顾行业特性，纳入了属于行业特性的其他排放。

## 2.2　印染行业温室气体排放源识别

国际上确定的温室气体包括二氧化碳、甲烷、氧化亚氮、氢氟烃、全氟碳和六氟化硫6种气体。2018年印发的《中华人民共和国气候变化第二次两年更新报告》以上述6种气体为报告内容。

根据2006版 ISO 14064-1《温室气体-第一部分：组织层面对温室气体排放和清除的量化和报告的规范性指南》，在企业控制运营范围边界内，温室气体包括直接排放与间接排放两部分。直接温室气体排放源即企业所拥有或控制的排放源，如企业拥有的发电设备。间接温室气体排放源指排放源被另一家企业拥有或控制，为本企业提供作业结果，如企业购买的电力，发电设备为另一家企业拥有或控制。

为更清晰准确的识别排放源，便于温室气体排放量的计算、报告和有助于减控温室气体，将印染企业温室气体的排放定义为 3 种范围，范围 1：直接温室气体排放源；范围 2：能源间接温室气体排放源；范围 3：其他间接温室气体排放源。排放源按照应用类别分为固定燃烧源、移动燃烧源、制程排放源和逸散排放源四大类。

（1）印染企业范围 1 排放源。

①发电及产生蒸汽的燃煤锅炉或燃气锅炉、柴油发电机，产生热能的油炉、蒸汽锅，燃气烧毛机，直燃定形机，食堂使用的液化气等。这类排放源属于燃烧燃料的固定式的排放源，为企业的生产、生活提供电能和热能，排放的温室气体包括二氧化碳、甲烷及氧化亚氮。

②企业拥有或控制的移动排放源，如货车、客车、厂内机动叉车、船舶等燃烧燃料的移动式的排放源，用于原料、产品、废弃物的物流运输及员工通勤的交通运输，排放的温室气体主要是二氧化碳。

③制程排放源主要是碳酸盐、碳酸氢盐使用过程中分解产生的二氧化碳。

④逸散性排放源包括，废水处理过程中（厌氧处理单元）产生的甲烷，二氧化碳灭火器使用时散发的二氧化碳气体，冰箱、空调运行过程中制冷剂逸散产生的少量氢氟碳化物气体。

（2）印染企业范围 2 的能源间接温室气体排放，来自企业使用的外购电力、热力的温室气体排放。

（3）印染企业范围 3 的其他间接排放，指由本企业其他活动所产生的间接排放，这些排放源由其他企业所拥有或控制，但这些排放因为本企业的活动而产生，源头在本企业。具体包括：员工的出差、商务旅行导致的汽车、火车、飞机等运输工具的燃料燃烧；运输企业对本企业的产品、原料及废弃物的运输所导致的燃料燃烧；员工的交通；本企业产生的废弃物交由第三方废弃物处理机构进行掩埋处理而产生的甲烷排放等。GHG Protocol 暂时允许企业自行决定在进行内部碳核查时是否要统计和报告范围 3 的相关数据。ISO 14064 标准早期也有类似的表述，但在更新版本后，ISO 14064：2018 特别提出，以 ISO 14064 标准进行核查或报告的企业必须量化所有重大间接排放源。目前国内企业温室气体核算范围只包括范围 1 和范围 2。

典型印染企业温室气体排放源见表 2-4、表 2-5。

**表 2-4　温室气体排放源汇总**

| 排放类型 | 直接排放源（范围 1） | 间接排放源（范围 2） | 其他间接排放源（范围 3，不计入企业温室气体核算中） |
|---|---|---|---|
| 排放源 | 1. 固定式燃烧源：锅炉（天然气等）、切割器（乙炔）、烧毛机（天然气、液化石油气等）、食堂燃气灶（天然气、液化石油气等）<br>2. 运输移动式燃烧源：叉车（柴油）、厂务车（柴油、汽油）、货车（柴油、汽油）<br>3. 制程排放源：染厂、染纱厂染色助剂 $Na_2CO_3$、$NaHCO_3$ 化学反应（$CO_2$）<br>4. 逸散性温室气体排放源：污水处理设施的厌氧反应（$CH_4$），化粪池粪便（$CH_4$），冰箱制冷剂（HFCs）、二氧化碳灭火器（$CO_2$），防锈剂中的推进剂（$CO_2$） | 1. 外购电力<br>2. 外购热力 | 1. 员工交通（燃料）<br>2. 商务出差（燃料）<br>3. 委外运输（燃料）<br>4. 委外工作（维修/检测/环境美化）<br>5. 委外焚化处理（燃料/废弃物） |

**表 2-5　温室气体排放源识别表**

| 活动场所 | 活动设施 | 排放源 | 可能产生的温室气体种类 | | | | | | 直接排放 | | | | 能源间接排放 | 其他间接排放 |
|---|---|---|---|---|---|---|---|---|---|---|---|---|---|---|
| | | | $CO_2$ | $CH_4$ | $N_2O$ | $HFC_S$ | $PFC_S$ | $SF_6$ | 固定燃烧源 | 移动燃烧源 | 制程排放源 | 逸散排放源 | | |
| 前处理车间 | 气体烧毛机 | 天然气等 | √ | | | | | | √ | | | | | |
| | 精练 | 碳酸盐化学反应产生 $CO_2$ | √ | | | | | | | | √ | | | |
| | 外购 | 电力、热力 | √ | | | | | | | | | | √ | |
| 染色车间 | 染色 | 碳酸盐、碳酸氢盐化学反应产生 $CO_2$ | √ | | | | | | | | √ | | | |
| | 外购 | 电力、热力 | √ | | | | | | | | | | √ | |

续表

| 活动场所 | 活动设施 | 排放源 | 可能产生的温室气体种类 | | | | | | 直接排放 | | | | 能源间接排放 | 其他间接排放 |
|---|---|---|---|---|---|---|---|---|---|---|---|---|---|---|
| | | | $CO_2$ | $CH_4$ | $N_2O$ | $HFC_S$ | $PFC_S$ | $SF_6$ | 固定燃烧源 | 移动燃烧源 | 制程排放源 | 逸散排放源 | | |
| 印花车间 | 印花 | 碳酸盐、碳酸氢盐化学反应产生 $CO_2$ | √ | | | | | | | | √ | | | |
| | 外购 | 电力、热力 | √ | | | | | | | | | | √ | |
| 后整理车间 | 直燃定形机 | 天然气 | √ | | | | | | √ | | | | | |
| | 外购 | 电力、热力 | √ | | | | | | | | | | √ | |
| 锅炉房 | 锅炉 | 天然气等 | √ | | | | | | √ | | | | | |
| 食堂 | 燃气灶 | 天然气、液化气等 | √ | | | | | | √ | | | | | |
| 机修车间 | 气割机 | 乙炔 | √ | | | | | | | | | √ | | |
| | WD-40 防锈油 | $CO_2$ 推进剂 | √ | | | | | | | | | √ | | |
| 车队 | 车辆 | 汽油、柴油 | √ | | | | | | | √ | | | | |
| 污水处理厂 | 污水处理池 | 污水厌氧反应 | | √ | √ | | | | | | | √ | | |
| 其他 | 化粪池 | 化粪池粪便 | | √ | | | | | | | | √ | | |
| | 消防设施 | 二氧化碳灭火器 | √ | | | | | | | | | √ | | |
| | 冰箱 | 冷媒 | | | | √ | | | | | | √ | | |
| | 出差 | 燃料 | √ | | | | | | | | | | | √ |

印染企业主要的温室气体排放是范围 1 和范围 2，范围 3 不属于考察的重点，可作为排放源的定性列举体现。如果温室气体排放核算报告的要求方有特定排放源的要求，可依照特定排放源进行考查核算。范围 1 和范围 2 的排放源中有部分排放源排放量少，如：印染企业温室气体排放源中烧毛机液化气或天然气燃烧、食堂天然气或液化气燃烧、机修焊割乙炔使用、空调冰箱制冷剂逸散、二氧化碳灭火器逸散等温室气体排放量占比例不大，根据国际通则，某排放源的排放量小于总排放量的 5%可以排除不计。另外，有些温室气体排放核算报告的要求方也会对厂区内运输车辆的排放忽略不计[2]。

印染企业 6 种温室气体排放情况见表 2-6。

**表 2-6　印染企业温室气体排放的种类与特点**

| 序号 | 温室气体 | 可能产生环节 | 产生量 |
|---|---|---|---|
| 1 | $CO_2$ | 直接排放：化石燃料燃烧、碳酸盐反应、其他化学助剂反应、废气产生过程和废水处理过程<br>间接排放：购入电力、热力 | 大 |
| 2 | $CH_4$ | 废水和废物的处理过程 | 量少 |
| 3 | $N_2O$ | 废水处理过程 | 情况不明确，检测方法不成熟 |
| 4 | HFCs | 空调制冷剂 | 量少 |
| 5 | PFCs | 基本不产生 | 量少 |
| 6 | $SF_6$ | 变压器防护 | 量少 |

根据《工业其他行业企业温室气体排放核算方法与报告指南（试行）》，报告主体对于监测成本较高、不确定性较大、贡献小的排放源（占企业总排放量的比例<1%），可暂不核算和报告。印染企业产生和排放的温室气体中，氢氟碳化物（HFCs）和六氟化硫（$SF_6$）的排放量小，可忽略；氧化亚氮（$N_2O$）来源复杂，检测方法不成熟，暂不考虑计入温室气体排放。

根据中国生态环境统计年报推算，2015 年印染行业废水排放量 12.88 亿吨，假设所有废水处理均采用厌氧反应。

$$\begin{aligned}\text{年甲烷排放量} &= \text{处理水量}\times(\text{COD 进流浓度}-\text{COD 出流浓度})\times EF\times10^{-6}\\ &= 12.88\times10^{8}\times(\text{COD 进流浓度}-\text{COD 出流浓度})\times0.25\text{kg } CH_4/\text{kg}\times10^{-6}\\ &= 12.88\times10^{8}\times(352-311)\times0.25\text{kg } CH_4/\text{kg}\times10^{-6}\\ &= 1.32\times10^{4}\text{t}\end{aligned}$$

2015 年印染废水处理过程中产生的甲烷排放量约 1.32 万吨，占印染行业温室气体排放量的比重不足 1%，本研究暂不考虑。以上分析表明，印染行业产生和排放的温室气体主要是二氧化碳。

**参考文献：**

[1] 李戎，王炜，林琳，等. 温室气体排放科学评价（一）[J]. 印染，2014（16）：44-48.
[2] 马建华. 温室气体排放源识别和排放量计算 [J]. 印染，2017（13）：51-55.

# 第 3 章　印染行业二氧化碳排放源和污染物排放源

## 3.1　印染行业碳排放源

### 3.1.1　印染生产碳排放源

印染企业产生和排放的温室气体主要是二氧化碳，本研究仅对二氧化碳排放（以下简称碳排放）做详细分析，分析印染工序、废水处理、废气处理过程中二氧化碳的产生和排放，暂不考虑企业辅助生产系统及附属生产系统。根据印染生产碳排放情况，可分为直接排放和间接排放。

**3.1.1.1　直接排放**

（1）工业过程直接产生碳排放的化学反应。工业过程常见直接产生二氧化碳气体的化学反应有以下几个方面。

①烃的燃烧（氧化反应）产生二氧化碳。

$$CH_4+2O_2 \xrightarrow{点燃} CO_2\uparrow+2H_2O$$

$$2C_4H_{10}+13O_2 \xrightarrow{点燃} 8CO_2\uparrow+10H_2O$$

$$C_2H_4+3O_2 \xrightarrow{点燃} 2CO_2\uparrow+2H_2O$$

$$2C_2H_2+5O_2 \xrightarrow{点燃} 4CO_2\uparrow+2H_2O$$

$$C_{25}H_{32}+33O_2 \xrightarrow{点燃} 25CO_2\uparrow+16H_2O$$

②烃的衍生物氧化生成二氧化碳。

$$CH_3CH_2OH+3O_2 \xlongequal{点燃} 2CO_2\uparrow 3H_2O$$

③木炭及一氧化碳的燃烧。

$$C+O_2 \xlongequal{点燃} CO_2\uparrow$$

$$2CO+O_2 \xlongequal{点燃} 2CO_2\uparrow$$

④碳和一氧化碳做还原剂产生二氧化碳。

$$FeO_3+3CO \xlongequal{高温} 2Fe+3CO_2\uparrow$$

$$2Fe_2O_3+3C \xlongequal{高温} 4Fe+3CO_2\uparrow$$

⑤碳与氧化性酸反应生成二氧化碳。

$$C+2H_2SO_4（浓）\xlongequal{加热} CO_2\uparrow+2SO_2\uparrow+2H_2O$$

$$C+4HNO_3（浓）\xlongequal{加热} CO_2\uparrow+4NO_2\uparrow+2H_2O$$

⑥葡萄糖体内氧化产生二氧化碳。

$$C_6H_{12}O_6+6O_2 \xrightarrow{氧化} 6CO_2\uparrow+6H_2O$$

⑦碳酸、甲酸、草酸分解产生二氧化碳。

$$H_2CO_3 = H_2O+CO_2\uparrow$$

$$HCOOH = H_2\uparrow+CO_2$$

$$H_2C_2O_4 \xrightarrow[加热]{浓硫酸} H_2O_2+CO_2\uparrow+CO\uparrow$$

⑧碳酸氢铵受潮时分解产生二氧化碳。

$$NH_4HCO_3 = NH_3\uparrow+H_2O+CO_2\uparrow$$

⑨碳酸盐和碳酸的酸式盐受热分解产生二氧化碳。

$$CaCO_3 \xlongequal{高温} CaO+CO_2\uparrow$$

$$Ca(HCO_3)_2 \xlongequal{加热} CaCO_3+H_2O+CO_2\uparrow$$

$$2NaHCO_3 \xlongequal{加热} Na_2CO_3+H_2O+CO_2\uparrow$$

⑩葡萄糖生物降解产生二氧化碳。

$$C_6H_{12}O_6 \xrightarrow{有氧降解} 2CH_3CH_2OH+2CO_2$$

⑪碳酸盐和碳酸氢盐与酸反应产生二氧化碳。

$$CaCO_3+2HCl = CaCl_2+H_2O+CO_2\uparrow$$

$$Na_2CO_3+2HCl = 2NaCl_2+H_2O+CO_2\uparrow$$

$$Na_2CO_3+H_2SO_4 = Na_2SO_4+H_2O+CO_2\uparrow$$

$$Ca(HCO_3)_2+2HCl = CaCl_2+2H_2O+2CO_2\uparrow$$

$$NaCO_3+HCl = NaCl_2+H_2O+CO_2\uparrow$$

$$2NaHCO_3+H_2SO_4 = Na_2SO_4+H_2O+CO_2\uparrow$$

⑫高熔点的氧化物与碳酸盐反应产生二氧化碳。

$$SiC_2+CaCO_3 \xlongequal{高温} CaSiO_3+CO_2\uparrow$$

$$SiC_2+Na_2CO_3 \xlongequal{高温} Na_2SiO_3+CO_2\uparrow$$

$$Al_2O_3+CaCO_3 \xlongequal{高温} Ca(AlO_2)_2+CO_2\uparrow$$

$$Al_2O_2+Na_2CO_3 \xlongequal{高温} 2NaAlO_2+CO_2\uparrow$$

⑬可溶性碳酸盐与可溶性铝盐发生双水解反应产生二氧化碳。

$$6NaHCO_3+Al_2(SO_4)_3 \xlongequal{} 3Na_2SO_4+6CO_2\uparrow+2Al(OH)_3\downarrow$$

$$3Na_2CO_3+Al_2(SO_4)_3+3H_2O \xlongequal{} 3Na_2SO_4+6CO_2\uparrow+2Al(OH)_3\downarrow$$

印染生产过程中，直接产生碳排放的环节主要包括化石燃料燃烧和碳酸盐、碳酸氢盐参与的反应。

（2）化石燃料燃烧排放。印染企业化石燃料燃烧排放包括天然气、液化石油气等在固定设备（烧毛机、定形机、烘干机、焰熔层压机等）发生燃烧产生的碳排放。可能的化学反应如下：

$$CH_4+2O_2 \xrightarrow{点燃} CO_2\uparrow+2H_2O$$

$$2C_4H_{10}+13O_2 \xrightarrow{点燃} 8CO_2\uparrow+10H_2O$$

（3）制程二氧化碳排放。印染生产过程碳排放主要是碳酸盐或碳酸氢盐分解产生的二氧化碳排放，常用的碱剂是碳酸钠和碳酸氢钠。

①活性染料染色或印花。碳酸钠主要用于活性染料在染色或印花时的固色碱剂，部分用于软水剂、净洗剂及精练剂。碳酸氢钠主要用于活性染料染色或印花时的固色碱剂（常和碳酸钠一起作为碱剂），部分用于硫化染料染色的防脆剂。

碳酸钠在固色时，溶解于水中，和水发生可逆反应，生成氢氧化钠和碳酸氢钠。其中碳酸氢钠在湿和热的条件下，会逐步释放出二氧化碳，生成纯碳酸钠、水。反应式如下：

$$Na_2CO_3+H_2O \longrightarrow NaHCO_3+NaOH$$

$$2NaHCO_3 \longrightarrow NaCO_3+H_2O+CO_2\uparrow$$

活性染料直接印花时使用的碱剂有碳酸氢钠、三氯醋酸钠和碳酸钠，一般选用碳酸氢钠为碱剂。含乙烯砜基的活性染料及反应性高的活性染料也会采用三氯醋酸钠为碱剂。三氯醋酸钠在一定温度下分解产生碳酸氢钠，碳酸氢钠进一步分解产生二氧化碳。反应式如下：

$$CCl_3COONa+H_2O \longrightarrow NaHCO_3+CHCl_3\uparrow$$

$$2NaHCO_3 \longrightarrow NaCO_3+H_2O+CO_2\uparrow$$

②可溶性还原染料和不溶性偶氮染料染色。在可溶性还原染料染色和不溶性偶氮染料染色时，通常会加入尿素或硫脲与过剩的亚硝酸反应产生二氧化碳。

可溶性还原染料在卷染显色时，部分染料分子中含有氨基和亚氨基，在过量酸和亚硝酸钠的作用下，可能会发生重氮化或亚硝化反应。在显色液中通常会加入尿素或硫脲，与显色液中过剩的亚硝酸反应，防止易过氧化的染料产生过氧化。反应式为：

$$CO(NH_2)_2+2HNO_2 \longrightarrow 2N_2\uparrow +CO_2\uparrow +3H_2O$$

$$CS(NH_2)_2+4HNO_2 \longrightarrow 3N_2\uparrow +CO_2\uparrow +SO_2\uparrow +4H_2O$$

不溶性偶氮染料在色基的重氮化反应过程中，亚硝酸钠可与盐酸作用产生重氮化试剂。亚硝酸钠用量过多时会引起色酚发生亚硝酸化副反应，使色酚失去与重氮盐偶合的能力。亚硝酸过量时，可用尿素去除，反应式为：

$$CO(NH_2)_2+HNO_2 \longrightarrow N_2\uparrow +CO_2\uparrow +H_2O$$

有些色基重氮化条件很难掌握，染料厂往往将这些色基预先重氮化成为重氮盐，再加入适当稳定剂和填充剂制成稳定的色盐供应市场。

③其他可能排放。

a. 活性染料和硫化染料印花、阳离子染料连续轧染过程中添加尿素时，尿素可能产生碳排放。

b. 激光雕刻和烂花工艺（炭化过程）时可能产生碳排放。

c. 烧毛是将织物通过火焰或在炙热的金属表面擦过，烧去表面绒毛的工艺过程，以保证后续对织物进行染整的工艺效果。烧毛过程因纤维燃烧产生二氧化碳。定形过程中可能会有少量的 $CO_2$、CO、HCl 等无机污染物。涂层整理使用大量的有机溶剂，特别是溶剂型涂层，但碳排放量很少。在不考虑能源燃烧产生的废气排放外，印染主要的废气排放过程中碳排放量很少可以忽略不计。以上过程碳排放情况需做进一步深入分析研究，其排放量整体不大，可不予考虑。

印染生产过程直接碳排放情况见表 3-1。

**表 3-1　印染生产过程直接碳排放情况**

| 节点 | 直接产生碳排放的反应 |
|---|---|
| 气体烧毛机 | 液化石油气、天然气等燃烧 |
| 直燃式定形 | 天然气等燃烧 |
| 燃气型烘干 | 天然气等燃烧 |
| 焰熔层压 | 液化石油气、天然气等燃烧 |
| 前处理、活性染料染色/印花固色、皂洗等过程 | 碳酸盐和碳酸氢盐分解反应 |
| 可溶性还原染料染色、不溶性偶氮染料染色过程 | 尿素与过剩亚硝酸反应 |
| 可溶性还原染料染色过程 | 硫脲与过剩亚硝酸反应 |

#### 3.1.1.2　间接排放

印染企业购入的电力和热力属于间接排放。热力碳排放主要为外购蒸汽的隐含碳排放。外购蒸汽间接碳排放工序见表 3-2。

表 3–2 外购蒸汽间接碳排放工序

| | |
|---|---|
| 前处理 | 退浆、煮练、漂白、丝光、碱减量、水洗 |
| 染色 | 染色、还原清洗、水洗、固色、烘干 |
| 印花 | 蒸化、水洗、烘干 |
| 整理 | 预缩、定形、其他整理 |
| 层压复合 | 烘干 |

## 3.1.2 印染废水处理碳排放源

印染行业水污染物主要为退浆时的浆料、精练时溶出织物的胶质和半纤维素、印染过程中使用的助剂和残留水中的染料。对于印染废水达标排放或处理回用，常采用源头“清污分流、分质处理”模式削减高浓度废水污染物后，形成的综合废水再经物化—生化—深度处理组合工艺处理。印染行业废水各处理过程的碳排放情况分析如下。

### 3.1.2.1 清污分流、分质处理过程

（1）直接碳排放。预处理过程中，在去除有机物时均不同程度产生有机物矿化或转化为温室气体。例如采用厌氧法处理高浓度聚乙烯醇（PVA）废水，有机物在厌氧菌的作用下大部分转化为 $CO_2$、$CH_4$；染色废水采用高级氧化法去除染化料有机物的过程中，染化料有机物在活性氧自由基作用下矿化为 $CO_2$ 温室气体。

（2）间接碳排放。

①高浓度前处理退浆废水：难降解聚乙烯醇（PVA）废水需通过盐析、厌氧或陶瓷膜回收碱预处理。盐析法需投加盐析剂硫酸钠和胶凝剂硼砂使 PVA 析出，该过程消耗电能产生间接碳排放；厌氧处理一般采用中温厌氧，该过程消耗电能产生间接碳排放；采用陶瓷膜回收碱过程消耗电耗产生间接碳排放。

②碱减量废水：碱减量废水的处理方法主要为中和盐析法。采用加酸调节 pH 值，将聚酯聚合物析出，通过混凝沉淀或气浮去除，降低总锑的浓度，该过程消耗电能产生间接碳排放。

③染色废水：染色废水主要贡献废水色度，有机物浓度偏低，一般不进行预处理。近年为回收利用染色环节中投加的盐，采用萃取、高级氧化及吸附等方法对高盐含量的染色废水及前 1～2 道清洗水进行预处理，去除有机物后将盐水原位回用于染色工艺，该过程消耗电能产生间接碳排放。

④印花废水：活性染料印花过程中使用尿素，致使废水中含大量尿素有机氮，通过水解作用转化为高浓度氨氮，在工程应用中常采用氨吹脱处理，该过程

消耗电能产生间接碳排放。

#### 3.1.2.2 综合废水末端处理过程

（1）直接碳排放。在废水处理工艺有机物去除过程中，有机物通过生物氧化或高级氧化转化为 $CO_2$、$CH_4$ 等温室气体，$CH_4$ 等排放主要在厌氧处理过程中产生。在脱氮过程中，外加碳源转化为 $CO_2$ 温室气体，同时还存在升温效应更高的氧化亚氮（$N_2O$）温室气体的排放。

（2）间接碳排放。印染废水末端处理采用物化、生化及深度处理组合工艺。物化处理包括格栅/筛网、调节、气浮、混凝和沉淀等过程，去除废水中的部分污染物。生物处理指通过生物降解的方式实现有机物降解和脱氮，主要包括厌氧生物技术、好氧生物技术和生物脱氮技术。深度处理指对生物处理出水进一步净化的处理过程，对废水中的苯胺类、AOX 等特征污染物进一步降解，包括曝气生物滤池、臭氧氧化、芬顿氧化、膜分离技术等。

在综合废水处理过程消耗电能产生间接碳排放。废水处理过程中水泵、鼓风机、膜系统等设备电耗大，水泵、鼓风机等耗电设备的合理运行具有很大的节能降碳空间。

印染废水处理过程排放的温室气体中的 $CH_4$ 和 $N_2O$ 的排放量相对较低，主要是 $CO_2$ 排放[1]。

### 3.1.3 印染废气处理碳排放源

印染废气主要有烧毛废气、印花废气、定形废气、涂层废气。定形废气处理主要工艺包括：除杂、喷淋、静电、吸附等。

#### 3.1.3.1 烧毛废气

烧毛工序废气可采用过滤除尘技术治理，即利用过滤材料分离气体中固体颗粒物的工艺，常用方法包括袋式除尘和滤筒除尘。纤维尘去除宜采用袋式除尘，烧毛烟气宜采用滤筒除尘。烧毛废气处理过程中产生的碳排放主要是除尘器消耗电能产生的间接碳排放。

#### 3.1.3.2 印花废气

印花（或涂层、复合）工序中产生的挥发性溶剂可采用活性炭吸附处理。该技术利用颗粒活性炭、活性炭纤维或分子筛等满足特定要求的活性炭材料吸附去除废气中的 VOCs，适用于大风量、低湿度和各种浓度有机废气的净化处理。吸附饱和活性炭可采用热脱附进行再生，对溶剂进行回收利用或燃烧处理。

#### 3.1.3.3 定形废气

定形废气常用的净化方法可归纳为机械净化、喷淋洗涤、静电除尘等 3

大类。

（1）机械净化。利用质量力、过滤、吸附或吸收等方法，对定形废气进行净化，其主要装置为旋风除尘器。过滤和吸附初期净化效果较好，但吸附饱和时净化效果迅速下降，甚至完全消失。此外，由于定形废气含油量大、黏附性强，易导致装置被油性物质堵塞，造成设备故障。

（2）水洗喷淋技术。水喷淋处理技术对纯棉织物生产中粉尘颗粒去除效果比较好，对含油剂比较多的化纤织物生产中油雾去除效果不太明显。在处理的过程中，需要用大量的水去洗涤烟气，一方面用水降温，另一方面用水来洗涤废气。因此需要增加水降温装置，否则在处理后的气体中含有大量水雾，影响处理效果，同时要做好油水分离，减少二次污染产生。常用的喷淋洗涤装置有旋流洗涤塔和填料洗涤塔。

（3）静电处理技术。静电处理即利用静电场使颗粒物形成荷电粒子，在电场力作用下向集尘极定向移动进而被捕获的过程。静电装置极板间距 200~300mm，风速 0.3~0.7m/s。湿式静电除尘通过极板表面的保有水膜使得黏附性油脂难以积聚，无颗粒物逸散现象，但需考虑洗涤废液的处理和避免二次污染。湿式静电除尘去除效率高且操作压力损失小，适用于热定形废气的油烟处理。

（4）水喷淋技术+静电处理技术。水喷淋技术与静电处理技术的结合应用，即先进行水喷淋预处理再进行高压静电净化处理，一次性解决了静电处理的相关问题，具备了废气降温、除毛屑、除蜡、除油、防火、易维护清理等功能，又充分利用了水喷淋式处理工艺的优势。为实现节能和环保的双重效益，目前一般还在定形机废气收集后，先进行热能回收，同时对定形机废气进行冷却处理。综合采用水喷淋+静电除油处理技术，对定形废气中油雾和非甲烷总烃的处理效率能达到 90%。

定形机废气处理过程中产生的碳排放主要是机械净化、喷淋洗涤、静电除尘等消耗电能产生的间接碳排放。

#### 3.1.3.4　涂层废气

涂层废气处理技术包括回收处理技术和排放处理技术。

（1）涂层废气回收处理工艺。过滤+活性炭吸附回收工艺：采用风机将生产车间溶剂抽出，进入装有活性炭的吸附器中，利用活性炭吸附废气中的有机溶剂，再用蒸汽进行脱除被吸附的溶剂完成整个溶剂的回收工作。水喷淋+活性炭吸附回收工艺：涂层废气中含有丁酮、二甲基甲酰胺（DMF）等水溶性溶剂，以水为溶剂进行喷淋吸收，结合精馏工艺实现溶剂回收利用。

（2）涂层废气处理排放工艺。对于涂层废气产生浓度较低、废气组分复杂，不具备回收价值的涂层废气，一般采用水喷淋+活性炭吸附处理或者二级活性炭吸附处理后排放。二级活性炭吸附装置对有机废气去除率可以达90%以上。

涂层废气处理过程中产生的碳排放主要是喷淋消耗电能产生的间接碳排放。

**3.1.3.5 恶臭处理**

恶臭处理包括二级喷淋技术和生物除臭技术等。

（1）二级喷淋技术。将调节池、混凝沉淀池、水解酸化池、曝气池、污泥浓缩池等加盖密闭，将废气通过管道和引风机进入废气吸收处理装置，压滤机房采用抽风方式进行换气，废气吸收处理装置采用两级喷淋工艺，废气收集效率为90%，对臭气浓度的处理效率可达90%。

（2）生物处理。生物处理技术利用微生物的代谢作用对VOCs和恶臭气体进行分解，常用的生物处理技术有生物滤池和生物滴滤床。

恶臭处理过程中产生的碳排放主要是喷淋消耗电能产生的间接碳排放。

## 3.2 印染行业污染物排放源

### 3.2.1 水污染物排放源

棉及其混纺织物印染加工的废水主要为前处理废水、染色/印花废水，整理废水占比小。前处理废水 $COD_{Cr}$ 平均浓度在3000mg/L左右；染色废水主要污染物是助剂和残留的染料，废水中 $COD_{Cr}$ 浓度500~2500mg/L，色度为300~500倍；印花废水含有染料、糊料和助剂等污染物，$COD_{Cr}$ 浓度1200~2000mg/L，总氮浓度50~300mg/L；整理工序的废水，除了含纤维屑之外，还含有油剂、浆料和树脂、甲醛等整理剂，废水量较小。

化纤机织物印染加工污染较轻，化纤机织物上浆少，且杂质少，易退浆，总体 $COD_{Cr}$ 浓度低，一般为800~1200mg/L。纯涤纶仿真丝绸产品前处理生产过程中采用碱减量生产工艺，碱减量工艺废水中 $COD_{Cr}$ 高，达10000~30000mg/L。

针织织物由于织造过程中不上浆，印染加工过程中不需退浆处理，废水中污染物浓度相对不高，$COD_{Cr}$ 浓度500~1000mg/L。

毛印染废水主要来自染色工序，包括染色残液及漂洗水。与棉印染废水相比较，毛纺织印染废水中污染物浓度不高，色度不深。毛粗纺织产品印染废水污染物浓度相对较高，废水 $COD_{Cr}$ 浓度450~850mg/L；而毛精纺印染废水含污染物浓度则较低，废水 $COD_{Cr}$ 平均浓度250~400mg/L。

麻及其混纺织物在退浆、初漂、丝光、复漂、增白、染色或印花过程中排放废水量与棉纺织品相近。印染废水中含有残余染料、浆料、纤维屑和各种助剂，废水 $COD_{Cr}$ 浓度 500～900mg/L。

丝绸印染废水主要来自练漂、染色和印花工序，整理工序有少量废水产生。练漂废水主要含有丝织物上的天然杂质、丝胶、淀粉浆料以及酸、碱等，废水的有机物质含量高、色度低、偏碱性。染色和印花废水主要含有残余的染料和助剂，废水中有机物含量低，废水 $COD_{Cr}$ 浓度 400～800mg/L。

典型的化纤、棉麻、针织、毛匹印染及直接涂层工艺的水污染物、大气污染物排放节点分别如图 3-1～图 3-5 所示。

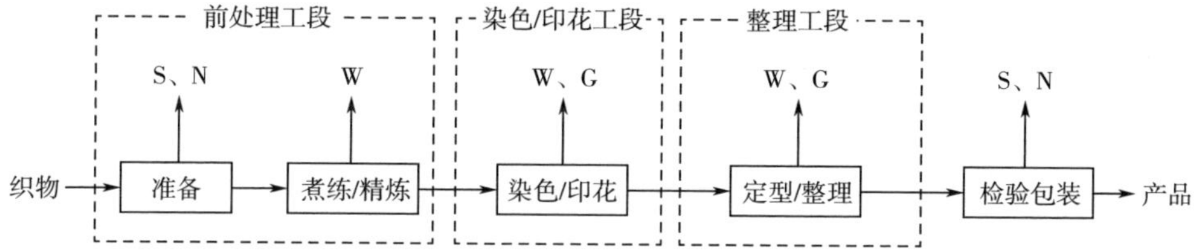


**图 3-1　典型化纤织物印染工艺流程及产污节点**

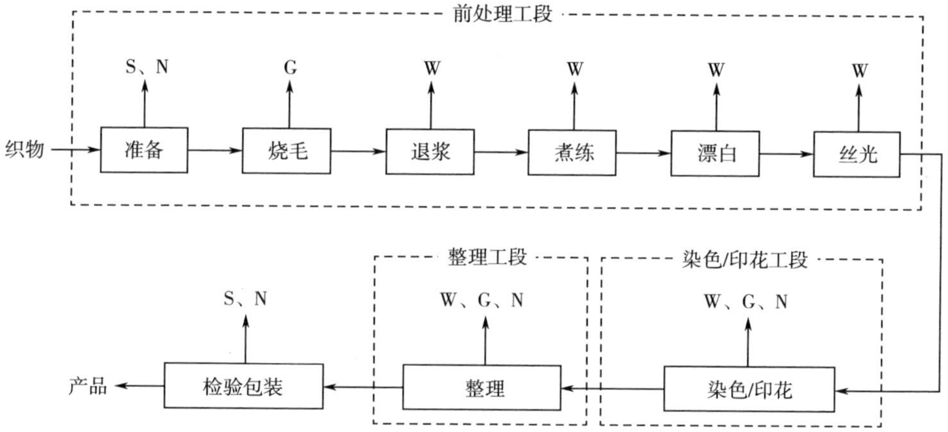


**图 3-2　典型棉麻织物印染工艺流程及产污节点**

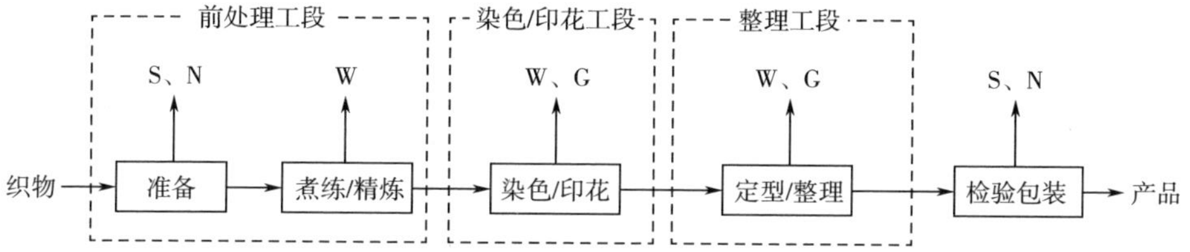


**图 3-3　典型针织物印染工艺流程及产污节点**

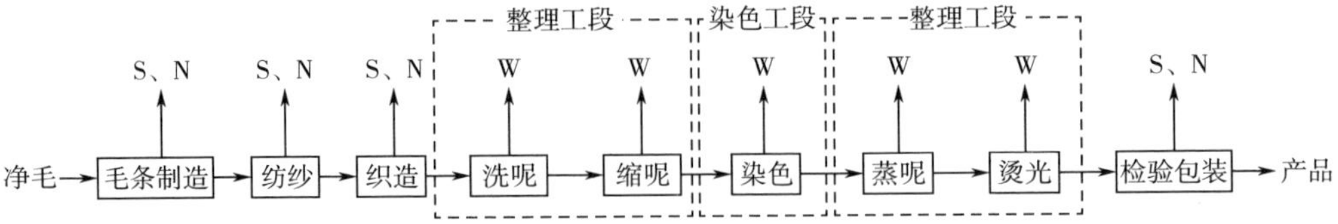


**图 3-4　典型毛匹印染工艺流程及产污节点**

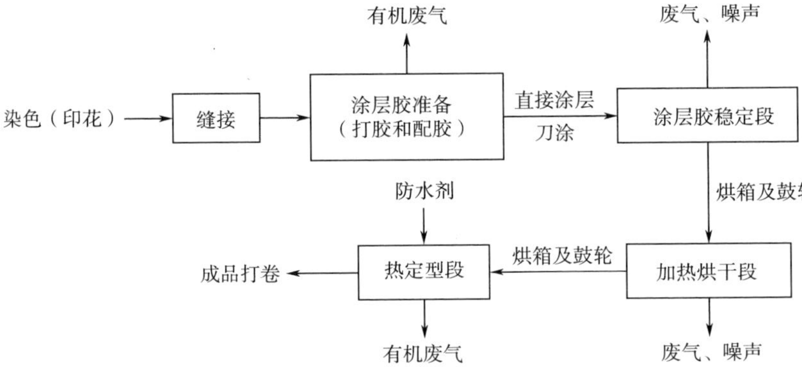


**图 3-5　某纺织企业直接涂层的工艺流程与产污流程**

### 3.2.2　大气污染物排放源

印染前处理工序中，主要是烧毛与预定形产生废气，前者的主要污染物为颗粒物，后者主要是挥发性有机物。前处理其他工序主要为湿加工环节，一般不会产生废气，织物上附带的助剂会在之后的烘干环节释放。

染色工序以湿加工为主，大部分废物排放至水中，一般不会产生废气，但会因水蒸发而携带少量的污染物质，形成无组织排放源。由于染液中物质的蒸汽压低，很少释放到空气中。但也应注意到，热熔过程、涂料染色过程排放少量有机废气。其中，涂料染色工序，由于使用涂料后不冲洗材料，污染物在干燥过程中一定量释放到空气中。另外，为了达到织物整理要求，染色后有皂洗、水洗、烘干等过程。在烘干过程中，织物上附带的织物油、纺纱油、染料、精练清洁用剂等会挥发，产生大气污染。

印花工序中需要使用大量的色浆，印上色浆的织物经烘干后进行蒸化。印花工艺中的烘干和蒸化固色过程是大气污染物的主要排放源。转移印花高温转移过程也产生挥发性有机物排放。

后整理工序废气产生环节主要为起毛/磨毛、热定形、涂层、层压复合等工艺。起毛/磨毛整理主要产生毛绒和颗粒物污染物。热定形工艺会产生大量的高温气体，高温气体中含有染料、助剂（含蜡质、溶剂、乳化剂、高分子单体）、润滑油、纤维类颗粒物等污染物质，废气温度为 100~190℃，废气中主要的污染物包括颗粒物、油雾、挥发性有机物（VOCs）等。涂层工艺按照成膜方法可以分为干法涂层、湿法涂层和热熔涂层，常用的涂层剂主要由功能组分和有机溶剂配制而成，这些有机溶剂在烘干去除的过程中，产生了 VOCs 并排放进入大气中。层压复合方法按工艺可分为焰熔法、压延法、热熔法和黏合剂法。涂层、层压复合等工序产生的废气污染物主要是有机物溶剂挥发和高分子材料高温裂解产生的 VOCs。

印染企业配套的厂内废水处理站也会产生少量的恶臭污染，主要来源于有机物生物降解过程中产生的一些还原性有毒有害气态物质，经水解、曝气或自身挥发而逸入环境空气。废水站产生恶臭的环节主要有调节池、沉淀池、厌氧水解酸化池、好氧池等。

**参考文献：**

［1］薛罡．论纺织印染废水低碳治理［J］．工业水处理，2024（7）：1-7.

# 第 4 章　印染行业能源消耗与碳排放

## 4.1　纺织工业能源消耗与碳排放

### 4.1.1　纺织工业能源消耗总量

根据《国民经济行业分类》（GB/T 4754—2017），纺织业属于制造业，行业编号为 C17，纺织业中包含棉纺织及染整精加工、毛纺织及染整精加工、麻纺织及染整精加工、丝绢纺织及染整精加工、化纤织造及染整精加工、针织或钩针编织物及其制品制造、家用纺织制成品制造、产业用纺织制成品制造等产业。

纺织工业除了包括 C17 纺织业，还包括 C18 纺织服装、服饰业，C28 化学纤维制造业。

以 2005—2022 年为研究区间，纺织工业历年能源消耗情况见表 4－1 ~ 表 4–4。

**表 4–1　2005—2022 年纺织工业能源消耗总量**

| 年份 | 纺织业能源消耗总量（万吨标准煤） | 纺织服装、服饰业能源消耗总量（万吨标准煤） | 化学纤维制造业能源消耗总量（万吨标准煤） | 全国能源消耗总量（万吨标准煤） | 纺织工业能源消耗总量占全国比重（%） |
|---|---|---|---|---|---|
| 2005 年 | 5281. 32 | 669. 00 | 1789. 00 | 261369. 00 | 2. 96 |
| 2006 年 | 6108. 59 | 661. 68 | 1465. 05 | 286467. 00 | 2. 87 |
| 2007 年 | 6528. 30 | 711. 44 | 1575. 02 | 311442. 00 | 2. 83 |
| 2008 年 | 6396. 38 | 725. 34 | 1448. 58 | 320611. 00 | 2. 67 |
| 2009 年 | 6251. 01 | 813. 00 | 1641. 00 | 336126. 00 | 2. 59 |
| 2010 年 | 6204. 53 | 848. 00 | 1644. 00 | 360648. 00 | 2. 41 |
| 2011 年 | 6269. 05 | 867. 00 | 1819. 00 | 387043. 00 | 2. 31 |

续表

| 年份 | 纺织业能源消耗总量（万吨标准煤） | 纺织服装、服饰业能源消耗总量（万吨标准煤） | 化学纤维制造业能源消耗总量（万吨标准煤） | 全国能源消耗总量（万吨标准煤） | 纺织工业能源消耗总量占全国比重（%） |
|---|---|---|---|---|---|
| 2012 年 | 6357. 01 | 978. 00 | 1840. 00 | 402138. 00 | 2. 28 |
| 2013 年 | 7365. 72 | 971. 00 | 1909. 00 | 416913. 00 | 2. 46 |
| 2014 年 | 6960. 20 | 938. 00 | 1835. 00 | 428333. 99 | 2. 27 |
| 2015 年 | 7135. 66 | 923. 00 | 1912. 00 | 434112. 78 | 2. 30 |
| 2016 年 | 7295. 14 | 946. 00 | 2075. 00 | 441491. 81 | 2. 34 |
| 2017 年 | 7487. 00 | 882. 00 | 2204. 00 | 455826. 92 | 2. 32 |
| 2018 年 | 7372. 00 | 866. 00 | 2329. 00 | 471925. 15 | 2. 24 |
| 2019 年 | 7398. 00 | 905. 00 | 2416. 00 | 487488. 00 | 2. 20 |
| 2020 年 | 6982. 00 | 854. 00 | 2355. 00 | 498314. 10 | 2. 05 |
| 2021 年 | 7932. 00 | 989. 00 | 2713. 00 | 525896. 00 | 2. 21 |
| 2022 年 | 7268. 00 | 912. 00 | 2634. 00 | 540956. 00 | 2. 00 |

数据来源：国家统计局

**表 4-2　2005—2022 年纺织业各类能源消耗量**

| 年份 | 煤炭消耗总量（万吨） | 天然气消耗总量（亿立方米） | 电力消耗总量（亿千瓦时） | 焦炭消耗总量（万吨） | 原油消耗总量（万吨） | 汽油消耗总量（万吨） | 煤油消耗总量（万吨） | 柴油消耗总量（万吨） | 燃料油消耗总量（万吨） |
|---|---|---|---|---|---|---|---|---|---|
| 2005 年 | 2555. 37 | 0. 56 | 823. 57 | 3. 00 | 0. 20 | 16. 74 | 2. 05 | 42. 93 | 41. 49 |
| 2006 年 | 2796. 32 | 0. 56 | 1032. 21 | 3. 27 | 0. 19 | 18. 99 | 1. 84 | 42. 69 | 42. 43 |
| 2007 年 | 2862. 05 | 0. 69 | 1124. 38 | 3. 57 | 0. 19 | 19. 98 | 1. 72 | 44. 82 | 39. 65 |
| 2008 年 | 2529. 12 | 1. 49 | 1126. 38 | 5. 28 | 0. 23 | 22. 48 | 1. 38 | 51. 24 | 36. 01 |
| 2009 年 | 2433. 32 | 1. 35 | 1147. 50 | 4. 00 | 0. 20 | 26. 25 | 0. 43 | 44. 11 | 23. 98 |
| 2010 年 | 2618. 04 | 1. 66 | 1276. 74 | 5. 00 | 0. 02 | 26. 96 | 0. 50 | 44. 63 | 22. 45 |
| 2011 年 | 2261. 68 | 1. 96 | 1378. 82 | 4. 00 | — | 21. 20 | 0. 31 | 34. 66 | 14. 76 |
| 2012 年 | 2065. 59 | 2. 15 | 1448. 70 | 3. 00 | — | 16. 89 | 0. 12 | 20. 20 | 8. 80 |
| 2013 年 | 2895. 63 | 2. 87 | 1532. 86 | 3. 00 | — | 15. 45 | 0. 16 | 17. 67 | 7. 41 |
| 2014 年 | 2460. 40 | 4. 55 | 1541. 18 | 2. 00 | — | 14. 23 | 0. 07 | 15. 75 | 7. 93 |
| 2015 年 | 4729. 70 | 6. 24 | 1561. 63 | 2. 00 | — | 13. 89 | 0. 15 | 14. 76 | 7. 12 |

续表

| 年份 | 煤炭消耗总量（万吨） | 天然气消耗总量（亿立方米） | 电力消耗总量（亿千瓦时） | 焦炭消耗总量（万吨） | 原油消耗总量（万吨） | 汽油消耗总量（万吨） | 煤油消耗总量（万吨） | 柴油消耗总量（万吨） | 燃料油消耗总量（万吨） |
|---|---|---|---|---|---|---|---|---|---|
| 2016 年 | 4211.17 | 18.77 | 1592.73 | 1.00 | — | 11.99 | 0.07 | 12.92 | 5.84 |
| 2017 年 | 3272.74 | 30.76 | 1684.90 | 1.00 | 0.01 | 13.07 | 0.05 | 21.29 | 6.29 |
| 2018 年 | 951.00 | 37.48 | 1748.42 | 2.00 | 0.07 | 7.02 | 0.02 | 7.28 | 4.85 |
| 2019 年 | 790.00 | 44.93 | 1760.15 | 3.00 | — | 5.59 | 0.03 | 6.00 | 3.45 |
| 2020 年 | 592.00 | 50.77 | 1650.38 | 6.00 | — | 3.27 | 0.01 | 3.90 | 1.17 |
| 2021 年 | 511.00 | 69.31 | 1889.87 | 6.00 | — | 2.88 | 0.04 | 4.30 | 0.40 |
| 2022 年 | 491.00 | 47.90 | 1777.12 | 5.00 | — | 2.42 | 0.04 | 7.46 | 4.98 |

**注**　“—”表示未公布相关数据。

数据来源：国家统计局

**表 4-3　2005—2022 年纺织服装、服饰业各类能源消耗量**

| 年份 | 煤炭消耗总量（万吨） | 天然气消耗总量（亿立方米） | 电力消耗总量（亿千瓦时） | 焦炭消耗总量（万吨） | 原油消耗总量（万吨） | 汽油消耗总量（万吨） | 煤油消耗总量（万吨） | 柴油消耗总量（万吨） | 燃料油消耗总量（万吨） |
|---|---|---|---|---|---|---|---|---|---|
| 2005 年 | 293.00 | 0.09 | 87.60 | 1.00 | 0.24 | 9.28 | 0.70 | 27.87 | 14.44 |
| 2006 年 | 258.88 | 0.09 | 108.80 | 1.49 | 0.23 | 10.32 | 0.61 | 30.82 | 6.89 |
| 2007 年 | 265.91 | 0.09 | 124.50 | 1.64 | 0.25 | 10.86 | 0.57 | 31.46 | 6.53 |
| 2008 年 | 229.35 | 0.20 | 130.07 | 3.23 | 0.31 | 12.58 | 0.49 | 38.06 | 6.98 |
| 2009 年 | 360.00 | 0.24 | 132.54 | 1.00 | 0.33 | 17.18 | 0.28 | 33.62 | 6.63 |
| 2010 年 | 374.00 | 0.32 | 151.58 | 4.00 | 0.03 | 17.83 | 0.25 | 34.34 | 5.31 |
| 2011 年 | 334.00 | 0.47 | 163.70 | 5.00 | 0.05 | 13.59 | 0.52 | 26.02 | 7.41 |
| 2012 年 | 347.00 | 0.87 | 198.42 | 3.00 | 0.05 | 17.03 | 0.41 | 20.85 | 2.81 |
| 2013 年 | 315.00 | 1.44 | 214.23 | 2.00 | 0.02 | 13.94 | 0.06 | 17.51 | 1.34 |
| 2014 年 | 297.00 | 1.82 | 213.03 | 1.00 | 0.02 | 12.25 | 0.04 | 14.53 | 0.82 |
| 2015 年 | 257.00 | 1.75 | 216.93 | 2.00 | 0.01 | 11.89 | 0.04 | 13.82 | 0.61 |
| 2016 年 | 214.00 | 3.47 | 227.52 | 2.00 | — | 10.92 | 0.02 | 12.00 | 0.52 |
| 2017 年 | 142.00 | 6.26 | 215.83 | 1.00 | 0.01 | 8.96 | — | 9.83 | 0.62 |
| 2018 年 | 57.00 | 6.05 | 233.18 | — | — | 5.76 | — | 5.45 | 0.52 |
| 2019 年 | 45.00 | 10.84 | 231.59 | — | — | 4.89 | 0.05 | 5.37 | 0.49 |

续表

| 年份 | 煤炭消耗总量（万吨） | 天然气消耗总量（亿立方米） | 电力消耗总量（亿千瓦时） | 焦炭消耗总量（万吨） | 原油消耗总量（万吨） | 汽油消耗总量（万吨） | 煤油消耗总量（万吨） | 柴油消耗总量（万吨） | 燃料油消耗总量（万吨） |
|---|---|---|---|---|---|---|---|---|---|
| 2020年 | 49.00 | 11.74 | 220.24 | — | — | 2.89 | — | 2.18 | 0.25 |
| 2021年 | 22.00 | 15.06 | 258.01 | — | — | 2.33 | — | 2.24 | 0.29 |
| 2022年 | 10.00 | 11.31 | 248.62 | — | — | 1.77 | — | 5.84 | 0.88 |

**注** “—”表示未公布相关数据。

数据来源：国家统计局

**表4-4 2005—2022年化学纤维制造业各类能源消耗量**

| 年份 | 煤炭消耗总量（万吨） | 天然气消耗总量（亿立方米） | 电力消耗总量（亿千瓦时） | 焦炭消耗总量（万吨） | 原油消耗总量（万吨） | 汽油消耗总量（万吨） | 煤油消耗总量（万吨） | 柴油消耗总量（万吨） | 燃料油消耗总量（万吨） |
|---|---|---|---|---|---|---|---|---|---|
| 2005年 | 1203.00 | 0.29 | 233.20 | 51.00 | 10.62 | 1.1 | 0.5 | 7.44 | 33.55 |
| 2006年 | 830.10 | 0.35 | 244.80 | 57.20 | 11.89 | 1.34 | 0.44 | 7.75 | 33.46 |
| 2007年 | 886.90 | 0.41 | 276.92 | 62.48 | 11.97 | 1.88 | 0.41 | 8.96 | 31.37 |
| 2008年 | 751.47 | 0.48 | 264.28 | 18.48 | 14.51 | 2.04 | 0.29 | 13.62 | 32.43 |
| 2009年 | 1039.00 | 0.29 | 269.93 | 3.00 | 10.01 | 1.61 | 0.11 | 4.59 | 18.8 |
| 2010年 | 921.00 | 0.44 | 298.86 | 2.00 | — | 1.55 | 0.01 | 7.95 | 15.24 |
| 2011年 | 1010.00 | 0.51 | 322.36 | 2.00 | — | 1.33 | 0.02 | 7.92 | 9.52 |
| 2012年 | 1049.00 | 2.2 | 329.53 | 1.00 | — | 1.1 | — | 2.41 | 6.46 |
| 2013年 | 1123.00 | 2.62 | 349.66 | 0.25 | — | 1.03 | — | 1.74 | 5.18 |
| 2014年 | 1070.00 | 3.1 | 351.62 | 0.36 | — | 0.98 | 0.02 | 1.68 | 3.56 |
| 2015年 | 1090.00 | 3.07 | 362.05 | — | — | 0.95 | 0.07 | 2.03 | 2.99 |
| 2016年 | 1370.00 | 5.01 | 390.28 | 17.00 | — | 1.32 | 0.05 | 2.33 | 3.26 |
| 2017年 | 1329.00 | 6.92 | 425.47 | 17.00 | — | 1.13 | 0.06 | 2.16 | 3.09 |
| 2018年 | 1330.00 | 10.94 | 437.68 | 18.00 | — | 0.8 | 0.02 | 2.04 | 1.44 |
| 2019年 | 1318.00 | 14.13 | 455.15 | 20.00 | — | 0.61 | 0.02 | 1.67 | 0.41 |
| 2020年 | 1142.00 | 18.38 | 450.37 | 3.00 | — | 0.37 | 0.02 | 1.11 | 0.65 |
| 2021年 | 1111.00 | 30.41 | 512.16 | 2.00 | — | 0.35 | 0.01 | 2.04 | 2.71 |
| 2022年 | 1072.00 | 19.79 | 502.33 | 1.00 | — | 0.33 | 0.01 | 2.24 | 2.48 |

**注** “—”表示未公布相关数据。

数据来源：国家统计局

根据国家统计局数据，2005—2022 年，纺织工业能源消耗总量由 7739.32 万吨标准煤增加至 10814 万吨标准煤，占全国工业行业比重由 2.96% 下降至 2.00%，下降了 0.96%。能源结构方面，煤炭消耗量在 2015 年达到峰值后逐年下降，2022 年较 2015 年下降 74.11%；天然气消耗量逐年增加，2021 年达到近 15 年最高值，2022 年消耗量有所回落。

### 4.1.2　纺织工业能源消耗产生的碳排放

根据《工业其他行业企业　温室气体排放核算方法与报告指南（试行）》核算方法，2005—2022 年纺织工业能源消耗产生的二氧化碳排放量见表 4-5。各类能源消耗产生的二氧化碳排放量占比见表 4-6~表 4-9。

**表 4-5　2005—2022 年纺织业能源消耗产生的二氧化碳排放量**

| 年份 | 直接排放 | | | | | | | | | 隐含排放 | 合计 |
|---|---|---|---|---|---|---|---|---|---|---|---|
| | 煤炭 | 天然气 | 焦炭 | 原油 | 汽油 | 煤油 | 柴油 | 燃料油 | 合计 | 电力 | |
| | 万吨二氧化碳 | | | | | | | | | | 亿吨二氧化碳 |
| 2005 年 | 5293.47 | 12.11 | 8.53 | 0.62 | 50.93 | 6.46 | 135.02 | 126.43 | 5633.57 | 4941.42 | 1.06 |
| 2006 年 | 5792.60 | 12.11 | 9.33 | 0.58 | 57.78 | 5.80 | 134.27 | 129.29 | 6141.76 | 6193.26 | 1.23 |
| 2007 年 | 5928.76 | 14.92 | 10.18 | 0.58 | 60.79 | 5.42 | 140.96 | 120.82 | 6282.43 | 6746.28 | 1.30 |
| 2008 年 | 5239.10 | 32.22 | 15.06 | 0.71 | 68.40 | 4.35 | 161.16 | 109.73 | 5630.73 | 6758.28 | 1.24 |
| 2009 年 | 5040.64 | 29.19 | 11.69 | 0.62 | 79.87 | 1.36 | 138.73 | 73.07 | 5375.17 | 6885.00 | 1.23 |
| 2010 年 | 5423.29 | 35.89 | 14.54 | 0.06 | 82.03 | 1.58 | 140.37 | 68.41 | 5766.17 | 7660.44 | 1.34 |
| 2011 年 | 4685.09 | 42.38 | 11.18 | — | 64.50 | 0.98 | 109.01 | 44.98 | 4958.12 | 8272.92 | 1.32 |
| 2012 年 | 4278.89 | 46.49 | 8.78 | — | 51.39 | 0.39 | 63.53 | 26.82 | 4476.29 | 8692.20 | 1.32 |
| 2013 年 | 5998.32 | 62.05 | 8.01 | — | 47.01 | 0.50 | 55.57 | 22.58 | 6194.04 | 9197.16 | 1.54 |
| 2014 年 | 5096.74 | 98.38 | 5.90 | — | 43.30 | 0.22 | 49.54 | 24.16 | 5318.24 | 9247.08 | 1.46 |
| 2015 年 | 9797.62 | 134.92 | 5.50 | — | 42.26 | 0.47 | 46.42 | 21.70 | 10048.89 | 9369.78 | 1.94 |
| 2016 年 | 8723.48 | 405.84 | 4.05 | — | 36.48 | 0.22 | 40.63 | 17.80 | 9228.50 | 9556.38 | 1.88 |
| 2017 年 | 6779.51 | 665.09 | 3.96 | 0.03 | 39.77 | 0.16 | 66.96 | 19.17 | 7574.65 | 10109.40 | 1.77 |
| 2018 年 | 1970.01 | 810.39 | 5.70 | 0.22 | 21.36 | 0.06 | 22.90 | 14.78 | 2845.42 | 10490.52 | 1.33 |
| 2019 年 | 1636.49 | 971.47 | 8.56 | — | 17.01 | 0.09 | 18.87 | 10.51 | 2663.00 | 10560.90 | 1.32 |
| 2020 年 | 1226.33 | 1097.74 | 17.11 | — | 9.95 | 0.03 | 12.27 | 3.57 | 2367.00 | 9902.28 | 1.23 |
| 2021 年 | 1058.54 | 1498.61 | 17.11 | — | 8.76 | 0.13 | 13.52 | 1.22 | 2597.89 | 11339.22 | 1.39 |
| 2022 年 | 1017.11 | 1035.69 | 14.26 | — | 7.36 | 0.13 | 23.46 | 15.17 | 2113.18 | 10662.72 | 1.28 |

**表 4-6　2005—2022 年纺织服装、服饰业能源消耗产生的二氧化碳排放量**

| 年份 | 直接排放 | | | | | | | | | 隐含排放 | 合计 |
|---|---|---|---|---|---|---|---|---|---|---|---|
| | 煤炭 | 天然气 | 焦炭 | 原油 | 汽油 | 煤油 | 柴油 | 燃料油 | 合计 | 电力 | |
| | 万吨二氧化碳 | | | | | | | | | | 亿吨二氧化碳 |
| 2005 年 | 606.95 | 1.95 | 2.85 | 0.74 | 28.23 | 2.21 | 87.65 | 44.00 | 774.58 | 525.60 | 0.13 |
| 2006 年 | 536.27 | 1.95 | 4.25 | 0.71 | 31.4 | 1.92 | 96.93 | 21.00 | 694.43 | 652.80 | 0.13 |
| 2007 年 | 550.84 | 1.95 | 4.68 | 0.77 | 33.04 | 1.80 | 98.95 | 19.90 | 711.93 | 747.00 | 0.15 |
| 2008 年 | 475.10 | 4.32 | 9.21 | 0.95 | 38.28 | 1.54 | 119.70 | 21.27 | 670.37 | 780.42 | 0.15 |
| 2009 年 | 745.74 | 5.19 | 2.85 | 1.02 | 52.27 | 0.88 | 105.74 | 20.20 | 933.89 | 795.24 | 0.17 |
| 2010 年 | 774.74 | 6.92 | 11.42 | 0.09 | 54.25 | 0.79 | 108.00 | 16.18 | 972.39 | 909.48 | 0.19 |
| 2011 年 | 691.88 | 10.16 | 14.26 | 0.15 | 41.35 | 1.64 | 81.84 | 22.58 | 863.86 | 982.20 | 0.18 |
| 2012 年 | 718.81 | 18.81 | 8.56 | 0.15 | 51.81 | 1.29 | 65.58 | 8.56 | 873.57 | 1190.52 | 0.21 |
| 2013 年 | 652.53 | 31.14 | 5.70 | 0.06 | 42.41 | 0.19 | 55.07 | 4.08 | 791.18 | 1285.38 | 0.21 |
| 2014 年 | 615.24 | 39.35 | 2.85 | 0.06 | 37.27 | 0.13 | 45.70 | 2.50 | 743.10 | 1278.18 | 0.20 |
| 2015 年 | 532.38 | 37.84 | 5.70 | 0.03 | 36.18 | 0.13 | 43.47 | 1.86 | 657.59 | 1301.58 | 0.20 |
| 2016 年 | 443.30 | 75.03 | 5.70 | — | 33.22 | 0.07 | 37.74 | 1.58 | 596.64 | 1365.12 | 0.20 |
| 2017 年 | 294.15 | 135.35 | 2.85 | 0.03 | 27.26 | — | 30.92 | 1.89 | 492.45 | 1294.98 | 0.18 |
| 2018 年 | 118.08 | 130.81 | — | — | 17.53 | — | 17.14 | 1.58 | 285.14 | 1399.08 | 0.17 |
| 2019 年 | 93.22 | 234.38 | — | — | 14.88 | 0.16 | 16.89 | 1.49 | 361.02 | 1389.54 | 0.18 |
| 2020 年 | 101.50 | 253.84 | — | — | 8.79 | — | 6.86 | 0.76 | 371.75 | 1321.44 | 0.17 |
| 2021 年 | 45.57 | 325.63 | — | — | 7.09 | — | 7.05 | 0.88 | 386.22 | 1548.06 | 0.19 |
| 2022 年 | 20.72 | 244.54 | — | — | 5.39 | — | 18.37 | 2.68 | 291.70 | 1491.72 | 0.18 |

**表 4-7　2005—2022 年化学纤维制造业能源消耗产生的二氧化碳排放量**

| 年份 | 直接排放 | | | | | | | | | 隐含排放 | 合计 |
|---|---|---|---|---|---|---|---|---|---|---|---|
| | 煤炭 | 天然气 | 焦炭 | 原油 | 汽油 | 煤油 | 柴油 | 燃料油 | 合计 | 电力 | |
| | 万吨二氧化碳 | | | | | | | | | | 亿吨二氧化碳 |
| 2005 年 | 2492.03 | 6.27 | 145.44 | 32.69 | 3.35 | 1.58 | 23.4 | 102.23 | 2806.99 | 1399.20 | 0.42 |
| 2006 年 | 1719.56 | 7.57 | 163.12 | 36.60 | 4.08 | 1.39 | 24.37 | 101.96 | 2058.65 | 1468.80 | 0.35 |
| 2007 年 | 1837.22 | 8.86 | 178.18 | 36.85 | 5.72 | 1.29 | 28.18 | 95.59 | 2191.89 | 1661.52 | 0.39 |
| 2008 年 | 1556.68 | 10.38 | 52.70 | 44.67 | 6.21 | 0.91 | 42.84 | 98.82 | 1813.21 | 1585.68 | 0.34 |

续表

| 年份 | 直接排放 | | | | | | | | | 隐含排放 | 合计 |
|---|---|---|---|---|---|---|---|---|---|---|---|
| | 煤炭 | 天然气 | 焦炭 | 原油 | 汽油 | 煤油 | 柴油 | 燃料油 | 合计 | 电力 | |
| | 万吨二氧化碳 | | | | | | | | | | 亿吨二氧化碳 |
| 2009 年 | 2152. 30 | 6. 27 | 8. 56 | 30. 81 | 4. 90 | 0. 35 | 14. 44 | 57. 29 | 2274. 92 | 1619. 58 | 0. 39 |
| 2010 年 | 1907. 86 | 9. 51 | 5. 70 | — | 4. 72 | 0. 03 | 25. 00 | 46. 44 | 1999. 26 | 1793. 16 | 0. 38 |
| 2011 年 | 2092. 22 | 11. 03 | 5. 70 | — | 4. 05 | 0. 06 | 24. 91 | 29. 01 | 2166. 98 | 1934. 16 | 0. 41 |
| 2012 年 | 2173. 01 | 47. 57 | 2. 85 | — | 3. 35 | — | 7. 58 | 19. 68 | 2254. 04 | 1977. 18 | 0. 42 |
| 2013 年 | 2326. 30 | 56. 65 | 0. 71 | — | 3. 13 | — | 5. 47 | 15. 78 | 2408. 04 | 2097. 96 | 0. 45 |
| 2014 年 | 2216. 51 | 67. 03 | 1. 03 | — | 2. 98 | 0. 06 | 5. 28 | 10. 85 | 2303. 74 | 2109. 72 | 0. 44 |
| 2015 年 | 2257. 95 | 66. 38 | — | — | 2. 89 | 0. 22 | 6. 38 | 9. 11 | 2342. 93 | 2172. 30 | 0. 45 |
| 2016 年 | 2837. 97 | 108. 33 | 48. 48 | — | 4. 02 | 0. 16 | 7. 33 | 9. 93 | 3016. 22 | 2341. 68 | 0. 54 |
| 2017 年 | 2753. 04 | 149. 62 | 48. 48 | — | 3. 44 | 0. 19 | 6. 79 | 9. 42 | 2970. 98 | 2552. 82 | 0. 55 |
| 2018 年 | 2755. 11 | 236. 54 | 51. 33 | — | 2. 43 | 0. 06 | 6. 42 | 4. 39 | 3056. 28 | 2626. 08 | 0. 57 |
| 2019 年 | 2730. 25 | 305. 52 | 57. 04 | — | 1. 86 | 0. 06 | 5. 25 | 1. 25 | 3101. 23 | 2730. 90 | 0. 58 |
| 2020 年 | 2365. 66 | 397. 41 | 8. 56 | — | 1. 13 | 0. 06 | 3. 49 | 1. 98 | 2778. 29 | 2702. 22 | 0. 55 |
| 2021 年 | 2301. 45 | 657. 52 | 5. 70 | — | 1. 06 | 0. 03 | 6. 42 | 8. 26 | 2980. 44 | 3072. 96 | 0. 61 |
| 2022 年 | 2220. 66 | 427. 90 | 2. 85 | — | 1. 00 | 0. 03 | 7. 05 | 7. 56 | 2667. 05 | 3013. 98 | 0. 57 |

**表 4-8　纺织工业能源消耗产生的二氧化碳排放量**

| 年份 | 直接排放合计（亿吨二氧化碳） | 电力（隐含排放亿吨二氧化碳） | 合计（亿吨二氧化碳） |
|---|---|---|---|
| 2005 年 | 0. 92 | 0. 69 | 1. 61 |
| 2006 年 | 0. 89 | 0. 83 | 1. 72 |
| 2007 年 | 0. 92 | 0. 92 | 1. 84 |
| 2008 年 | 0. 81 | 0. 91 | 1. 72 |
| 2009 年 | 0. 86 | 0. 93 | 1. 79 |
| 2010 年 | 0. 87 | 1. 04 | 1. 91 |
| 2011 年 | 0. 80 | 1. 12 | 1. 92 |
| 2012 年 | 0. 76 | 1. 19 | 1. 95 |
| 2013 年 | 0. 94 | 1. 26 | 2. 20 |
| 2014 年 | 0. 84 | 1. 26 | 2. 10 |

续表

| 年份 | 直接排放合计<br>（亿吨二氧化碳） | 电力<br>（隐含排放亿吨二氧化碳） | 合计<br>（亿吨二氧化碳） |
|---|---|---|---|
| 2015 年 | 1.30 | 1.28 | 2.58 |
| 2016 年 | 1.28 | 1.33 | 2.61 |
| 2017 年 | 1.10 | 1.40 | 2.50 |
| 2018 年 | 0.62 | 1.45 | 2.07 |
| 2019 年 | 0.61 | 1.47 | 2.08 |
| 2020 年 | 0.55 | 1.39 | 1.94 |
| 2021 年 | 0.60 | 1.60 | 2.20 |
| 2022 年 | 0.51 | 1.52 | 2.03 |

**表 4-9　2005—2022 年纺织工业各类能源消耗产生的二氧化碳排放量占比**

| 年份 | 煤炭占比（%） | 天然气占比（%） | 电力占比（%） | 其他能源占比（%） |
|---|---|---|---|---|
| 2005 年 | 52.19 | 0.13 | 42.70 | 4.98 |
| 2006 年 | 46.77 | 0.13 | 48.31 | 4.79 |
| 2007 年 | 45.35 | 0.14 | 49.91 | 4.60 |
| 2008 年 | 42.18 | 0.27 | 52.93 | 4.62 |
| 2009 年 | 44.39 | 0.23 | 52.00 | 3.38 |
| 2010 年 | 42.44 | 0.27 | 54.25 | 3.04 |
| 2011 年 | 38.95 | 0.33 | 58.34 | 2.38 |
| 2012 年 | 36.84 | 0.58 | 60.93 | 1.65 |
| 2013 年 | 40.85 | 0.68 | 57.25 | 1.22 |
| 2014 年 | 37.75 | 0.98 | 60.17 | 1.10 |
| 2015 年 | 48.62 | 0.92 | 49.60 | 0.86 |
| 2016 年 | 45.99 | 2.26 | 50.81 | 0.94 |
| 2017 年 | 39.31 | 3.80 | 55.84 | 1.05 |
| 2018 年 | 23.39 | 5.69 | 70.12 | 0.80 |
| 2019 年 | 21.44 | 7.26 | 70.56 | 0.74 |
| 2020 年 | 19.00 | 9.00 | 71.62 | 0.38 |
| 2021 年 | 15.53 | 11.32 | 72.80 | 0.35 |
| 2022 年 | 16.10 | 8.44 | 74.94 | 0.52 |

**注**　电力碳排放因子 0.6t$CO_2$/（MW·h）。

计算结果表明，纺织工业能源消耗产生的二氧化碳排放量由 2005 年的 1. 61 亿吨增加至 2016 年的 2. 61 亿吨，2016 年后二氧化碳排放总量整体呈下降趋势，2020 年较 2016 年下降 25. 67%。2005—2022 年，纺织工业能源消耗产生的二氧化碳排放量中，电力产生的隐含二氧化碳排放量占比逐年上升，2022 年占比达 74. 94%；煤炭产生的直接二氧化碳排放量占比由 2005 年的 52. 19%下降至 2022 年的 16. 10%；天然气产生的直接二氧化碳排放量占比由 2005 年的 0. 13%上升到 2022 年的 8. 44%；其他能源产生的直接二氧化碳排放量占比小，占比不足 5%。根据 2014 年中国温室气体排放情况，2014 年纺织工业能源消耗的碳排放量约占全国温室气体排放总量（不包括 LULUCF）的 1. 71%，占能源活动产生温室气体排放量的 2. 20%。

## 4. 2　印染行业能源消耗及趋势

### 4. 2. 1　印染行业能源消耗总量及趋势

#### 4. 2. 1. 1 有关标准规范

（1）国家层面。

①《印染企业综合能耗计算办法及基本定额》（FZ/T 01002—2010）。本标准规定了印染企业综合能耗的计算范围、综合能耗的分类与计算、标准品及标准品总产量的计算。本标准适用于印染企业能源消耗量的计算，也适用于同行业内部能耗的相互比较。各大类印染产品综合能耗基本定额如下。

纯棉类（坯布重：10. 01 ~ 14. 00kg/百米）能耗：漂布 23. 855 千克标准煤/百米，色布 42. 001 千克标准煤/百米，花布 60. 740 千克标准煤/百米，色织整理 22. 663 千克标准煤/百米。

涤棉类（坯布重：10. 01 ~ 14. 00kg/百米）能耗：漂布 34. 375 千克标准煤/百米，色布 53. 538 千克标准煤/百米，花布 67. 949 千克标准煤/百米，色织整理 19. 868 千克标准煤/百米。

纯化纤类（坯布重：10. 01 ~ 14. 00kg/百米）能耗：漂布 12. 478 千克标准煤/百米，色布 25. 682 千克标准煤/百米，花布 43. 849 千克标准煤/百米。

②《印染行业清洁生产评价指标体系》（征求意见稿）。本指标体系适用于棉、人棉、化纤、毛、丝和麻等纺织用原料的印染生产企业的清洁生产审核、清洁生产潜力与机会的判断以及清洁生产绩效评定和清洁生产绩效公告制度，也适用于环境影响评价、排污许可证管理、环保领跑者等环境管理制度。本指标体系不适用于真蜡印花生产企业。

机织染色布生产企业的评价指标、评价基准值和权重值见表 4-10。

**表 4-10　棉、合成纤维及其混纺机织染色布生产企业清洁生产评价指标、权重及基准值**

| 序号 | 一级指标 | 一级指标权重 | 二级指标 | | 单位 | 二级指标权重 | 评价基准值 | | |
|---|---|---|---|---|---|---|---|---|---|
| | | | | | | | Ⅰ级 | Ⅱ级 | Ⅲ级 |
| 10 | 资源能源消耗指标 | 0.18 | 单位产品新鲜水耗 | 棉织物 | $m^3$/hm[1] | 0.36 | ≤1.4 | ≤1.6 | ≤1.8 |
| | | | | 合成纤维织物 | $m^3$/hm | | ≤1.2 | ≤1.4 | ≤1.6 |
| | | | | 混纺织物 | $m^3$/hm | | ≤1.6 | ≤2.0 | ≤2.4 |
| 11 | | | 单位产品电耗 | 棉织物 | kW·h/hm | 0.28 | ≤28 | ≤32 | ≤35 |
| | | | | 合成纤维织物 | kW·h/hm | | ≤30 | ≤35 | ≤40 |
| | | | | 混纺织物 | kW·h/hm | | ≤35 | ≤40 | ≤47 |
| 12 | | | 单位产品综合能耗 | 棉织物 | kgce[2]/hm | 0.36 | ≤30 | ≤35 | ≤37 |
| | | | | 合成纤维织物 | kgce/hm | | ≤32 | ≤38 | ≤42 |
| | | | | 混纺织物 | kgce/hm | | ≤35 | ≤40 | ≤45 |

针织染色布生产企业清洁生产评价指标体系见表 4-11。本指标体系适用于棉、合成纤维及其混纺针织染色布生产。再生纤维和麻等纤维可参考相关的指标和内容。

**表 4-11　棉、合成纤维及其混纺针织染色布生产企业清洁生产评价指标、权重及基准值**

| 序号 | 一级指标 | 一级指标权重 | 二级指标 | | 单位 | 二级指标权重 | 评价基准值 | | |
|---|---|---|---|---|---|---|---|---|---|
| | | | | | | | Ⅰ级 | Ⅱ级 | Ⅲ级 |
| 9 | 资源能源消耗指标 | 0.18 | 单位产品新鲜水耗 | 棉 | $m^3$/t | 0.36 | ≤80 | ≤85 | ≤90 |
| | | | | 合成纤维 | $m^3$/t | | ≤70 | ≤75 | ≤80 |
| | | | | 混纺织物 | $m^3$/t | | ≤100 | ≤110 | ≤120 |
| 10 | | | 单位产品电耗 | 棉 | kW·h/t | 0.28 | ≤900 | ≤1100 | ≤1200 |
| | | | | 合成纤维 | kW·h/t | | ≤1100 | ≤1200 | ≤1300 |
| | | | | 混纺织物 | kW·h/t | | ≤1200 | ≤1300 | ≤1400 |
| 11 | | | 单位产品综合能耗 | 棉 | kgce/t | 0.36 | ≤1100 | ≤1150 | ≤1200 |
| | | | | 合成纤维 | kgce/t | | ≤1200 | ≤1250 | ≤1300 |
| | | | | 混纺织物 | kgce/t | | ≤1350 | ≤1500 | ≤1600 |

[1] hm 指百米织物。

[2] kgce 指千克标准煤。

③《针织印染面料单位产品能源消耗限额》（FZ/T 07019—2021）。本标准规定了针织印染面料单位产品能耗消耗限额、针织印染企业综合能耗的技术要求、综合能耗的计算、标准品产量的计算方法。本标准适用于针织印染企业（不包括丝绸、毛麻等产品）能源消耗量的计算，也适用于同行业内部能源消耗量的相互比对。

针织印染面料单位产品能源消耗限额见表 4-12。

**表 4-12　针织印染面料单位产品能源消耗限额**

| 产品类别 | 能耗限额（千克标准煤/吨标准品） | | |
|---|---|---|---|
| | 先进值 | 准入值 | 限定值 |
| 针织印染面料≤ | 1000 | 1100 | 1300 |

④《印染行业规范条件（2023 版）》。印染企业单位产品能耗和新鲜水取水量要达到规定要求，见表 4-13。

**表 4-13　印染加工综合能耗及新鲜水取水量**

| 产品种类 | 综合能耗 | 新鲜水取水量 |
|---|---|---|
| 棉、麻、化纤及混纺机织物 | ≤28kgce/hm | ≤1.4 吨水/百米 |
| 纱线、针织物 | ≤1.0 吨标准煤/吨 | ≤85 吨水/吨 |
| 真丝绸机织物（含练白） | ≤33kgce/hm | ≤2.0 吨水/百米 |
| 精梳毛织物 | ≤130kgce/hm | ≤13 吨水/百米 |

注　1. 机织物标准品为布幅宽度 152cm、布重 10~14kg/百米的棉染色合格产品，真丝绸机织物标准品为布幅宽度 114cm、布重 6~8kg/百米的染色合格产品，当产品不同时，可按标准进行换算。

2. 针织或纱线标准品为棉浅色染色产品，当产品不同时，可参照《针织印染产品取水计算办法及单耗基本定额》（FZ/T 01105）、《针织印染面料单位产品能源消耗限额》（FZ/T 07019）进行换算。

3. 精梳毛织物印染加工指从毛条经过条染复精梳、纺纱、织布、染整、成品入库等工序加工成合格毛织品精梳织物的全过程。粗梳毛织物单位产品能耗按精梳毛织物的 1.3 倍折算，新鲜水取水量按精梳毛织物的 1.15 倍折算。毛针织绒线、手编绒线单位产品能耗按纱线、针织物的 1.3 倍折算，新鲜水取水量按纱线、针织物的 1.3 倍折算。

⑤《工业重点领域能效标杆水平和基准水平（2023 年版）》。印染精加工单位产品综合能耗标杆水平和基准水平见表 4-14。

**表 4-14　印染精加工单位产品综合能耗标杆水平和基准水平**

| 国民经济行业分类及代码 | | | 重点领域 | 指标名称 | 指标单位 | 标杆水平 | 基准水平 |
|---|---|---|---|---|---|---|---|
| 大类 | 中类 | 小类 | | | | | |
| 纺织业（17） | 棉纺织及印染精加工（171） | 棉印染精加工（1713） | 棉、化纤及其混纺机织物 | 单位产品综合能耗 | kgce/hm | 28 | 36 |

续表

| 国民经济行业分类及代码 | | | 重点领域 | 指标名称 | 指标单位 | 标杆水平 | 基准水平 |
|---|---|---|---|---|---|---|---|
| 大类 | 中类 | 小类 | | | | | |
| 纺织业（17） | 化纤织造及印染精加工（175） | 化纤织物染整精加工（1752） | 棉、化纤及其混纺机织物 | 单位产品综合能耗 | 千克标准煤/百米 | 28 | 36 |
| | 针织或钩针编织物及其制品制造（176） | 针织或钩针编织物印染精加工（1762） | 针织物、纱线 | 单位产品综合能耗 | 吨标煤/吨 | 1.0 | 1.3 |

（2）地方层面。

①浙江省。

a.《印染布可比单位综合能耗限额及计算方法》（DB 33/685—2013）。本标准规定了棉型印染布单位产品能源消耗（简称能耗）限额的技术要求、统计范围和计算方法、节能管理与措施。本标准适用于棉型印染布生产用能企业，能源消耗量的计算考核以及对新建或改扩建项目的控制与评价。

现有印染布生产企业印染布单位产品能耗限额限定值、新建或改扩建印染企业印染布单位产品能耗限额准入值、印染布单位产品能耗限额先进值见表 4-15。

**表 4-15　印染布生产企业印染布单位产品能耗限额限定值、准入值和先进值**

| 类别 | 可比单位综合能耗限额（kgce/hm） | | |
|---|---|---|---|
| | 限定值 | 准入值 | 先进值 |
| 印染布 | ≤30 | ≤25 | ≤22 |

b.《浙江省产业能效指南（2021 版）》。本指南所列单位产品能源消耗限定值指现有企业（装置）生产单位合格产品（或加工、处理单位原料）所允许消耗的能源量；准入值是对新建、改（扩）建固定资产投资项目能源效率的要求；先进值代表国际、国内能耗指标先进水平。工业产品单位能耗限定值、准入值和先进值见表 4-16。

**表 4-16　工业产品单位能耗限定值、准入值和先进值**

| 序号 | 产品名称 | 指标名称 | 指标单位 | 限定值 | 准入值 | 先进值 |
|---|---|---|---|---|---|---|
| 251 | 印染布<br>DB33/T685 | 印染布<br>单位产品可比单位综合能耗限额 | kgce/hm | ≤30 | ≤25 | ≤22 |

②江苏省。

a.《印染布可比单位综合能耗限额及计算方法》（DB 32/287—2016）。本标准规定了印染布可比单位综合能耗（以下简称能耗）限额的术语和定义、能耗限额、统计计算方法及主要节能管理措施。本标准适用于棉型及化纤类印染企业能耗的计算、考核与评价、以及对新建、改扩建项目的能耗控制。

现有印染企业印染布可比单位综合能耗限额限定值、新建或改扩建印染企业印染布可比单位综合能耗限额准入值应符合表4-17中规定。

**表4-17 印染企业印染布单位产品能耗限定值、准入值**

| 类别 | 可比单位综合能耗（kgce/hm） | |
|---|---|---|
| | 限定值 | 准入值 |
| 印染布 | ≤35 | ≤32 |

b.《单位能耗限额》（DB 32/2060—2018）。本标准适用于用能单位能耗的考核以及对新建项目的能耗控制。

现有印染企业印染布单位产量可比综合能耗限定值、新建企业、现有企业改扩建项目印染布单位产量可比综合能耗准入值应符合表4-18中规定。

**表4-18 印染布单位产量可比综合能耗限定值、准入值**

| 类别 | 单位产量可比单位综合能耗（kgce/hm） | |
|---|---|---|
| | 限定值 | 准入值 |
| 印染布 | ≤35 | ≤32 |

注 电力折标准煤系数采用0.1229kgce/(kW·h)。

③广东省。《印花布企业清洁生产评价指标体系》（TGDTEX18—2021）。本指标体系规定了纺织印花布生产企业清洁生产的一般要求。本指标体系适用于纺织印花生产企业和综合性纺织企业中平网印花、圆筒印花、圆网印花以及涂料坯布印花等生产工序的清洁生产评价，喷墨印花、转移印花、衣片涂料印花以及各种蜡染印花等纺织印花工序的清洁生产评价可参照执行。

印花布生产企业清洁生产评价指标体系见表4-19。

**表4-19 印花布生产企业清洁生产评价指标、权重及基准值**

| 序号 | 一级指标 | 一级指标权重 | 二级指标 | | 单位 | 二级指标权重 | 评价基准值 | | |
|---|---|---|---|---|---|---|---|---|---|
| | | | | | | | Ⅰ级 | Ⅱ级 | Ⅲ级 |
| 8 | 资源能源消耗指标 | 0.16 | 单位产品取水量 | 染料印花 | $m^3/hm$ | 0.36 | ≤0.60 | ≤0.80 | ≤1.00 |
| | | | | 涂料印花 | | | ≤0.32 | ≤0.40 | ≤0.50 |

续表

<table>
<tr><th rowspan="2">序号</th><th rowspan="2">一级指标</th><th rowspan="2">一级指标权重</th><th rowspan="2" colspan="2">二级指标</th><th rowspan="2">单位</th><th rowspan="2">二级指标权重</th><th colspan="3">评价基准值</th></tr>
<tr><th>Ⅰ级</th><th>Ⅱ级</th><th>Ⅲ级</th></tr>
<tr><td rowspan="2">9</td><td rowspan="4">资源能源消耗指标</td><td rowspan="4">0.16</td><td rowspan="2">单位产品电耗</td><td>染料印花</td><td rowspan="2">kW·h/hm</td><td rowspan="2">0.28</td><td>≤60</td><td>≤70</td><td>≤80</td></tr>
<tr><td>涂料印花</td><td>≤45</td><td>≤50</td><td>≤60</td></tr>
<tr><td rowspan="2">10</td><td rowspan="2">单位产品综合能耗</td><td>染料印花</td><td rowspan="2">kgce/hm</td><td rowspan="2">0.36</td><td>≤25</td><td>≤30</td><td>≤35</td></tr>
<tr><td>涂料印花</td><td>≤19</td><td>≤23</td><td>≤28</td></tr>
</table>

从国家和地方的印染单位产品综合能耗相关标准可以看出，单位能耗限定值为30~35kgce/hm，新建或改扩建印染企业单位能耗准入值为25~32kgce/hm。印染单位能耗限定值35kgce/hm和目前行业整体水平相当。

#### 4.2.1.2 印染行业能源消耗总量

根据《印染行业“十二五”发展指导意见》《印染行业“十三五”发展指导意见》《印染行业“十四五”发展指导意见》，“十一五”期间，印染行业单位产品综合能耗由59kgce/hm下降到50kgce/hm，下降15%。“十二五”期间，印染行业单位产品综合能耗由50kgce/hm下降到41kgce/hm，下降18%。“十三五”期间，印染行业机织物单位产品综合能耗由41kgce/hm下降到35kgce/hm，下降近15%。

根据印染行业历年单位产品综合能耗及当年规模以上企业印染布产量，推算印染行业历年能源消耗总量见表4-20。

**表4-20 印染行业历年能源消耗总量情况**

| 年份 | 单位产品综合能耗（kgce/hm） | 规上企业印染布产量（亿米） | 能源消耗总量（万吨标准煤） |
|---|---|---|---|
| 2010年 | 50 | 601.65 | 3008.25 |
| 2015年 | 41 | 509.53 | 2089.07 |
| 2019年 | 37 | 537.63 | 1989.23 |
| 2020年 | 35 | 525.03 | 1837.61 |
| 2021年 | 35 | 605.81 | 2120.34 |
| 2022年 | 35 | 556.22 | 1946.77 |
| 2023年 | 34 | 558.82 | 1899.99 |

注 能源消耗总量=印染布产量×单位产品综合能耗

从推算结果看，2010—2023年，印染行业能源消耗总量不断减少，印染行业节能减排效果显著，主要和行业加快淘汰落后产能，降低单位产品综合能耗，提高清洁能源使用率有关。2022 年规模以上印染企业印染布产量 556.82 亿米，按单位产品综合能耗 35kgce/hm 计算，印染行业能源消耗总量约 1946.77 万吨标准煤，约占全国纺织业能源消耗量（7268 万吨标准煤）的 26.79%，占全国纺织工业（10814 万吨标准煤）的 18.00%。

#### 4.2.1.3　印染行业单位产品综合能耗、能源消耗总量趋势

"十三五"期间，印染行业单位产品综合能耗下降成效显著，年均下降约 3%。基于"双碳"目标背景下，2025—2035 年印染行业将加快能源结构调整和先进节能技术装备的推广，印染行业单位产品综合能耗将会逐步下降，但年均下降速度要略小于"十三五"时期，年均下降约 2%，预测 2025—2035 年单位产品综合能耗如下。

预测 2025 年，单位产品综合能耗降至 32kgce/hm。

预测 2030 年，单位产品综合能耗降至 29kgce/hm。

预测 2035 年，单位产品综合能耗降至 27kgce/hm。

2025—2035 年印染行业单位产品综合能耗预测情况和能源消耗总量预测情况见表 4-21 和表 4-22。

**表 4-21　2025—2035 年印染行业单位产品综合能耗预测情况**

| 年份 | 单位产品综合能耗（kgce/hm） | 较 2020 年下降比例（%） |
|---|---|---|
| 2025 年 | 32 | 8.57 |
| 2030 年 | 29 | 17.14 |
| 2035 年 | 27 | 22.86 |

**表 4-22　2025—2035 年印染行业能源消耗总量预测情况**

| 年份 | 预测能源消耗总量（万吨标准煤） | 较 2020 年下降比例（%） |
|---|---|---|
| 2025 年 | 1760 | 4.22 |
| 2030 年 | 1508 | 17.94 |
| 2035 年 | 1350~1404 | 23.60~26.54 |

注　预测能源消耗总量=预测规上印染布产量×预计单位产品综合能耗

### 4.2.2　印染行业能源结构及趋势

#### 4.2.2.1　能源结构转型

福建省石狮市三大印染集控区坚持走绿色低碳发展之路，率先在全国范围

内建成无燃煤锅炉无烟囱的新型染整产业循环发展园，为我国印染行业能源结构调整贡献了“石狮智慧”，提供了印染产业园区配套能源建设的示范。早在2011年，依托石狮热电、鸿山热电等能源企业，三大印染集控区实施清洁能源替代工程，分布于各企业的100多台燃煤蒸汽锅炉全部淘汰，推动三大集控区实现集中供热全覆盖，每年减排二氧化硫6892.26吨、氮氧化物1693.12吨。针对集中供热的低温低压蒸汽不能满足印染企业热定形工艺温度的问题，2012年，石狮印染集控区开展中温中压蒸汽替代燃煤导热油炉为定形机加热试点，又一次率先在全国范围内实现集控区印染企业中温中压蒸汽集中供热。2015年底，涉及34家印染企业的75台燃煤导热油炉全部淘汰，每年减排二氧化硫1995.5吨、氮氧化物520.94吨。至此，石狮三大印染集控区印染企业彻底告别“燃煤时代”。中温中压蒸汽替代燃煤导热油炉为定形机加热改造，是石狮市环保局、印染企业、染整同业公会、能源企业等多方合力探索的成果。江苏、浙江、广东等其他省份印染集聚区的中压蒸汽推广使用基本是参照石狮模式，社会效益显著。

目前，浙江、广东、福建、江苏园区内的印染企业基本淘汰燃煤锅炉，只剩园区外的个别企业仍保留，山东、四川、安徽还有部分企业在用燃煤锅炉。互太（番禺）纺织印染有限公司、东莞德永佳纺织制衣有限公司、盛虹集团有限公司、浙江航民股份有限公司、江苏沙印集团有限公司、河北宁纺集团有限公司等有自己热电联厂的印染企业需要煤炭消耗，但这部分能源消耗是单独上报国家，并未统计在印染企业能源消耗中，印染行业的煤炭消耗在整个能源结构中占比很少。经调研，2019年有燃煤锅炉的几家大企业煤炭消耗量占印染行业能源消耗量比例不足6%（2019年印染行业能源消耗量约1989万吨标准煤），2020—2024年不断有企业淘汰燃煤锅炉，目前印染行业能源结构中煤炭消耗占比仅2%左右。

以柯桥区为例，2012年浙江出台《浙江省大气复合污染防治实施方案》，提出实施煤炭消费总量控制。同年，柯桥区开始针对印染企业定形机实施“煤改气”改造工程，2014年5月全区启动改造，2016年改造完成，印染企业定形机加热不再用导热油，改为天然气、中压蒸汽，企业锅炉也采用天然气、生物质锅炉等清洁能源。根据柯桥区统计年鉴数据，2013—2022年柯桥区印染企业能源消耗中，热力消耗量占比由62.69%提高到66.98%，提高4.29%；天然气消耗量占比由1.31%提高到21.08%，提高19.77%；煤炭消耗量占比由6.25%下降到0，下降6.25%，柯桥区印染企业能源结构调整成效显著，详细情况见表4-23。

**表 4-23　柯桥区 2013—2022 年主营业务收入 2000 万元及以上印染企业各能源消费量占比**

| 印染 | 原煤（%） | 焦炭（%） | 热力（%） | 汽油（%） | 柴油（%） | 燃料油（%） | 天然气（%） | 液化天然气（%） | 液化石油气（%） | 生物燃料（%） | 电力（%） |
|---|---|---|---|---|---|---|---|---|---|---|---|
| 2013 年 | 6.25 | 0 | 62.69 | 16.16 | 0.04 | 0.03 | 1.31 | — | 0.02 | — | 13.50 |
| 2014 年 | 6.80 | 0 | 69.56 | 0.15 | 0.04 | 0.11 | 6.81 | — | 0.02 | — | 16.50 |
| 2015 年 | 4.39 | 0 | 61.25 | 0.11 | 0.04 | 0.12 | 10.43 | — | 0.02 | 10.14 | 13.50 |
| 2016 年 | 1.29 | 0 | 64.45 | 0.10 | 0.06 | 0.11 | 15.13 | 1.72 | 0.02 | 6.91 | 10.21 |
| 2017 年 | 0.94 | 0 | 65.86 | 0.05 | 0.05 | 0.01 | 18.82 | 3.54 | 0.02 | 0.01 | 10.70 |
| 2018 年 | — | — | — | — |  | — | — | — | — | — | — |
| 2019 年 | 0.65 | 0 | 74.17 | 0.03 | 0.03 | 0 | 24.03 | 1.08 | 0.02 | 0 | — |
| 2020 年 | 0.45 | 0 | 76.57 | 0.01 | 0.02 | 0 | 21.87 | 1.07 | 0.02 | 0 | — |
| 2021 年 | 0 | — | 66.09 | 0.005 | 0.01 | — | 20.81 | 1.07 | 0.02 | 0 | 11.98 |
| 2022 年 | 0 | — | 66.98 | 0.004 | 0.01 | — | 21.08 | 0.02 | 0.01 | 0 | 11.89 |

注　“—”表示未公布相关数据。

2021 年 6 月，国家能源局综合司印发了《国家能源局综合司关于报送整县（市、区）屋顶分布式光伏开发试点方案的通知》。文件指出，我国建筑屋顶资源丰富、分布广泛，开发建设屋顶分布式光伏潜力巨大。开展整县（市、区）推进屋顶分布式光伏建设，有利于整合资源实现集约开发，有利于削减电力尖峰负荷，有利于节约优化配电网投资，有利于引导居民绿色能源消费，是实现“碳达峰碳中和”与乡村振兴两大国家重大战略的重要措施。在“3060 双碳”目标背景下，印染行业也积极实施光伏发电项目，浙江省、福建省、山东省等地的一些印染企业已经逐步开始使用光伏发电，目前光伏发电根据装机容量约为印染企业节省 1%~5%的用电量。由于目前还有很多企业受限于厂房结构等原因没有实施光伏发电项目，已经实施的光伏发电项目发电量占印染行业总的用电量不足 1%。

#### 4.2.2.2　能源结构现状

中国印染行业协会根据各种调研数据和当前行业情况的了解，得出历年印染行业能源结构如下，见表 4-24。

**表 4-24　印染行业历年主要能源消耗占比**

| 年份 | 蒸汽（%） | 电力（%） | 天然气（%） | 煤炭（%） |
|---|---|---|---|---|
| 2015 年 | 50~60 | 10 左右 | 8 左右 | 10 左右 |
| 2019 年 | 55~65 | 10 左右 | 10 左右 | 不足 6 |
| 2020—2024 年 | 70 左右 | 11 左右 | 13 左右 | 不足 2 |

2015 年印染行业主要能源消耗量占比：蒸汽 50%~60%，电力 10%左右，天

然气 8%左右，煤炭 10%左右。

2019 年印染行业主要能源消耗量占比：蒸汽 55%~65%，电力 10%左右，天然气 10%左右，煤炭不足 6%。

2020—2024 年印染行业主要能源消耗量占比：蒸汽 70%左右，电力 11%左右，天然气 13%左右，煤炭不足 2%。

**4.2.2.3 能源结构发展趋势**

根据当前能源消耗结构占比情况，预测 2025—2035 年能源结构占比，见表 4-25。煤改气（汽）工作在“十二五”和“十三五”期间取得显著成效，预测 2025 年、2030 年、2035 年的能源结构与 2020—2024 年保持基本一致。印染行业能源消耗总量中，蒸汽占比 70%左右，电力占比 11%左右，天然气占比 13%左右，煤炭占比不足 2%。

**表 4-25 印染行业预测年主要能源消耗占比**

| 年份 | 蒸汽（%） | 电力（%） | 天然气（%） | 煤炭（%） |
|---|---|---|---|---|
| 2025 年、2030 年、2035 年 | 70 左右 | 11 左右 | 13 左右 | 不足 2 |

## 4.3 印染行业能源消耗产生的碳排放

鉴于印染行业的能源结构，印染行业能源消耗产生的碳排放主要核算燃料燃烧直接碳排放量和外购电力、热力隐含碳排放量，其他能源消耗暂不计算。

### 4.3.1 能源消耗碳排放核算

印染行业碳排放核算依据：《工业其他行业企业温室气体排放核算方法与报告指南（试行）》和《温室气体排放核算与报告要求第 12 部分：纺织服装企业》。燃料燃烧和电力、热力碳排放核算方法如下。

**4.3.1.1 化石燃料燃烧**

化石燃料燃烧二氧化碳排放量主要基于分品种的化石燃料燃烧量、单位燃料的含碳量和碳氧化率依据式（4-1）进行计算：

$$E_{CO_2燃烧} = \sum_i \left( AD_i \times CC_i \times OF_i \times \frac{44}{12} \right) \tag{4-1}$$

式中：$E_{CO_2燃烧}$——报告主体化石燃料燃烧二氧化碳排放量，单位为 t；

$i$——化石燃料的种类；

$AD_i$——化石燃料品种 $i$ 明确用作燃料燃烧的消费量，对固体或液体燃料以 t 为单位，对气体燃料以万 $Nm^3$ 为单位；

$CC_i$——化石燃料 $i$ 的含碳量，对固体和液体燃料以吨碳/吨燃料为单位，对气体燃料以吨碳/万 $Nm^3$ 为单位；

$OF_i$——化石燃料 i 的碳氧化率，取值范围为 0~1。

主要化石燃料的含碳量和碳氧化率见附表 1-1。

#### 4.3.1.2　购入电力、热力

企业净购入的电力隐含的二氧化碳排放量按式（4-2）计算：

$$E_{CO_2净电}=AD_{电力}\times E \quad (4-2)$$

式中：$E_{CO_2净电}$——企业净购入的电力隐含的二氧化碳排放量，单位为吨 $CO_2$；

$AD_{电力}$——企业净购入的电力消费量，单位为 MW · h；

$E$——电力供应的二氧化碳排放因子，单位为吨 $CO_2$/MW · h。

企业净购入的热力隐含的二氧化碳排放按式（4-3）计算：

$$E_{CO_2净热}=AD_{热力}\times E \quad (4-3)$$

式中：$E_{CO_2净热}$——企业净购入的热力隐含的二氧化碳排放量，单位为吨 $CO_2$；

$AD_{热力}$——企业净购入的电力消费量，单位为 GJ；

$E$——热力供应的二氧化碳排放因子，单位为吨 $CO_2$/GJ。

饱和蒸汽热焓见附表 1-2、过热蒸汽热焓见附表 1-3。

### 4.3.2　印染行业能源消耗产生的碳排放量及强度

本研究主要分析印染行业能源消耗产生的碳排放量，并以柯桥印染企业为例。

#### 4.3.2.1　印染行业碳排放量

按照推算的印染行业历年能源消耗总量和能源结构，计算得出印染行业能源消耗总量和碳排放总量结果见表 4-26 和表 4-27。

**表 4-26　印染行业历年主要能源消耗量**

单位：万吨标准煤

| 年份 | 煤炭消耗量 | 天然气消耗量 | 电力消耗量 | 热力消耗量 |
|---|---|---|---|---|
| 2015 年 | 208.91 | 167.13 | 208.91 | 1044.54~1253.44 |
| 2019 年 | 119.35 | 198.92 | 198.92 | 1094.08~1293.00 |
| 2020 年 | 36.75 | 238.89 | 202.14 | 1286.33 |
| 2021 年 | 42.41 | 275.64 | 233.24 | 1484.24 |
| 2022 年 | 38.94 | 253.08 | 214.14 | 1362.74 |
| 2023 年 | 38.00 | 247.00 | 209.00 | 1329.99 |

注　热力消耗量按照热力能源结构占比范围推算得出，相关数据可取中间数。

**表 4-27　印染行业历年主要能源消耗产生的碳排放量**

单位：万吨

| 年份 | 煤炭消耗碳排放量 | 天然气消耗碳排放量 | 电力消耗碳排放量 | 热力消耗碳排放量 | 合计 |
|---|---|---|---|---|---|
| 2015 年 | 605.83 | 271.70 | 1037.01 | 3369.46~4043.35 | 5284.00~5957.89 |
| 2019 年 | 346.13 | 323.39 | 987.45 | 3529.27~4170.96 | 5186.24~5827.93 |
| 2020 年 | 106.58 | 388.36 | 986.83 | 4149.43 | 5631.21 |
| 2021 年 | 122.98 | 448.11 | 1138.66 | 4787.85 | 6497.61 |
| 2022 年 | 112.91 | 411.43 | 1045.45 | 4395.92 | 5965.72 |
| 2023 年 | 110.20 | 401.55 | 1020.33 | 4290.29 | 5822.37 |

**注**　热力碳排放因子 0.11 吨 $CO_2$/GJ、电力碳排放因子 0.6 吨 $CO_2$/MW·h，热力消耗碳排放量按照热力能源消耗量范围推算得出，相关数据可取中间数。

从计算结果可以看出，2015—2020 年印染行业主要能源消耗量及产生的碳排放量逐年下降，2020 年印染行业碳排放量为这 5 年的低点，2021 年印染行业碳排放量达到了一个高点（印染布产量是近十年最高点）。其中，2022 年印染行业蒸汽、电力、天然气、煤炭消耗产生的碳排放量为 5965.72 万吨，约占纺织工业（2.03 亿吨）的 29.38%。

按照历年碳排放量和当年印染布产量推算得到历年碳排放强度见表 4-28，该碳排放强度由于是通过主要能源消耗量产生的碳排放量推算得出，因此要小于实际碳排放强度。该碳排放强度与单位产品综合能耗趋势一致，2015—2023 年碳排放强度逐年下降，2021—2022 年碳排放强度基本相同，2023 年碳排放强度有所下降。

**表 4-28　印染行业历年碳排放强度**

单位：千克二氧化碳当量/百米织物

| | 2015 年 | 2019 年 | 2020 年 | 2021 年 | 2022 年 | 2023 年 |
|---|---|---|---|---|---|---|
| 碳排放强度 | 103.71~116.93 | 96.46~108.40 | 107.26 | 107.25 | 107.25 | 105.86 |

**注**　由于热力碳排量是范围值，相应碳排放强度也是范围值，相关数据可取中间数。

#### 4.3.2.2　以柯桥为例

根据柯桥区印染企业历年能源消费量占比计算得出印染行业能源消耗总量和碳排放总量结果见表 4-29 和表 4-30。

**表 4-29　印染行业历年主要能源消耗量（以柯桥为例）**

单位：万吨标准煤

| 年份 | 煤炭消耗量 | 天然气消耗量 | 电力消耗量 | 热力消耗量 | 合计 |
|---|---|---|---|---|---|
| 2015 年 | 91.71 | 217.89 | 282.02 | 1279.56 | 1871.18 |
| 2019 年 | 12.93 | 478.01 | — | 1475.41 | 1966.35 |
| 2020 年 | 8.27 | 401.89 | — | 1407.06 | 1817.21 |
| 2021 年 | 0.00 | 441.24 | 254.02 | 1401.33 | 2096.59 |
| 2022 年 | 0.00 | 410.38 | 231.47 | 1303.95 | 1945.80 |

2015—2022 年，印染行业煤炭消耗量下降 100%，下降幅度较大；天然气消耗量增长 88.34%；电力消耗量下降 17.92%；热力消耗量增长 1.91%。从能源消耗变化情况看，行业“煤改气”工作成效显著。

**表 4-30　印染行业历年主要能源消耗产生的碳排放量（以柯桥为例）**

单位：万吨

| 年份 | 煤炭消耗碳排放量 | 天然气消耗碳排放量 | 电力消耗碳排放量 | 热力消耗碳排放量 | 合计 |
|---|---|---|---|---|---|
| 2015 年 | 265.96 | 354.22 | 1376.82 | 4127.60 | 6124.60 |
| 2019 年 | 37.50 | 777.10 | — | 4759.38 | 5573.98 |
| 2020 年 | 23.98 | 653.35 | — | 4538.89 | 5216.22 |
| 2021 年 | 0 | 717.32 | 1240.13 | 4520.41 | 6477.86 |
| 2022 年 | 0 | 667.15 | 1130.04 | 4206.28 | 6003.47 |

根据柯桥区印染企业历年能源消费量占比计算得出的印染行业主要能源消耗量产生的碳排放量呈现波动状态。2022 年印染行业蒸汽、电力、天然气、煤炭消耗产生的碳排放量 6003.47 万吨，约占全国纺织业（1.28 亿吨）的 46.90%，约占纺织工业（2.03 亿吨）的 29.57%，该占比结果与按照全国能源结构计算的占比接近一致。

按照柯桥区能源结构计算的历年碳排放量和当年印染布产量推算得出历年碳排放强度结果见表 4-31。该碳排放强度是通过主要能源消耗量产生的碳排放量推算得出，因此要小于实际碳排放强度。该碳排放强度与单位产品综合能耗趋势一致。

表 4-31　印染行业历年碳排放强度（以柯桥为例）

单位：千克二氧化碳当量/百米织物

| | 2015 年 | 2019 年 | 2020 年 | 2021 年 | 2022 年 |
|---|---|---|---|---|---|
| 碳排放强度 | 120.20 | 103.68 | 99.35 | 106.93 | 107.43 |

## 4.3.3　印染行业能源消耗产生的碳排放量趋势

### 4.3.3.1　情境设计

考虑行业发展的不确定性因素，分析 2025—2035 年发展趋势。设定条件包括：设定年限、印染布产量、单位产品综合能耗、印染行业能源消耗总量、印染行业能源消耗结构等。

情境分析年限：基准年为 2020 年，预测年为 2025 年、2030 年和 2035 年。

依据预测的印染布产量、单位产品综合能耗、印染行业能源消耗总量、印染行业能源消耗结构等设计两个情境，如下：

情境一：2025—2035 年，能源结构与 2020—2021 年能源结构相似，蒸汽占比 70%左右，电力占比 11%左右，天然气占比 13%左右，煤炭占比不足 2%，见表 4-32。

表 4-32　印染行业预测情况

| 年份 | 各类能源消耗占比（%） | | | | 单位产品综合能耗（千克标准煤/百米） | 产量（亿米） |
|---|---|---|---|---|---|---|
| | 蒸汽 | 电力 | 天然气 | 煤炭 | | |
| 2025 年 | 70 左右 | 11 左右 | 13 左右 | 不足 2 | 32 | 550 |
| 2030 年 | 70 左右 | 11 左右 | 13 左右 | 不足 2 | 29 | 520 |
| 2035 年 | 70 左右 | 11 左右 | 13 左右 | 不足 2 | 27 | 500 |

2025 年产量 550 亿米，2030 年产量 520 亿米，2035 年产量 500 亿米。

2025 年单位产品综合能耗 32 千克标准煤/百米，2030 年单位产品综合能耗 29 千克标准煤/百米，2035 年单位产品综合能耗 27 千克标准煤/百米。

情境二：2025—2035 年，能源结构与 2020—2021 年能源结构相似，蒸汽占比 70%左右，电力占比 11%左右，天然气占比 13%左右，煤炭占比不足 2%，见表 4-33。

**表 4-33　印染行业预测情况**

| 年份 | 各类能源消耗占比（%） | | | | 单位产品综合能耗（千克标准煤/百米） | 产量（亿米） |
|---|---|---|---|---|---|---|
| | 蒸汽 | 电力 | 天然气 | 煤炭 | | |
| 2025 年 | 70 左右 | 11 左右 | 13 左右 | 不足 2 | 32 | 550 |
| 2030 年 | 70 左右 | 11 左右 | 13 左右 | 不足 2 | 29 | 520 |
| 2035 年 | 70 左右 | 11 左右 | 13 左右 | 不足 2 | 27 | 520 |

2025 年 550 亿米，2030—2035 年产量 520 亿米。

2025 年单位产品综合能耗 32 千克标准煤/百米，2030 年单位产品综合能耗 29 千克标准煤/百米，2035 年单位产品综合能耗 27 千克标准煤/百米。

#### 4.3.3.2　各情境计算结果

印染行业碳排放推算依据《工业其他行业企业温室气体排放核算方法与报告指南（试行）》和《温室气体排放核算与报告要求第 12 部分：纺织服装企业》。各情境下印染行业能源消耗总量、主要能源消耗产生的碳排放量及印染行业碳排放强度结果见表 4-34~表 4-39。

情境一：

**表 4-34　印染行业主要能源消耗量情况**

单位：万吨标准煤

| 年份 | 煤炭消耗量 | 天然气消耗量 | 电力消耗量 | 热力消耗量 | 合计 |
|---|---|---|---|---|---|
| 2025 年 | 35. 20 | 228. 80 | 193. 60 | 1232. 00 | 1689. 60 |
| 2030 年 | 30. 16 | 196. 04 | 165. 88 | 1055. 60 | 1447. 68 |
| 2035 年 | 27. 00 | 175. 50 | 148. 50 | 945. 00 | 1296. 00 |

**表 4-35　印染行业主要能源消耗产生的碳排放量**

单位：万吨

| 年份 | 煤炭消耗碳排放量 | 天然气消耗碳排放量 | 电力消耗碳排放量 | 热力消耗碳排放量 | 合计 |
|---|---|---|---|---|---|
| 2025 年 | 102. 08 | 371. 96 | 945. 16 | 3974. 19 | 5393. 38 |
| 2030 年 | 87. 46 | 318. 70 | 809. 83 | 3405. 15 | 4621. 15 |
| 2035 年 | 78. 30 | 285. 31 | 724. 98 | 3048. 38 | 4136. 97 |

**表 4-36　印染行业预测年碳排放强度**

单位：千克二氧化碳当量/百米织物

| | 2025 年 | 2030 年 | 2035 年 |
|---|---|---|---|
| 碳排放强度 | 98. 06 | 88. 87 | 82. 74 |

情境二：

**表 4-37 印染行业主要能源消耗量**

单位：万吨标准煤

| 年份 | 煤炭消耗量 | 天然气消耗量 | 电力消耗量 | 热力消耗量 | 合计 |
|---|---|---|---|---|---|
| 2025 年 | 35.20 | 228.80 | 193.60 | 1232.00 | 1689.60 |
| 2030 年 | 30.16 | 196.04 | 165.88 | 1055.60 | 1447.68 |
| 2035 年 | 28.08 | 182.52 | 154.44 | 982.80 | 1347.84 |

**表 4-38 印染行业主要能源消耗产生的碳排放量**

单位：万吨

| 年份 | 煤炭消耗碳排放量 | 天然气消耗碳排放量 | 电力消耗碳排放量 | 热力消耗碳排放量 | 合计 |
|---|---|---|---|---|---|
| 2025 年 | 102.08 | 371.96 | 945.16 | 3974.19 | 5393.38 |
| 2030 年 | 87.46 | 318.70 | 809.83 | 3405.15 | 4621.15 |
| 2035 年 | 81.43 | 296.72 | 753.98 | 3170.32 | 4302.45 |

**表 4-39 印染行业预测年碳排放强度**

单位：千克二氧化碳当量/百米织物

| | 2025 年 | 2030 年 | 2035 年 |
|---|---|---|---|
| 碳排放强度 | 98.06 | 88.87 | 82.74 |

综上所述，从两种情境推算出的 2025 年、2030 年、2035 年印染行业主要能源消耗总量和能源消耗产生的碳排放量来看，印染行业主要能源消耗产生的碳排放量 2021 年达到一个高值后将缓慢下降。通过两种情境分析得出，2025 年主要能源消耗产生的碳排放量为 5393.38 万吨，较 2020 年降低 4.22%；2030 年主要能源消耗产生的碳排放量为 4621.15 万吨，较 2020 年降低 17.94%；2035 年主要能源消耗产生的碳排放量范围为 4136.97 万～4302.45 万吨，较 2020 年降低 23.57%～26.54%。

在能源结构和单位产品综合能耗一致的情况下，预测年碳排放强度也一致，例如情境一和情境二的碳排放强度一致。两种情境下，2025 年碳排放强度为 98.06 二氧化碳当量/百米织物，较 2020 年降低 8.58%；2030 年碳排放强度为 88.87 二氧化碳当量/百米织物，较 2020 年降低 17.15%；2035 年碳排放强度为 82.74 二氧化碳当量/百米织物，较 2020 年降低 22.86%。

根据情境分析得出，未来要实现碳减排，在能源结构不变的情况下，首先要考虑降低行业单位综合能耗，这是印染行业未来的主要降碳方向。

## 4.4 印染行业能耗和碳排放管理政策

近年来，国家高度重视能耗、碳排放和碳交易工作，先后出台了一系列政策措施，明确重点行业能耗、碳排放管理要求。

### 4.4.1 能耗管理政策

生态环境部 2021 年 5 月发布《关于加强高耗能、高排放建设项目生态环境源头防控的指导意见》（环评〔2021〕45 号），指出“两高”项目暂按煤电、石化、化工、钢铁、有色金属冶炼、建材等六个行业类别统计，后续对“两高”范围国家如有明确规定的，从其规定。

2022 年 6 月 23 日，工业和信息化部、国家发展改革委、财政部、生态环境部、国务院国资委、市场监管总局联合发布《工业能效提升行动计划》，其中针对印染行业明确提出：推广低能耗印染装备，应用低温印染、小浴比染色、针织物连续印染等先进工艺。

《浙江省节能降耗和能源资源优化配置“十四五”规划》提出，加强重点用能地区结构调整：绍兴、湖州、嘉兴、温州要严格控制纺织印染、化纤、塑料制品等制造业产能，采用先进生产技术，提升高附加值产品比例，大幅提升单位增加值能效水平。严格控制“两高”项目盲目发展：对没有产能置换和能耗等量减量替代方案的化工、化纤、印染、有色金属等项目，一律不予支持。加大传统产业节能改造力度。以纺织、印染、造纸、化学纤维、橡胶和塑料制品、金属制品等高耗能行业为重点，全面实施传统制造业绿色化升级改造。加强节能监察和用能预算管理，对钢铁、水泥熟料、平板玻璃、石油化工等新（改、扩）建项目严格实施产能、用能减量置换。推动纺织印染、化学纤维、造纸、橡胶和塑料制品、电镀等行业产能退出，加大落后产能和过剩产能淘汰力度，全面完成“散乱污”企业整治。纺织印染行业：发展高品质防辐射、阻燃、拒水、拒油、抗菌、防水透湿、吸湿快干等功能性产品，提升产品附加值。重点推广高温高压气流染色、超低浴比高温高压纱线染色、仿蜡印整理印花、免烫面料、喷墨印花等产品和技术。加快推进印染智慧能源管理系统建设。通过精确计量与标识系统、定形机在线中控系统等应用，实现智能化检测和数字化管理。“十四五”期间减少用能 250 万吨标准煤。

《江苏省“十四五”工业绿色发展规划》提出，实施工业节能技改工程。全面推进传统行业节能技术改造，在钢铁、石化、化工、建材、纺织、造纸等领域实施一批重点工程。

### 4.4.2 碳排放管理政策

#### 4.4.2.1 国家层面

（1）2016 年 1 月 11 日，国家发展改革委办公厅发布了《关于切实做好全国碳排放权交易市场启动重点工作的通知》（发改办气候〔2016〕57 号），对全国碳市场启动前的各项重点准备工作进行了具体要求。全国碳排放权交易市场覆盖行业、纳入企业的标准及补充数据，具体要求如下：全国碳排放权交易体系第一阶段将覆盖包括石化、化工、建材、钢铁、有色、造纸、电力、航空等 8 个重点排放行业，主营产品属于 8 个重点行业的 18 个子行业；除 8 个重点行业外，其他行业的自备电厂综合能耗超过 10000 吨标准煤也需要纳入排放权体系。

（2）生态环境部 2021 年 3 月发布《关于加强企业温室气体排放报告管理相关工作的通知》（环办气候〔2021〕9 号），管理范围包括发电、石化、化工、建材、钢铁、有色、造纸、航空等重点排放行业，2013—2020 年任一年温室气体排放量达 2.6 万吨二氧化碳当量以上的企业或其他经济组织。

（3）生态环境部 2021 年 7 月发布《关于开展重点行业建设项目碳排放环境影响评价试点的通知》，决定在河北、吉林、浙江、山东、广东、重庆、陕西等七地组织开展碳排放环境影响评价试点，涉及电力、钢铁、建材、有色、石化和化工等重点行业。除上述重点行业外，试点地区还可根据本地碳排放源构成特点，结合地区碳达峰行动方案和路径安排，同步开展其他碳排放强度高的行业试点。

（4）生态环境部 2021 年印发《省级二氧化碳排放达峰行动方案编制指南》的通知（环办气候函〔2021〕85 号），所指二氧化碳排放包含本省（区、市）行政区域内化石能源消费产生的二氧化碳直接排放（即能源活动的二氧化碳排放），以及电力调入蕴含的间接排放。

（5）《碳排放权交易管理办法（试行）》（生态环境部令　第 19 号）第八条，温室气体排放单位符合下列条件的，应当列入温室气体重点排放单位名录：（一）属于全国碳排放权交易市场覆盖行业；（二）年度温室气体排放量达到 2.6 万吨二氧化碳当量。

（6）《企业温室气体排放报告核查指南（试行）》（环办气候函〔2021〕130 号）规定，重点排放单位指全国碳排放权交易市场覆盖行业年度温室气体排放量达到 2.6 万吨二氧化碳当量及以上的企业或者其他经济组织。

（7）2022 年 6 月 13 日，生态环境部等 7 部门联合印发《减污降碳协同增效实施方案》。方案要求强化源头防控，紧盯环境污染物和碳排放主要源头，突出主要领域、重点行业和关键环节，强化资源能源节约和高效利用。推进工业领域协同增效，加快工业领域源头减排、过程控制、末端治理、综合利用等全流程绿色发展。

（8）2022 年 7 月 7 日，工业和信息化部、国家发展改革委、生态环境部联合发布《工业领域碳达峰实施方案》，提出“十四五”和“十五五”期间产业结构、能源资源利用等方面的工作目标，确保工业领域二氧化碳排放在 2030 年前达峰。要求深入开展清洁生产审核和评价认证，推动钢铁、建材、石化化工、有色金属、印染、造纸、化学原料药、电镀、农副食品加工、工业涂装、包装印刷等行业企业实施节能、节水、节材、减污、降碳等系统性清洁生产改造。纺织行业发展化学纤维智能化高效柔性制备技术，推广低能耗印染装备，应用低温印染、小浴比染色、针织物连续印染等先进工艺。加快推动废旧纺织品循环利用。到 2025 年，差别化高品质绿色纤维产量和比重大幅提升，低温、短流程印染低能耗技术应用比例达 50%，能源循环利用技术占比达 70%。到 2030 年，印染低能耗技术占比达 60%。

（9）2024 年 7 月 30 日，国务院办公厅印发《加快构建碳排放双控制度体系工作方案》（国办发〔2024〕39 号）。方案指出，“十五五”期间实施以强度控制为主、总量控制为辅的碳排放双控制度，建立碳达峰碳中和综合评价考核制度，加强重点领域和行业碳排放核算能力，健全重点用能和碳排放单位管理制度，开展固定资产投资项目碳排放评价，构建符合中国国情的产品碳足迹管理体系和产品碳标识认证制度，确保如期实现碳达峰目标。推动将碳排放指标纳入规划，“十五五”时期将碳排放强度降低作为国民经济和社会发展约束性指标，开展碳排放总量核算工作，不再将能耗强度作为约束性指标。

**4.4.2.2 地方层面**

从国家出台的一系列政策看，印染未在碳排放重点行业之列，但试点地区可根据本地碳排放源构成特点，结合地区碳达峰行动方案和路径安排，同步开展其他碳排放强度高的行业试点。浙江、江苏省将纺织印染行业列为重点碳排放行业。

（1）浙江省。2021 年 7 月 7 日，浙江省生态环境厅印发《浙江省建设项目碳排放评价编制指南》（试行），涉及钢铁、火电、建材、化工、石化、有色、造纸、印染、化纤等九大重点行业建设项目环评影响报告中开展碳排放评价试点工作。碳排放指建设项目在生产运行阶段煤炭、石油、天然气等化石燃料（包括自产和外购）燃烧活动和工业生产过程等活动产生的二氧化碳排放，以及因使用外购的电力和热力等所导致的二氧化碳排放。

本指南推荐行业单位工业增加值碳排放参考值见表4-40。

**表4-40　浙江省重点行业单位工业增加值碳排放参考值**

| 序号 | 行业 | 国民经济行业及代码 | 单位工业增加值碳排放（吨二氧化碳/万元） |
| --- | --- | --- | --- |
| 1 | 火电 | 电力、热力生产和供应业 44 | 18.75 |
| 2 | 钢铁 | 黑色金属冶炼和压延加工业 31 | 6.06 |
| 3 | 石化 | 石油加工、炼焦和核燃料加工业 25 | 5.65 |
| 4 | 造纸 | 造纸和纸制品业 22 | 4.83 |
| 5 | 建材 | 非金属矿物制品业 30 | 3.97 |
| 6 | 印染 | 纺织业 17 | 3.46 |
| 7 | 化工 | 化学原料和化学制品制造业 26 | 3.44 |
| 8 | 化纤 | 化学纤维制造业 28 | 3.43 |
| 9 | 有色 | 有色金属冶炼和压延加工业 32 | 1.69 |

（2）江苏省。2021年，江苏省生态环境厅印发《省生态环境厅2021年推动碳达峰碳中和工作计划》，明确推进能源、工业、交通、建筑、农业农村、数据中心和5G新型基础设施等重点领域以及电力、钢铁、石化、化工、水泥、平板玻璃、纺织印染等重点行业编制专项达峰行动方案。

# 第5章　印染行业低碳发展技术及方向

## 5.1　印染行业低碳发展技术

通过梳理印染行业节能相关技术，形成低碳技术体系，并遴选典型低碳技术预测2025年、2030年、2035年的行业推广率和节能潜力。

### 5.1.1　节能低碳工艺技术

#### 5.1.1.1　棉及其混纺织物低温练漂技术

技术内容：采用高效双氧水催化/活性剂和低温精练剂，能在低于传统双氧水高温退浆、漂白的温度下除去棉纤维表面杂质，实现40～75℃低温煮练和漂白。相比传统双氧水高温前处理，在保证染色效果的前提下，可大幅降低能耗，降低化学品用量，节水，减少污染物排放。

发展现状：该技术已经在行业中得到一定的推广应用，主要适用于棉及混纺针织物、棉及混纺机物织、棉及混纺筒子纱的低温前处理，节能减排效果好。

节能效果：与传统工艺相比节能30%～40%。

#### 5.1.1.2　冷轧堆前处理技术

技术内容：织物浸轧低温前处理工作液，打卷后在室温下匀速转动堆置一段时间，退卷后进行水洗处理。该技术优化了轧余率、打卷速度、织物张力、带液率等工艺参数，保证织物处理的一致性和重现，工艺适应性强，织物强度损失小，并且达到节能效果。

发展现状：目前冷轧堆技术已经在一些企业得到很好的应用，但推广比例还需进一步提高。冷堆前处理设备已经逐渐向专业化、系统化、自动化、智能化方向发展，例如瑞士贝宁格公司开发的冷轧堆前处理设备，主要由高效冲洗部分、高给液部分、汽蒸箱及高效水洗四部分组成，其中高给液部分配置有料槽液位控制系统、淡碱在线检测系统，以及在高温水洗槽中均配置有温控开关，一方面起到在线监控工艺的目的，另一方面也减少了能源的损耗。

节能效果：相比传统连续高温前处理工艺，棉及棉型织物综合节能30%左右；化纤织物节能20%～30%。

#### 5.1.1.3 锦棉一浴法染色技术

技术内容：通过采用多活性基活性染料与酸性染料同浴，对锦棉交织物进行一浴法染色，将二浴法工艺优化至一浴法工艺，达到省时、节水、减排的目的，提高染色效率，使染色综合成本大幅降低。

发展现状：锦棉一浴两步法目前在罗马布上应用比较多，但整个行业推广比例还需继续扩大。

节能效果：锦棉一浴法染色工艺相比两浴法染色工艺，每缸布的染色时间节省2h，节省水20吨/每吨布、电110kW·h/每吨布、蒸汽0.25吨/每吨布。

#### 5.1.1.4 分散染料碱性染色技术

技术内容：耐碱性（pH为7～13）分散染料里含有对碱不敏感的基团，主要是单偶氮结构上联结耐碱基团，可在碱性浴中对涤纶织物染色。碱性染色分散染料的应用可实现涤纶前处理和染色的一浴工艺，工艺更简化、操作更简便，且具有免还原清洗、提高染色品质、节能高效等优势。

发展现状：高耐碱分散染料的出现为涤纶及其混纺织物的短流程工艺开发提供了前提和可能，包括涤/棉混纺织物的活性、分散同浴染色，涤棉混纺织物练漂染一浴，涤纶织物碱减量或开纤与染色同浴，涤粘混纺机织物退浆染涤一浴等，一浴工艺优势不仅在缩短工艺流程，节能减排，提高效率和效益，且具有免还原清洗、提高染色品质等优势。高耐碱分散染料具有广阔的应用前景，但目前其发展仍然存在一定的局限性，主要体现在品种较少、色谱不全、牢度欠佳、生产成本高等问题，许多耐碱性分散染料的重现性也较差，另外在助剂方面也多依赖于进口，因此亟须开发并丰富牢度优良、得色率高、重现性好的高耐碱分散染料品种以及对应适配的助剂。目前已有单位研发筛选出部分耐碱性分散染料，探索出涤纶织物碱性染色工艺，但在染料开发、工艺优化方面还需进一步研发。

节能效果：染后清洗强度降低，染色一次成功率高，缸差小，提高生产效率，减少回修所造成的水、电、汽和染化料助剂消耗及人工成本。染色时间较传统工艺减少20%～40%；新鲜水耗及污水排放较传统工艺降低10%～30%；电耗较传统工艺降低10%～30%；热能较传统工艺降低10%～30%。

#### 5.1.1.5 活性染料无盐染色

技术内容：①活性染料无盐轧蒸连续染色通过筛选染料及使用新型活性染料固色碱剂，将染液施加方式由传统的染料和碱剂分开施加，优化为染料和碱剂同时施加，将常规的轧烘轧蒸工艺缩短为轧蒸工艺。②活性染料“潮固色”染色是将织物一步法浸轧仅含染料和固色碱剂的染色工作液后，经过红外线或/和低温热风预烘，将织物含潮率控制在 15%～30%之间，打卷密封堆置固色，完成活性染料染色过程，该染色工艺具有完全不需要无机盐促染等优势。

发展现状：活性染料无盐染色技术已经在一些优秀印染企业实现了产业化应用，如：华纺股份、愉悦家纺、河北宁纺、盛虹集团等，但整个行业的推广应用比例还不高，需要进一步推广。

节能效果：与常规轧烘轧蒸工艺相比，可节能 30%左右。

**5.1.1.6　冷轧堆染色技术**

技术内容：冷轧堆染色是一种相对节能的浸轧方式染色工艺，主要应用于活性染料染色，染色原理同活性染料常规染色工艺。可以防止稀薄织物由于烘燥不匀造成的布面色条及发花问题，避免高织高密织物烘燥时产生的褶皱；低温堆置，解决了平绒织物、灯芯绒等产品生产沟底露白、不匀问题；也适用于对张力敏感的织物（如棉氨、棉锦、高支高密羽绒布等织物）及不易热加工的织物(如苎麻等)。

发展现状：目前该技术在我国的广东、浙江、江苏和山东等省份都有不少印染企业应用，但应用比例相对较低。冷轧堆染色设备也逐渐向系统化、自动化和智能化方向发展，特别是受控的快速冷轧堆染色是今后发展的方向。

节能效果：活性染料冷轧堆染色与常规汽蒸或焙烘固色的轧染工艺相比，由于减少了织物浸轧染料溶液后的烘干环节，并将固色由高温短时间加热改为接近室温的长时间堆置，因此总体上具有能源消耗少、固色率较高、适用染料品种多等优点。与常规染色相比，采用室温冷堆染色，节省了打底机预烘、水洗机汽蒸等工序，节约水 15%、电 15%、蒸汽 20%。

**5.1.1.7　涤纶织物少水连续轧染**

技术内容：基于分散染料热熔染色原理，通过分散染料超细化加工，提高分散染料向纤维无定形区的扩散和固着。由于大部分分散染料通过升华进入纤维无定形区，而残留在纤维表面的染料非常少，除色牢度要求非常高的织物需水洗外，一般不需要水洗处理，从而达到节水节能的效果。

发展现状：国内一些企业、院校对免还原清洗分散染料连续轧染染色技术工艺及涉及的基础科学问题展开了研究，东莞市金银丰机械实业有限公司等企业开发了免还原清洗分散染料连续轧染设备，另外，国内部分企业已经开始采用该技术对厚重织物进行了免还原清洗分散染料连续轧染染色，开发了系列产品，产品基本上满足市场需求，为该项目开发提供了良好的研究基础。目前该技术有一定的局限性，并非所有的涤纶织物都适合，主要用于绒类织物，梭织类的广告布、窗帘、箱包布、衬布、口袋布、里子布、工装布等低端产品，手感偏硬，针织物产品会失去部分原有风格。还存在设备真空（负压）技术的带液量不稳定难以控制、纤维辊压轧技术的纤维棍难以清洗问题。

节能效果：与传统工艺相比，节约水 90%，节能 30%，可以实现连续清洁染色生产。

#### 5.1.1.8 冷转移印花

技术内容：活性染料冷转移印花是将印有活性染料油墨的转移印花纸（涂隔离剂）在一定的压力下，将染料转移到已轧预处理剂的织物上，并进入织物间隙中，再固色及水洗后处理，完成印花过程。

发展现状：冷转移印花要真正实现大生产目前仍然面临一些技术瓶颈。转移印花纸耗用量较大，生产转印纸时有一定环境污染，废弃转移纸的再生利用存在很大的困难，部分转移印花纸可二次重复用于其他途径，但需求量低，多数只能作为废弃物处理。印制深浓色有一定难度。

节能效果：冷转移印花技术解决了传统印花工艺能源消耗较高的难题，将纸质印花图案在常温下直接转印到布上，省却了繁杂的工序和水、电、汽、能源消耗，提高了效率。冷转移印花与圆网印花相比，耗电量减少 167kW · h/hm。

#### 5.1.1.9 泡沫整理

技术内容：将整理液转化成泡沫，然后将泡沫施加、扩散到织物表面并渗透进织物内部，需精确控制织物带液量并确保织物左中右带液量相同。与常规浸轧整理相比，低带液率减少泳移，节省烘干能耗和整理剂用量。

发展现状：泡沫整理是泡沫染整加工工艺发展最快、应用范围最广的工艺，主要用于印染后整理中柔软、树脂、涂层和特种整理等。但目前行业应用比例不高，主要是因为泡沫整理渗透性较差等。

节能效果：相比浸轧工艺，织物带液率由 60%～80%下降到 20%～40%，用水量降低 50%左右，染化料和助剂用量降低 30%左右，在烘燥环节可节能 40%左右。

#### 5.1.1.10 超临界二氧化碳染色（前沿技术）

技术内容：超临界二氧化碳的染色原理以传统水介质染色原理为基础，染色过程大致可分为吸附、扩散和固着三个阶段。超临界状态下的二氧化碳分子是非极性的，对非极性或极性较弱、分子质量小的染料具有很好的溶解性能。在超临界状态下二氧化碳使纤维迅速溶胀，促使染料易于上染纤维。超临界二氧化碳对纤维有很强的增塑作用，可以降低纤维的玻璃化温度，增加纤维分子链的活动性和自由体积扩散，因此能在较低温度下进行染色且能大大减少染色时间。

发展现状：目前青岛即发集团建成超临界二氧化碳流体染色示范生产线，

年产能可达 1000 吨，染色时间可从传统水染 8~12h 缩短至 2~4h，综合减碳 40%左右。大范围推广应用尚需解决几个问题：一是生产设备为高压系统，价格高，一次性投资大；二是适用的染料品种不多，有关染色工艺有待进一步研究和优化；三是对天然纤维染色效果不理想，需对纤维、流体或染料进行改性。

节能效果：目前聚酯纤维筒子纱无须用水，染色后无须烘干，缩短工艺流程，节省能源。

### 5.1.2　节能低碳型染料助剂

#### 5.1.2.1　棉及其混纺织物低温漂白剂

技术内容：棉及其混纺织物低温前处理剂主要有：一是漂白活化剂，以酰胺类化合物、烷基酰胺类化合物、*N*-酰基内酰胺类化合物等为代表；二是仿酶催化剂，以席夫碱配合物、四酰胺大环铁配合物、三联吡啶配合物等为代表。漂白活化剂与过氧化氢作用可产生过氧酸，过氧酸氧化性比过氧化氢强，能够在较低温度下降解色素达到漂白目的。而仿酶催化剂则可与过氧化氢配位形成过氧化配合物中间体，并进一步脱去羟基自由基形成具有催化活性的配合物自由基以降解色素，并且采用恰当的仿酶催化剂进行纺织品低温漂白处理，还具有强力保留率高、织物质量损失少等特点。

发展现状：漂白活化剂和仿酶催化剂用量少，在较低温度下也能实现高效催化。低温漂白技术已经在行业中得到推广应用，但主要是对纱线或针织物漂白，对机织物的低温漂白推广少。低温漂白活化剂如四乙酰乙二胺等成本较高、水溶性差，限制了其实际应用；而低温漂白仿酶催化剂的合成工艺路线复杂，成本也较高，亟须开发高效、低廉的催化剂。

节能效果：与高温常规漂白工艺对比，节能 30%左右、节水约 10%。

#### 5.1.2.2　冷轧堆前处理助剂

技术内容：通过对氧漂稳定剂和高效精练渗透剂的研制和应用，要求所用精练渗透剂具有良好的耐碱性、动态渗透、润湿、乳化及净洗作用，实现对棉纤维杂质的降解、膨化、扩散、乳化、脱脂等多种效果；同时要求用于冷轧堆的氧漂稳定剂在高碱高氧的条件下具有很强的双氧水稳定效果，保证前处理后织物强力损失在合理的范围内。

发展现状：适用于棉及涤棉混纺织物，还需进一步扩大推广比例。

节能效果：将传统冷轧堆工艺的时间由 24h 缩短到 8h，提高生产效率；减少了汽蒸工序，使蒸汽能耗降低到传统冷轧堆工艺的 50%，节电 10%以上，综合节能 30%。

#### 5.1.2.3 化纤织物低温除油剂

技术内容：化纤织物低温除油剂具有膨化、萃取、乳化、防破乳等功能，在中性下60℃低温进行除油，除油后不需中和，节约水、电与蒸汽。

发展现状：目前在广东地区的化纤针织厂应用比较广，还需推广到其他地区。

节能效果：主要适用于涤纶、涤氨纶、锦纶及锦氨纶针织物的除油加工。与传统高温除油剂相比，节水减排25%，节约蒸汽5%~15%。

#### 5.1.2.4 纤维素纤维低温染色专用活性染料

技术内容：依据当前行业比较成熟的60℃活性染料的合成技术，通过特殊工艺添加自行研制的活性基团数量（2~3个乙烯砜类VS反应性基团），改变染料母体大分子的线性结构或分子量等。提高染料的反应活性，可在40℃低温、较低化学品用量下固色，染料水解率降低，减少了蒸汽损耗，并具有较高固色率，染色性能和主要色牢度优良，产品安全环保性能达标。

发展现状：目前已在一些企业使用，效果较好，还需要进一步加大推广。

节能效果：蒸汽消耗降低，节能10%以上。

#### 5.1.2.5 高得色量活性染料

技术内容：高得色量活性染料是一类多反应基活性染料，亲和力低、反应性高、固色率高。活性免皂洗染料采用中温法染色，染色过程中采用高效助剂替代纯碱达到易洗效果，染色后无须在高温下皂洗，只需几道水洗即可，极大地减少了染色时间，节约电、水和蒸汽，有效降低染色废水中COD值。

发展现状：该技术适用于纤维素纤维及其混纺织物的染色，主要减少水耗和蒸汽消耗，生产效率也有提高。广东、浙江、江苏的印染企业使用较多，目前有30余家企业持续使用。但该染料开发的种类较少，未全覆盖所有颜色，对工厂生产管理要求也较高。

节能效果：节约染色和水洗用水30%，节省染色和水洗时间37%，节约电38%、蒸汽40.2%。

#### 5.1.2.6 节能低温皂洗剂

技术内容：基于具有协同作用的一个两性聚合混合物而设计开发的节能低温皂洗剂，对于染料有特殊的亲和性，因而能从底材上捕捉和消除多余的染料和染料水解物。是通用型纤维素纤维织物活性染料染色用皂洗剂，可在80℃进行活性皂洗，相比传统皂洗剂，能减少皂洗次数、降低皂洗温度，可显著降低水和能源的消耗，缩短工艺时间。

发展现状：已经在行业内得到一定的推广。

节能效果：用于中深色染色时，相比传统工艺，可节水22%、电21%、蒸汽

21%，节约时间约 40 分钟，降低二氧化碳排放量约 12.5%。

#### 5.1.2.7　涤棉织物分散/活性一浴两步法热熔染色专用分散染料

技术内容：涤棉织物热熔染色，中深色由于牢度因素，通常采用分散/活性两浴两步法工艺，该工艺工序复杂、消耗大、调色难。高牢度分散染料使分散/活性一浴两步法工艺成为可能，同时，中浅色采用分散/活性一浴两步法代替分散/士林一浴两步法工艺，可克服士林染料热敏变色问题，保证了成品稳定。

发展现状：该染料适用于涤棉、涤粘等机织物连续长车轧染，目前具有一定的成熟性。但也存在两点问题：一是牢度较低；二是带氨纶织物，既需要高牢度分散染料，又要求低温热熔（185℃以下），而一般高水洗牢度的分散染料都是高温型的，低温导致发色不完全，浪费较多染料，黑色上色率只有 70%左右。

节能效果：分散/活性一浴两步法工艺比分散/活性两浴两步法工艺少五道工序，节能减排效果明显，1 条热熔染色线节约蒸汽 90 万元/年、电 30 万元/年。

#### 5.1.2.8　染整同浴织物柔软剂

技术内容：在常规柔软剂分子结构中引入烷氧基团，可与染料、匀染剂、固色剂、增白剂等同浴，可耐强碱、无机盐等。采用染整同浴工艺缩短了工艺流程，提高了劳动生产率，降低了水资源和能源的消耗，降低了污水处理的成本和环保压力。适用于全棉织物染色/增白—柔软工艺，能较好满足印染厂对柔软剂各项性能及节水、节能、减排的要求。

发展现状：该技术缩短了染整工序，已经在行业内得到一定的推广，应用效果较好。

节能效果：1 吨印染布工艺中减少一次染色水洗，能减少耗水量 36.25 吨，节约用电 145kW·h。

### 5.1.3　节能低碳印染装备

#### 5.1.3.1　针织物连续平幅前处理机

包括：除油机、预缩精练机、丝光机、煮漂机、水洗机。

技术内容：使用扩幅盘使针织物两边展开防止卷边，通过控制织物张力、碱液浓度、带液率等工艺参数，采用平幅均匀轧碱工艺，结合高效水洗，实现连续高效针织物平幅前处理。可提高生产效率，节水节能，降低劳动强度，避免机械擦伤和绳状加工产生的折皱印，有效控制织物缩水率，减少织物表面毛羽。

发展现状：该技术适合较大批量的棉及其混纺针织物的连续平幅前处理，对工艺控制要求高于间歇式前处理，目前已经在一些印染企业应用。

节能效果：较常规针织物前处理节水、节能 20%~50%。

#### 5.1.3.2 节能梭织布退浆机、丝光机

技术内容：采用独特的设计单元结构，以保证退浆、丝光效果。低液位、高交换率，有效提高布面清洗效果，箱体蛇型回流水洗设计，逆流补水。采用德国进口马达及变频器，整机变频控制，降低耗电。独特的间接板加热板设计，底部大面积均匀加热。采用虹吸管原理，保证烘筒内只存有很少量的水，使得蒸汽得到充分的利用。

发展现状：该设备适合纯棉、涤棉、人棉、麻等混纺梭织物。高乐丝光机加工出来的品种因为张力低，自动加料均匀一致，重现性高，织物手感得到很大的改善，已经在一些优秀的企业中应用。

节能效果：节能退浆机较同类型设备相比可节省水 34%~40%、蒸汽 35%~40%。节能丝光机较同类型设备相比可节省水 25%~40%、蒸汽 19%~23%。

#### 5.1.3.3 高效节能、数字化退煮漂联合机

技术内容：高效节能、环保型退煮漂联合机采用印染机械计算机数字自动化控制，生产工艺参数在线检测与自动化控制（pH 值和染化料浓度检测、湿度检测等），根据不同品种的生产工艺，实行全机水、蒸汽总流量控制，采用高效节能保温蒸洗箱、高效节能保温轧车和高效节能同进同出复合蒸箱，提高了水、蒸汽的生产利用率，降低生产成本。同时，采用多种合理措施减少热量损失并配备多种回收装置，废水排放温度降低到 25℃，实现能源综合利用。高效节能、环保型退煮漂联合机以节能降耗与环保优先为基本设计理念，在现场总线控制系统的基础上形成了节能、环保、高速高效的生产联合机组。

发展现状：该设备主要用于去除原布上含有的浆料、油剂、沾染的污物及果胶等杂质，提高织物的色泽白度和吸水性（毛效），增加织物的服用性能，确保染整加工顺利进行。近几年市场推广较好，尤其绍兴地区印染企业使用比较多。

节能效果：高效节能、环保型退煮漂联合机与传统退煮漂联合机相比，可以节约蒸汽 40%、水 60%，节省染化料助剂 30%~40%。

#### 5.1.3.4 节能双层织物退煮漂联合机

技术内容：根据影响织物退浆、煮练、漂白效果的主要工艺参数，运用机电一体化的设计思路，应用先进的 PLC 智能控制系统及数据通信技术，采用高精度的电器元件，完成连续退煮漂工序。

发展现状：该设备适用于纯棉、涤棉、麻棉、弹力氨纶、灯芯绒及混纺织物

的平幅连续式退浆、煮练、漂白。目前已经有一些企业使用，如华纺股份、愉悦家纺、青岛凤凰。

节能效果：双层智能连续煮漂联合机与老式单层退煮漂机相比可以节水75%、蒸汽 75%以上，节省染化料助剂 35%~45%。

#### 5.1.3.5　节能双层布铗拉幅丝光联合机

技术内容：节能双层布铗拉幅丝光联合机主要设计有浸浓碱前的淡碱置换配置，浓碱浸渍槽及碱浓度在线自动控制系统，反应充分均匀而有效的绷布透风膨化区，智能化的双层布铗拉幅区，温度自控的梯度水洗喷淋直辊去碱区，封闭式双层穿布保温水洗机组使整机封闭保温连接逆流供水。根据织物品种、工艺及用户的需求等丝光机的结构组成也有所不同。该机机身较短，传动简单，操作方便，张力自动控制。碱液置换槽及高效轧车的应用，既节约了退煮漂蒸汽能源，又确保了丝光工艺稳定的条件，减少了印染前处理废水中的 COD 值，解决了后续废水处理难、费用高的问题，降低了企业生产成本。

发展现状：该设备适用于纯棉、涤棉、麻棉、弹力氨纶、灯芯绒及混纺织物丝光工艺，织物光泽、毛效、幅宽尺寸、稳定性、平整度、手感达到要求。目前已在愉悦家纺、华纺股份、青岛凤凰、潍坊华晨等企业应用，市场潜力较大。

节能效果：节能双层布铗拉幅丝光联合机与老式低速单层丝光机相比可以节水 66%、蒸汽 60%、碱液 45%~50%。

#### 5.1.3.6　节能连续绳状水洗机

技术内容：节能连续绳状水洗机利用高压喷射的原理，使糊料、浮毛、杂物迅速脱离，采用 4 槽 8 嘴的模式，每槽之间有隔断，水可以重复利用。节能连续绳状水洗机利用大水量冲击的循环使用生产用水，达到节水节能的效果。

发展现状：主要用于印染布匹的前后清洗，达到去污、去杂的效果。适用于人棉、针织物、化纤、混纺等织物的水洗工艺。目前已经大批量使用。

节能效果：相比常规绳状水洗工艺可节水 40%~60%，节约蒸汽 30%左右。

#### 5.1.3.7　织物印花后高温低张力水洗机

技术内容：采用全程高温水洗、振荡喷淋和低张力设计，增加水与织物的作用时间，机台的清洗能力大幅提高。单台设备生产效率提高一倍以上，水、能源消耗大幅降低。

发展现状：采用低张力设计，适用于机织类、针织类织物。工厂在多品种、小批量条件下，不需要重复投资，即可满足品种变化生产需求。适应性广，具有节能、降耗、提效的效果。

节能效果：与常规平幅印花后水洗相比节水、节能 50%左右。

#### 5.1.3.8 小浴比低能耗间歇式染色机

技术内容：小浴比低能耗间歇式染色浴比可以降到1：4~6。根据染料对纤维的上染规律，采用先进的染色程序控制，可充分保证织物的匀染性和工艺的重现性；并且在保证匀染性的条件下，可有效降低能耗。其中，气液染色主要采用气液分离技术，结合气流染色和溢流喷射染色的优点，气液染色不仅节省用水和蒸汽，还解决了一些喷射染色机存在的问题，如织物的折痕、敏感色的匀染性等。

发展现状：目前小浴比低能耗间歇式染色在行业内的推广效果良好，推广率约30%。

节能效果：与同类型设备相比节汽40%~50%，节电15%~40%。

#### 5.1.3.9 平幅连续热熔轧染联合机

技术内容：平幅连续热熔轧染联合机进布设计采用布车和卷装两用方式，配有J型箱，可实现不停车换卷，减少次布产生。采用油压形式轧辊，浸轧染料，轧料均匀，染槽配有液位控制。红外烘干采用电或者天然气加热，有效防止染料泳移。热风烘干采用蒸汽加热和导热油、天然气加热共同组成，满足不同客户需要。烘房内配有湿度检测装置，智能控制加热量。还原蒸箱采用汽封和液封两用，设有温度自动控制和压力检测装置。水洗采用大导辊、低中心距，有效避免皱条产生，水洗采用逐格倒流、分格水洗、蛇形逆流等先进理念。全部采用温度自动控制，节约蒸汽。配有热能回收装置，有效回收废水的热能，同时降低废水处理的难度，节能减排环保。水洗轧车全部采用封闭装置，有效减少蒸汽挥发，保温节能。烘干机配有湿度检测装置，自动控制烘筒进气量，配有静电消除器。全机交流变频控制，配有人机界面，远程诊断，并配有ERP接口，满足智能化生产需要。

发展现状：该设备适用于纯棉、涤棉及其混纺织物，可满足活性染料、还原染料、硫化染料、分散染料等连续轧染工艺。目前在长车染色工艺推广比例为20%~30%，还具有较大推广前景。

节能效果：每万米布节约水10吨、电160kW·h、蒸汽5吨。

#### 5.1.3.10 节能焙烘装备

技术内容：利用往复循环的高温热风对连续经过烘房内的织物进行高温焙烘固色及其他功能性后整理。循环热风可通过电、天然气、中压蒸汽、导热油等热源加热后获得。新型烘房结构的设计，合理利用烘房空间节约能源。新型导辊支承结构的设计，提高导辊定位及传动精度。新型导辊传动结构的设计，导辊运行张力可调可控。新型风道结构的设计，风量均衡可控。新型保温门板结构的设计，减少热损节约能源。新型燃烧室结构的设计，提高热能利用率（天然气热源)。新型进出布口结构的设计，减少布口热气外逸。新型排气结构的设计，合理排湿提高烘燥效率。

发展现状：目前该装备主要适用于纯棉、化纤及其混纺织物进行分散、印地科素等染料浸轧染液后热熔染色焙烘、固色（浸轧树脂后的织物作树脂整理焙烘)，涂料印花的固色，纯棉织物高温处理去除异性纤维，各类纺织品进行化学功能性后整理深加工。在国内得到一定的推广应用。

节能效果：合理设计烘房结构，在相同容布量下缩减烘房有效空间 15%左右，减少加热热源的用量。新型保温门板及隔热结构的设计，减少热能通过热传导、对流等途径的损失，可提高热能利用率 10%左右。通过进出布口及烘房排气等结构的改进设计，综上各项节能措施设备综合节能效果可达 25%以上。

#### 5.1.3.11　定形机助剂喷雾给液设备

技术内容：定形机助剂喷雾给液方法是将助剂液体在高速旋转“碟片”受到强力的离心力作用形成水膜，并被“碟片”上的离心线切割成微米级线性水雾高速强力喷射到布料表层，再经过小轧车均匀渗透于布料纤维层的技术，达到快速渗透于布料纤维层的目的。系统配备回收槽，可回收布料幅宽外不被布料所吸附的助剂。助剂施加过程中，可确保全幅布料（纬向）均匀且连续施加，助剂的施加量可依需求而先行设定。在运转过程中，系统会依定形机速度变化而自动调整，确保全程（经向）施加助剂量相等，布料品质一致。定形机助剂施加系统（带液率约 25%)，代替原有二辊轧车（带液率约 75%)，减少约 50%带液率，降低后段拉幅定形机烘干面料所需要的热能，缩短定形所需时间，提升定形机的效率。

发展现状：目前行业应用比例约 10%，广东印染企业推广率高。

节能效果：对比传统的浆槽添加助剂过程，降低约 50%带液量。在相同的条件下，定形机效率可提高 30%以上，节约热能、电能、人力 20%~50%。

#### 5.1.3.12　低给液轧车

技术内容：①三辊真空吸水立式轧车中间辊为带有微孔的吸水钢辊，上下辊为胶辊，由两侧气缸提供轧液压力。吸水钢辊配备真空泵，在织物通过轧点时，吸水钢辊将织物上剩余水分吸入储液罐或水槽。依织物种类的不同，该轧车的轧余率可低至 20%~40%。②油缸加压轧车，线压力达到 60~80kg/cm，总压力在 20 吨左右，轧余率低于 55%，比传统气缸加压机型降低 15%以上。低给液轧车轧余率较低，后续烘干可节省能源。

发展现状：三辊真空吸水立式轧车适应的车速最高为 30m/min，但较低的车速难以配合生产线使用。另外，吸水钢辊上的微孔孔径目视为 0.1~0.15mm

(10~15 丝)，因洗液有一定的浑浊度。

油缸加压轧车对不同面料的压力有不同的要求，有些织物会因为压力增加而破坏组织结构，因此应根据不同织物设定不同的压力，在保证被加工织物质量的前提下节能。目前油缸加压轧车一些企业已经使用，节能效果好。

节能效果：烘干环节节约蒸汽 25%左右。

#### 5.1.3.13　双层定形机

技术内容：采用垂直回转形式链条，织物高进低出双层折返运行。由单层设计改为双层，充分利用空间，占地面积小。机台同向进出布，操作人员相隔距离短，联系更便捷。整机张力控制，超喂控制更有效、精准，布匹前后、左中右的门幅、克重、缩水率更均匀。间接加热，避免了直接热源的空气加热，使定形加热条件更加均匀，尤其是在氨纶弹性织物高温预定形和成品定形时，更显品质优异，手感柔和、丰满。双层结构设计，上层烘箱充分利用下层烘箱的余热加热，采用热能回收装置，大幅节省加热能源，余热得到了充分利用，热能利用效率高，该装备能够在有效提高印染产品质量的同时实现节能降耗。

发展现状：可适用于全棉、涤棉混纺针织物和机织物，以及弹力机织物定形加工。目前已经有一些企业使用。

节能效果：与传统单层定形机相比，双层定形机占地面积节约 30%，人力成本降低 1/3，节能约 20%。

### 5.1.4　热能综合回收利用技术

#### 5.1.4.1　节能蒸汽疏水阀

技术内容：自由浮球式疏水阀可连续平稳地排放冷凝水，仅需 0.01MPa 的微小差压就能启动，进行正常的“阻汽排水”功能，非常适用闭式系统中冷凝水回收应用，蒸汽自耗率低，静态达到零泄漏，三点支座确保紧密密封。

发展现状：适用于印染行业所有使用蒸汽的设备和区域，目前推广在行业内推广应用效果好。

节能效果：蒸汽每小时节省 15 吨，即每小时二氧化碳减排量为 3.99 吨，每小时节水约 16.2 吨。

#### 5.1.4.2　智能化中压蒸汽节能技术

技术内容：中压蒸汽节能技术采用自动化系统调节排水比例阀的大小来控制散热器前后的蒸汽压差，在保证面料工艺的情况下，增加蒸汽在散热器中的停留时间，使蒸汽热量充分利用，减缓蒸汽流速，降低阀门与散热器等硬件的冲刷磨损，增加使用寿命。

发展现状：印染行业蒸汽消耗量大，该技术目前已经在一些印染企业得到很好的应用。

节能效果：定形机节能 10%以上，印花机节能 15%以上，风机能耗降低 10%。

#### 5.1.4.3　中压蒸汽循环利用

技术内容：中压蒸汽经定形机烘房出来后，压力仍然在 20kg 左右，选用 1 级闪蒸罐和 2 级闪蒸罐加热泵回收系统技术，使一定数量的中压尾气回收至低压蒸汽管道系统进行回收利用，达到节能的作用。

发展现状：该技术目前已经在一些印染企业得到很好的应用。

节能效果：定形机节能 10%以上，印花机节能 15%以上，风机能耗降低 10%。

#### 5.1.4.4　设备隔热保温

技术内容：通过使用隔热节能环保涂料（空心陶瓷颗粒、空心微珠、气凝胶）达到染缸、蒸汽管道和阀门的保温，降低表面温度，具有很好节能效果。

发展现状：使用该技术后染缸表面温度可以降低到 50℃甚至更低，目前常规的设备隔热保温已经得到很好的推广。

节能效果：综合节能约 25%以上。

#### 5.1.4.5　印染废水热能回收利用

技术内容：印染废水主要来自前处理、染色、水洗等工序，废水含有一定的热量，通过热能交换器将此部分的热能用冷水回收利用，加热后的冷水被收集到热水池再用于生产，达到节能的效果。

发展现状：目前该技术推广率约 30%，很多地方印染企业入园要求安装废水热能回收装置。

节能效果：节约蒸汽 20%以上。

#### 5.1.4.6　磁悬浮鼓风机

技术内容：将磁悬浮技术应用在鼓风机上，通过采用磁悬浮轴承技术、高速大功率永磁同步电机技术、高效率流体技术、智能控制技术等，降低废水处理能耗。可降低设备运行噪声，改善工作环境。

发展现状：目前购买成本高于传统风机，但节能效果好，很多印染企业已经在使用。

节能效果：相比传统的罗茨鼓风机可节能 25%左右，相比多级离心鼓风机可节能 20%左右。

#### 5.1.4.7　高效低能耗深井曝气废水处理技术

技术内容：在活性污泥法的好氧处理中，空气的供给一直是能耗的主要部分，而空气用量在有机物浓度不变的情况下，很大程度取决于氧的转移利用效率。气提循环深曝井由于深曝井的深度大，井内的静水压力高，提高了氧传质的推动力。对于 50~150m 的深曝井，氧传质的推动力是常规法的 6~16 倍，因而深曝井法的充氧能力大、氧的利用率高。和常规活性污泥法的气泡和液体接触时间 15s 左右相比，深曝井中的气液接触时间可达 200s 左右，提高了氧的利用率。

发展现状：目前已在江苏、浙江、四川、福建等地区的一些工业园区和企业进行了应用推广，取得较好效果。

节能效果：通过研究调整深曝井结构、设置废水收集释放装置、改变深曝井进水及回流形式等技术改进完善措施，在提升处理效率、降低能耗、增强运行稳定性等技术目标上有了进一步的提高。充氧动力效率 3~6 千克氧气/kW·h，较普通曝气法提高 83%，运行成本可降低 40%。

#### 5.1.4.8 定形机废气余热回用利用

技术内容：对定形机改造加装净化和回收系统，将定形机排风机所排出的废气汇总到一个总风管，送入系统的过滤装置，过滤出废气中的棉絮及大颗粒物，经过滤后的废气进入净化器的冷却装置。冷却装置采用气—气或气—水换热，把废气冷却至 60℃以下，以便达到最佳静电效果。经过气—水换热出来的热水，可以达到 50℃，可回用到其他生产环节中。经过气—气换热出来的热空气再返入定形机烘箱内，达到节能效果。

发展现状：目前该技术推广率约 40%，很多地方印染企业入园要求安装废气余热回收装置。

节能效果：综合节能 10%以上。

#### 5.1.4.9 印染光伏发电

技术内容：该方式利用光电效应，将太阳辐射能直接转换成电能，光—电转换的基本装置就是太阳能电池。当太阳光照到太阳能电池板上，就会把太阳的光能变成电能，产生电流。当许多电池串联或并联起来就成为具有较大输出功率的太阳能电池方阵。与火力、核能发电相比，太阳能电池不会引起环境污染。

发展现状：虽然目前浙江、江苏、福建、山东等很多企业已经开始上光伏发电项目，但发电量占印染行业使用量的不足 1%，还有很大推广前景。

节能效果：举例装机容量为 2.856MW，利用房顶面积约 4.2 万平方米，共安装 10200 块光伏组件，年节省标准煤 1400 吨，减少 $CO_2$ 排放 3247 吨。

### 5.1.5 印染信息化管理系统

#### 5.1.5.1 定形机在线中控系统

技术内容：将定形机台上的温控器、分机变频器、蒸汽表、电表等通过有线方式与 PLC 连接，所有仪表信号汇总至 PLC 后，经过 PLC 以太网模块与采集终端通信，通过为每台定形机配套采集终端进行联网，终端与 ERP 工单连接，实时记录每一笔工单生产过程中的各项工艺参数。该系统可实现定形机台联网并集中管控，实现生产数据实时在线采集、计划调度和生产历史追溯，提高工厂内部管理精细化，达到节能效果，提高定形机台利用率。

发展情况：目前已经在盛虹集团等一些优秀企业使用，需要继续扩大推广率。

节能效果：与传统定形机相比节约电 60kW · h/万米，节约中压蒸汽 0.33 吨/万米。

#### 5.1.5.2　能源管理系统

技术内容：能源管理系统采用分层分布式系统体系结构，对电力、天然气、水、蒸汽等各分类能耗数据进行采集、处理，并分析能耗状况，实现节能应用。

发展现状：目前该技术在行业优秀企业得到应用，但推广率不高，需要进一步扩大能源管理系统在印染行业的推广率。

节能效果：综合节能 10%以上。

#### 5.1.5.3　生产计划排产系统

技术内容：采用人工智能+大数据技术打造的智能排产系统，通过数字化排产相关的全要素（订单、生产卡、排产规则、颜色数字化、染缸/定形切换规则等），融合机理模型（颜色模型、染缸切换模型）和人工智能算法模型（遗传算法、机器学习算法），实现分钟级完成天、周级别的全流程排产计划，可具体至单生产卡到机台。生产计划排产系统在整体资源利用率、生产切换成本（降低水电气、天然气、人力等）、优化交期等方面效果显著。

发展现状：目前使用在线数字化排产的印染企业不足 1%，需要扩大推广率。

节能效果：生产计划排产系统每年能帮助企业降低由于切换成本所带来的能耗浪费 5%~8%，提升产能利用率 8%~15%。

#### 5.1.5.4　数字化设备管理与设备监控

技术内容：数字化设备管理为印染企业提供一站式的数字化设备管理方案，从基础的设备档案信息校准与标识化、设备维修保养过程移动化、设备运行状态实时监测到基于设备行为数据的预防性维护，建立设备运行指标体系，降低设备重复故障出现率，提升维修效率。设备监控通过在设备上加装物联网，实时采集监测设备运转参数。当接到生产计划指令后同步下载生产标准工艺与设备实时参数进行比对，当发现异常和潜在质量问题及时预警。

发展现状：目前该系统已经在企业中得到应用，但比例不高。

节能效果：根据已有案例测算，数字化设备管理与设备监控，可帮助印染企业实现科学、可持续、集约化管理设备全生命周期，进而降低能源浪费约10%。

#### 5.1.5.5 印染生产工艺参数在线检测与控制系统

技术内容：通过各种新型传感器，对生产设备的工艺参数，如水、电、汽、温度、湿度、化学品浓度、幅宽、花型精度等一系列参数进行实时的数据采集，并由自动控制装置按照工艺要求进行在线实时的调整。

发展现状：该系统主要是自动传感器和自动控制装置的结合，在行业的推广和应用较好。目前很多印染设备都配备印染在线检测及控制系统。

节能效果：综合节能10%以上。

## 5.2 典型技术节能潜力分析

节能低碳印染技术以定形机助剂喷雾给液设备和低给液轧车为例，印染热能综合回收利用以废水热能回收、定形机废气余热回收、印染设备隔热保温为例，印染信息化管理系统以MES系统为例进行节能潜力分析。

### 5.2.1 定形机助剂喷雾给液设备节能潜力

节能现状：定形机助剂喷雾施加设备的喷雾装置是飞碟式均匀给液系统，由于是喷雾给液，可将助剂溶液直接喷到织物上，定形前不需要烘干，湿布直接定形，较常规定形工序流程减少了一次烘干工序，较大幅度地降低了生产能耗。定形机助剂喷雾给液设备，比经二辊轧车后布料带液量降低50%。

定形机助剂喷射给液系统，综合节能约225千克标准煤/吨布（5.6千克标准煤/百米）。目前全行业推广率约10%。

推广率预测：预测2025年印染布产量550亿米，推广率约15%；2030年印染布产量520亿米，推广率约25%；2035年印染布产量500亿米，推广率约30%。

节能潜力推算方法：5.6千克标准煤/百米×预测年推广率×预测年产量-5.6千克标准煤/百米×10%×525.03亿米（基准年2020年）。

节能潜力推算结果：2025年较2020年多节能约16.80万吨标准煤/年；2030年较2020年多节能约43.40万吨标准煤/年；2035年较2021年多节能约54.60万吨标准煤/年。

### 5.2.2　低给液轧车节能潜力

节能现状：以油缸加压为例，油压高效轧车轧余率可降低到 30%～55%，比目前普通轧车轧余率低 40%以上，比目前市场上的气压高效轧车带液率（65%～70%）低 15%以上，烘干节约蒸汽 25%左右。节能约 5 千克标准煤/百米。目前推广率小于 1%。

推广率预测：预测 2025 年印染布产量 550 亿米，推广率约 5%；2030 年印染布产量 520 亿米，推广率约 10%；2035 年印染布产量 500 亿米，推广率约 15%。

节能潜力推算方法：5 千克标准煤/百米×预测年推广率×预测年产量−5 千克标准煤/百米×1%×525.03 亿米（基准年为 2020 年）。

节能潜力推算结果：2025 年较 2020 年多节能约 11.12 万吨标准煤/年；2030 年较 2020 年多节能约 23.37 万吨标准煤/年；2035 年较 2020 年多节能约 34.87 万吨标准煤/年。

### 5.2.3　印染行业废水热能回收节能潜力

节能现状：印染废水含有一定的热量，第一道和第二道前处理废水、第一道染色废水、染色和印花的皂洗废水、热水洗废水的温度通常为 70～90℃，由于高温废水的大量排放，造成热能浪费。目前较常用的热水回用技术有板式换热器、热管式换热器以及热泵技术等，每道工序排出的高温废水经过热能回收后进入废水处理设施。生产原水置换出 55～60℃清水自流入热净水池参与热泵区的分配，供机台使用。废水余热回收节能约 3 千克标准煤/百米，目前推广率约 30%。

推广率预测：预测 2025 年印染布产量 550 亿米，推广率约 40%；2030 年印染布产量 520 亿米，推广率约 50%；2035 年印染布产量 500 亿米，推广率约 60%。

节能潜力推算方法：3 千克标准煤/百米×目标年推广率×目标年产量−3 千克标准煤/百米×30%×525.03 亿米（基准年为 2020 年）。

节能潜力推算结果：2025 年较 2020 年多节能约 18.75 万吨标准煤/年；2030 年较 2020 年多节能约 30.75 万吨标准煤/年；2035 年较 2020 年多节能约 42.75 万吨标准煤/年。

### 5.2.4　定形机废气余热回收节能潜力

节能现状：定形机工作温度一般在 140～200℃，烟气排放温度为 105～

160℃，大量热能随废气散失到大气中，造成热能浪费。热定形机的余热回用方式一般有两种。第一种方式是“气—气”换热，即采用热管换热器将定形机排出的废热气中的热能回用到定形机烘箱内。热管换热器可选择分散式、集中式和可拆卸式，根据企业车间设备的排布加以选择。定形机排出的高温废烟气经降温后，可采取水喷淋、静电净化或两者组合，捕集废气中的烟尘，并将其送至水箱进行脱尘以及回收废油。第二种是“气—水”换热，即从定形机排出的废热气体经换热设备对清水进行加温，加温后的热水用于生产。常用换热器有板式换热器和列管换热器等。高温废烟气通过换热器降温后，采用水喷淋净化器进一步净化烟气中的油烟尘后排空，捕集的油烟尘经油水分离器回收其中的废油。

定形机废气余热回收一台定形机节能约 300 吨标准煤/年，目前推广率约 40%。据统计，目前印染行业定形机约 11000 台（绍兴 3500 台）。

推广率预测：预测 2025 年印染布产量 550 亿米，定形机 11523 台，推广率约 50%；2030 年印染布产量 520 亿米，定形机 10895 台，推广率约 60%；2035 年印染布产量 500 亿米，定形机 10476 台，推广率约 70%。

节能潜力推算方法：推算结果 300 吨标准煤/年×目标年推广率×目标年定形机台数-300 吨标准煤/年×40%×11000 台定形机。

节能潜力推算结果：2025 年较 2020 年多节能约 40.85 万吨标准煤/年；2030 年较 2020 年多节能约 64.11 万吨标准煤/年；2035 年较 2020 年多节能约 88.00 万吨标准煤/年。

### 5.2.5 印染设备隔热保温节能潜力

节能现状：目前行业内印染设备的隔热保温材料主要有：①空心陶瓷颗粒：将空心陶瓷颗粒孔径控制在平均直径仅为 50~60nm，而空气分子的平均自由程度为 70nm 左右。在如此小的空隙中，空气几乎无法流动，从而抑制了空气的对流。工业隔热涂料应用于印染设备表面，可使原先表面温度 130℃降低至 50℃。②空心微珠：耐火热度高，抗压强度高，导热系数低和电阻高等特点。使用后 135℃高温染缸表面温度降低至 55℃左右。在染缸上喷涂 3mm 厚的 DT 隔热保温涂料后能节省 15%左右的蒸汽用量。③气凝胶：以 $SiO_2$ 气凝胶为主要原材料，添加黏结剂及其他助剂调制而成，热导率低、密度小、防烫、防腐蚀等。气凝胶水性隔热浆料具有优异的隔热保温性能，保温厚度 0.5~3mm、1~2mm 用的多，由于纳米气凝胶具有极佳的保温性能，可对印染企业的设备及管道、阀门保温，减少热能损耗，降低成本。

以染缸节能为例，隔热保温染缸节能 15%以上，节能 35 吨标准煤/年左右

（一台染缸），目前推广率约 40%（目前全国染缸约 90000 台）。

推广率预测：预测 2025 年印染布产量 550 亿米，染缸 94280 台，推广率约 50%；2030 年印染布产量 520 亿米，染缸 89138 台，推广率约 60%；2035 年印染布产量 500 亿米，染缸 85709 台，推广率约 70%。

节能潜力推算方法：35 吨标准煤/年×目标年推广率×目标年染缸台数-35 吨标准煤/年×40%×27000 台染缸。

节能潜力推算结果：2025 年较 2020 年多节能约 38.99 万吨标准煤/年；2030 年较 2020 年多节能约 61.19 万吨标准煤/年；2035 年较 2020 年多节能约 83.99 万吨标准煤/年。

### 5.2.6　MES 系统节能潜力

节能现状：MES 是现代集成制造系统中制造管理自动化领域的一项重要技术，是印染上层 ERP 与底层设备自动控制系统之间的、面向车间层的管理系统。MES 系统中节能的系统主要有能源管理系统、数字化设备管理与设备监控系统、生产计划排产系统等。采用 MES 系统提高一次成功率 5%～12%，节能约 0.3 万吨标准煤/亿米（3 千克标准煤/百米），目前推广率约 3%。

推广率预测：预测 2025 年印染布产量 550 亿米，推广率约 7%；2030 年印染布产量 520 亿米，推广率约 15%；2035 年印染布产量 500 亿米，推广率约 30%。

节能潜力推算方法：3 千克标准煤/百米×目标年推广率×目标年产量-3 千克标准煤/百米×3%×525.03 亿米。

节能潜力推算结果：2025 年较 2020 年多节能约 6.82 万吨标准煤/年；2030 年较 2020 年多节能约 18.67 万吨标准煤/年；2035 年较 2020 年多节能约 40.27 万吨标准煤/年。

## 5.3　印染行业低碳发展技术路线图

通过节能低碳技术体系汇总分析，形成印染行业低碳发展技术路线如图 5-1 所示。

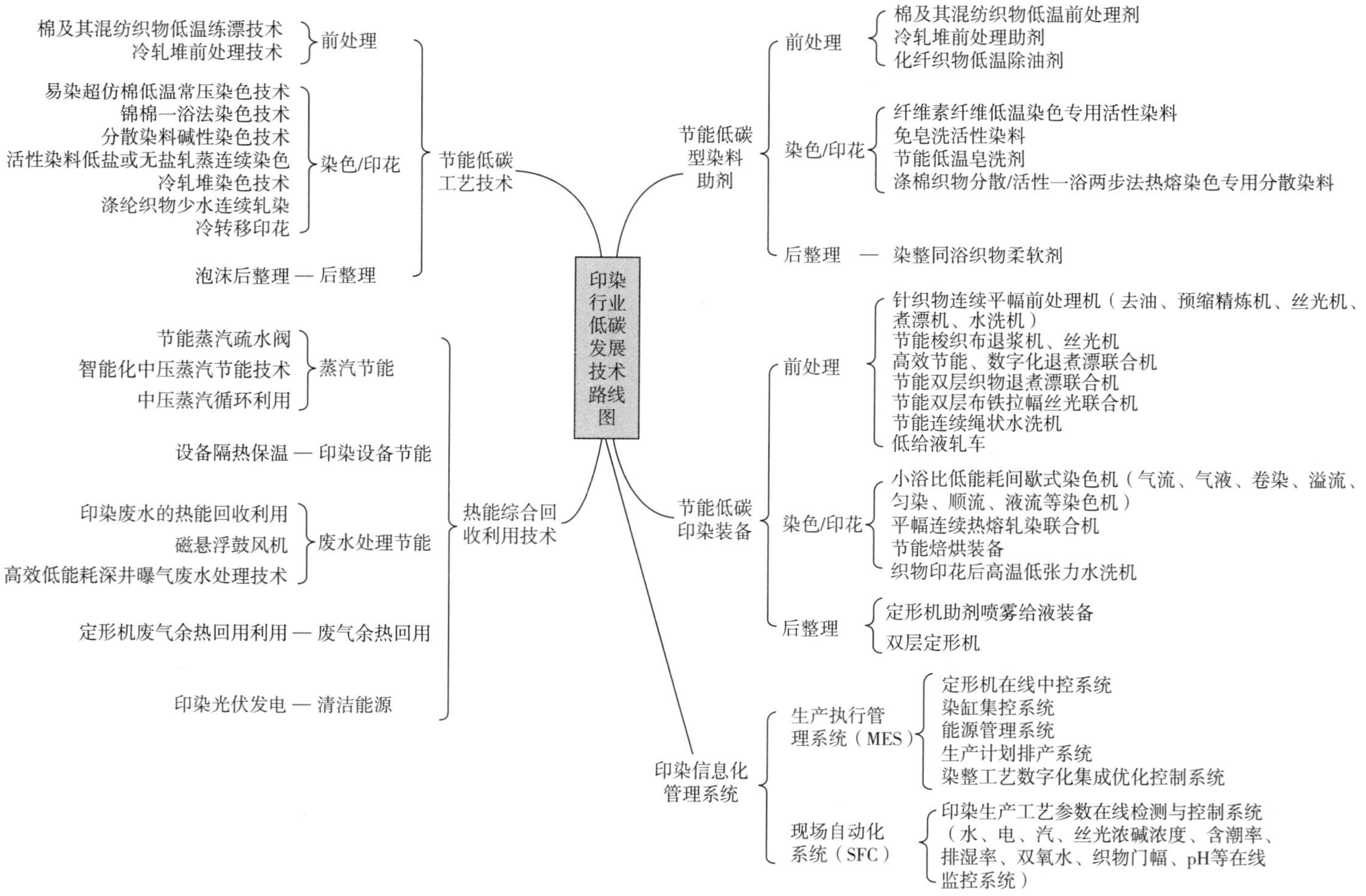


图5-1　印染行业低碳发展技术路线图

## 5.4 印染行业低碳发展方向

根据印染行业主要能源消耗产生的碳排放现状及发展趋势，提出行业低碳发展建议。

### 5.4.1 促进产品结构调整

印染行业产品种类多样，从产品结构看，高档产品由于其要求高，例如色牢度、色差等，工艺流程长，使用高档染料、助剂、化学品，漂洗次数多，因此单位产品能耗、物耗和水耗要高；中档产品其染整工艺流程完整，色牢度、色差等其物耗、能耗居中；低档产品染整工艺流程采用短流程，漂洗次数少，所以能耗、物耗较低。实际上高、中、低档产品各有其市场需求，并不能为单纯降低能耗而减少中、高档产品的生产。随着国内生活水平的提高，中、高档产品的需求不断增加，应该从原材料、绿色产品设计、工艺技术、装备等方面改进，不断开发绿色节能产品，真正的减少能源消耗、降低碳排放。

### 5.4.2 强化节能技术研发和应用

工艺流程的创新、改进以及配置优化，是企业提高劳动生产率、降低生产成本、减少产品能耗、提升产品质量的根本途径。印染行业要开发和推广能耗较低的工艺，加大力度扩大棉织物低温前处理、小浴比低能耗间歇式染色、冷轧堆前处理和染色、涤纶织物低温染色和免洗印花等低温、低能耗清洁生产技术的推广率，降低生产过程能源消耗。

印染行业要淘汰低能效设备，推广使用能够减少能源在储存、转换、输送和使用过程消耗的技术，例如提高电机效率、运用染色设备隔热保温、高温废水及定形机尾气余热回收利用、空压机余热利用等，这些可以提高印染耗能设备能效的技术将减少生产过程中的能源消耗，降低生产过程的碳排放量及碳排放强度。

### 5.4.3 推进能源结构调整

能源消耗产生的碳排放是印染行业的主要碳排放，能源结构的变化对减少能源消耗产生的碳排放起到关键的作用。使用清洁能源和减少化石燃料的消耗是调整能源结构的最基本方法，目前印染行业煤改气（汽）成效显著，要进一步控制热能和电力的隐含碳排放量，加快其他不计入碳排放的清洁能源改造，例如加快太阳能光伏发电、风电技术（指企业内直接使用风力发电）以及生物质能等能源改造，改变印染行业的能源结构，降低碳排放量。

### 5.4.4 加强生产管理

印染行业在产品、工艺和设备等因素都确定的情况下，仍然会因管理不到位导致能源消耗和碳排放增大。印染行业要重视管理，运用先进的管理手段减少能源消耗，例如在主要生产设备上加装在线自动测控系统，使用能源管理系统、生产计划排产系统等，降低企业的能源消耗和碳排放。同时，印染行业要不断完善印染行业相关管理体系，加强基础管理系统化建设，建立能源管理体系，实施能源计量精准化管理。

### 5.4.5 鼓励节能低碳改造

建议政府加大对实施节能低碳改造企业的支持力度，给予更大力度的财政补贴、税收减免和资金支持。加强金融信贷支持，引导银行等金融机构为节能低碳项目提供长期限、低成本资金。不断优化节能低碳改造项目在能源评价、环境影响评价、排污许可证管理等环境政策中的审批或备案流程，加快完善节能诊断服务等综合服务体系。

# 第 6 章　印染行业减污降碳协同增效评价方法与技术清单

## 6.1　印染行业减污降碳现状

### 6.1.1　减污现状

#### 6.1.1.1　水污染物减排取得进展

印染行业废水排放量约占纺织业废水排放量的 70%，是我国在水污染物减排、排放总量控制、清洁生产以及产业结构调整等方面严格把控的重点行业之一。2010—2024 年，印染行业通过推动产业结构调整、淘汰落后设备和生产工艺、升级生产装备及废水处理设施、推广清洁生产技术、加强污染物治理等手段和措施，废水排放量和污染物排放量不断下降。根据中国生态环境统计年报测算，2022 年纺织业废水处理量、化学需氧量、氨氮排放量分别为 15.98 亿吨、5.50 万吨、0.11 万吨，较 2010 年分别下降 34.96%、81.67%、93.71%。

#### 6.1.1.2　废气排放得到有效治理

2013 年 9 月，国务院印发《大气污染防治行动计划》，对多个行业进行工业废气重点治理，纺织印染行业是其中之一。印染行业产生废气环节主要有前处理工艺中的烧毛与预定形，印花工艺中的干燥和固色过程，后整理工艺中的起毛、热定形、涂层，厂内废水站废气。2010—2024 年，部分省份出台印染废气相关标准，印染行业积极采取有效措施加大力度进行废气污染物治理。

#### 6.1.1.3　固体废弃物得到有效处置

多年来，印染行业固体废物、危险固体废物处置按照相关要求落实台账、联单制度，大部分企业委托有资质的第三方处置达到排污许可证等政策要求。

### 6.1.2　降碳现状

#### 6.1.2.1　能耗碳排放水平不断降低

印染生产过程的碳排放主要是电力和热力产生的间接碳排放，化石燃料燃烧和化学品反应产生的直接碳排放。由于印染行业化学品反应产生的直接碳排放量占比小于3%，印染行业碳排放主要是能源消耗产生二氧化碳排放。根据国家统计局最新数据测算，2010—2020年，纺织工业能源消耗总量由8696.53万吨标准煤增加至10191万吨标准煤，占全国比重由2.41%下降至2.05%，下降了0.36个百分点。根据印染行业规模以上印染布产量和单位产品综合能耗推算，印染行业能源消耗量占纺织工业能源消耗总量的比例约为20%。在双碳目标政策下，近年来印染行业加快节能降碳工作，根据《印染行业“十二五”发展规划》《印染行业“十四五”发展指导意见》，2010—2020年，印染行业单位产品综合能耗下降30%以上，预计“十四五”末，机织物单位产品综合能耗降至32千克标准煤/百米，针织物单位产品综合能耗降至1.1吨标准煤/吨。

#### 6.1.2.2 能源资源利用效率持续提高

“十二五”以来，印染行业能源结构不断优化，煤改气（汽）成效显著，行业屋顶光伏发电技术应用面不断扩大。高温废水热能回收利用、定形机废气余热回用、蒸汽热能梯级利用等热能回收技术得到普遍应用。

### 6.1.3 减污降碳技术现状

2010—2024年，印染行业的绿色技术和装备得到了快速发展。企业加快有毒有害化学品的替代，积极采用高效、环保和符合生态纺织品生产要求的染化料和助剂，高性能/高上染率的活性染料、液态分散染料、高品质数码印花墨水、纳米涂料、无氟防水剂、代用盐、尿素替代剂等染化料的研发取得新进展，推广面进一步扩大。积极加快化纤机织物连续平幅前处理、针织物连续平幅前处理、针织物绳状水洗、涤纶织物少水连续染色、分散染料碱性染色、高牢度涂料印花、数码喷墨印花等减污降碳工艺技术与装备的研发和应用。棉织物低温前处理、冷轧堆前处理与染色、高温废水热能回收利用、定形机废气余热回用、印染设备隔热保温、蒸汽热能梯级利用、磁悬浮风机等节能降碳技术与装备的研发应用力度进一步扩大。活性染料无盐染色、低尿素活性染料印花、无甲醛免烫整理、无氟防水整理等减污技术与装备得到进一步研发和应用。能源管理系统等降碳智能化系统得到进一步推广应用。

为了加快低碳技术和污染防治技术的推广应用，多年来，国家相关部门发布了一些和印染行业相关的技术目录，包括国家发展和改革委员会发布《国家重点推广的低碳技术目录》《国家重点节能技术推广目录》《绿色技术推广目录》，生态环境部发布《国家先进污染防治技术目录》、制定《纺织工业污染防治可行技术指南》（HJ 1177—2021），工业和信息化部发布《印染行业绿色低碳发展技术指南》（2024版）。自2007年起，中国印染行业协会每年开展《中国印染行业节能减排先进技术推荐目录》征集和发布工作，目录涉及工艺、设备、染化料、污染源头管控和末端治理等领域，目前已经推出十七批共 511 项节能减排先进适用技术。各类推广技术目录分别针对低污染物排放和低能耗进行技术推广，但基于生产全过程的印染行业减污降碳协同增效技术并没有专门的技术清单。

## 6.2　减污降碳协同增效评价方法

环境污染物和碳排放高度同根同源，减污降碳协同增效是积极稳妥推进“碳达峰”“碳中和”的重要任务举措。工业领域污染物和碳排放占比高，协同减排对实现可持续发展起重要推进作用。污染物和碳排放协同控制的主要路径为能源结构和产业结构的调整及技术的创新，而技术的创新是核心驱动力。

减污降碳协同增效不仅是气候变化与生态环境保护之间的环境效益的协同，也包括经济层面的协同增效，减污降碳是经济结构调整的有机组成部分，不仅要降碳、减污，而且要扩绿、增长。

为减少环境污染风险，比较现有技术和新技术的环境表现，在新技术大规模应用之前全面、定量分析潜在的环境影响尤为必要。因此，构建环境—经济系统评估体系对技术的推广起重要作用，对技术的环境—经济全方位评估是合理选择协同控制措施，实现重点行业污染物和碳排放协同减排的基础。基于此，建立减污降碳技术的系统客观量化评估体系，通过对技术的协同度、环境效益和经济效益进行全面分析，为印染行业减污降碳协同控制技术的推广提供参考。

目前国内外出台了一些各行业的碳排放核算标准、碳减排相关规范性文件。但国内外现行的诸多标准主要对生产过程、水污染物等处理过程碳排放量计算做出了规定，并未从减污和降碳两个角度对减污降碳进行综合评价。

在污染物和碳排放协同减排上，一些研究就不同领域减污降碳协同效益评估方法进行详细阐述。目前减污降碳协同效益评估的方法主要分为宏观的减排政策和微观的减排规划、技术方法的评估。针对较为宏观的减排政策，如区域经济政策，采取“自上而下”模型或“混合模型方法”模拟评估。针对微观的减排规划、技术方法，往往采用“自下而上”模型结合排放系数对协同效益进行评估，比较常用的有采用二维或多维欧氏空间坐标系、交叉弹性系数等来评估减污降碳措施和技术的协同性及其协同程度。基于宏观的评估方法适用于分析区域政策对经济活动水平和环境的影响，对微观技术领域的评估具有较大的不确定性。针对微观技术领域的减污降碳协同效益评估，现有研究主要对技术减污和降碳协同性进行分析，但经济效益分析的很少。为真正评估技术的减污降碳协同增效性，本研究构建污染物排放和碳排放-经济效益评估体系，为印染行业污染物和碳排放协同减排提供技术评价基础。

### 6.2.1 技术减污降碳协同控制评价方法

为衡量技术减污降碳协同控制效果，采用目前研究比较多的碳减排量和污染物减排量交叉弹性分析法进行技术评价，通过比较两种减排量（碳减排量和污染物减排量）的变化率，分析协同控制效应，计算公式如下：

$$S = \frac{\Delta E_{LAP}/E_{LAP}}{\Delta E_{GHG}/E_{GHG}} \tag{6-1}$$

式中：　$S$——协同效应系数；

$\Delta E_{LAP}$——使用技术后污染物排放的减排量，t；

$E_{LAP}$——未使用技术前污染物排放量，t；

$\Delta E_{GHG}$——使用技术后碳减排量，t；

$E_{GHG}$——未使用技术前碳排放量，t；

$\Delta E_{LAP}/E_{LAP}$——污染物排放减少比例，%；

$\Delta E_{GHG}/E_{GHG}$——碳排放减少比例，%。

当 $S>0$，且 $\Delta E_{LAP}<0$，同时 $\Delta E_{GHG}<0$，即污染物和碳排放同时增加，不存在协同效应。

当 $S<0$，有两种情况，即 $\Delta E_{LAP}<0$，且 $\Delta E_{GHG}>0$，或 $\Delta E_{LAP}>0$，且 $\Delta E_{GHG}<0$，即增加碳排放，但减少污染物的排放，或减少碳排放，却增加污染物的排放。表明实施该技术后减污降碳存在不协同效应。

当 $S>0$，且 $\Delta E_{LAP}>0$，同时 $\Delta E_{GHG}>0$，说明此项技术可以真正实现减污降碳协同，应积极推广。如果 $0<S<1$，表明此项技术减排措施对污染物减排程度低于碳减排程度；反之，如果 $S>1$，表明此项技术减排措施对污染物减排程度高于碳减排程度；如果 $0.8\leqslant S\leqslant 1.2$，表明此项技术减排措施对污染物减排和碳减排速度相当。

该方法是一种有效的分析方法，具有科学性（理论基础坚实、计算方法明确、实证检验有效）、通用性（适用范围广泛、易于操作和理解、具有灵活性）、基于坚实的理论基础和明确的计算方法（能够有效地揭示不同指标之间的相互影响关系，并在实际应用中得到了广泛的实证检验），为制定相关政策和优化减排策略提供科学依据。

### 6.2.2 技术减污降碳协同经济效益评估方法

根据印染行业减污降碳技术情况，构建技术减污降碳协同经济效益评价方法，计算公式如下：

$$P = \sum_{x=1}^{n} AR^{X} + AF \tag{6-2}$$

式中：$P$——技术边界范围生产单位产品的减污降碳协同经济效益；

$n$——污染物种类；

$AR^X$——技术使用后单位产品污染物减排量产生的效益；

$AF$——技术使用后单位产品能耗减排量产生的效益。

## 6.3　减污降碳协同技术清单及典型案例

从国家相关部委发布的《国家重点节能低碳技术推广目录（2017 年本，节能部分)》《国家鼓励的工业节水工艺、技术和装备目录（2023 年)》《印染行业绿色低碳发展技术指南（2024 版)》和中国印染行业协会发布的十七批《中国印染行业节能减排先进技术推荐目录》中的技术进行筛选，初步筛选出 134 项减污降碳技术。

为使推出的技术具有典型性，按照印染行业减污降碳协同增效评价方法，并遵循“同类技术进行汇总、减污比例和降碳比例采取中间值、经济效益增加”原则对初选的 134 项技术进一步评估和筛选，最终筛选出 40 项技术形成印染行业减污降碳协同增效技术清单，见表 6-1。

结论分析：通过减污降碳协同评价方法得出，活性染料少盐染色、平幅连续热熔轧染联合机、基于 MVR 碱回收系统智建印染车间碱回收平衡和余热回收双平衡的污染物减排速度低于碳减排速度。

节能双层织物退煮漂联合机、小浴比低能耗间歇式染色机、涤棉织物分散/活性一浴两步法热熔染色专用分散染料、节能低温皂洗剂、化纤机织物连续平幅前处理、针织物连续平幅前处理机、节能双层布铗拉幅丝光联合机、超声波除油水洗、高固色率活性染料印染、数码喷墨印花、织物印花后高温低张力水洗机、高效节能仿蜡染印花布后整理技术、节能梭织布退浆机、数码印花在线上浆的污染物和碳减排速度相当。

染整同浴织物柔软剂、棉针织物短流程生物前处理技术、印染废水处理在线监测系统、丝光机淡碱浓度智能化控制技术、锦棉一浴法染色技术、涤纶织物少水连续轧染、化纤织物低温除油剂、超临界二氧化碳染色、染缸集控系统、分散染料染色残液循环使用、高浓印染废水双循环（DC）厌氧反应器处理技术、节能连续绳状水洗机、水性环保乳胶墨水、节能梭织布丝光机、超细涤纶与天丝混纺织物中深色一浴法低碳染色、高效节能数字化退煮漂联合机、高质低耗仿蜡印印花关键技术、大容量低张力无皱条节能快速蒸箱、厌氧氨氧化除氮技术、分散染料碱性染色技术、数码喷染技术、棉针织物节能减污印染加工关键技术与装备、泡沫整理的污染物减排速度高于碳减排速度。

**表 6-1 印染行业减污降碳协同增效技术清单**

| 工序 | 工艺技术名称 | 减污比例（%） | 降碳比例（%） | 投资成本 | 经济效益 | 协同性 |
|---|---|---|---|---|---|---|
| 前处理 | 化纤织物低温除油剂 | 与传统高温除油剂相比，节水减排 25% | 节约蒸汽 5%~15% | 只需更换助剂，助剂 150 元/吨 | 约增加效益 320 元/吨化纤针织物 | 2.50 |
| | 化纤机织物连续平幅前处理 | 与传统机缸退浆精练工艺相比，节水减排 30%，节省液碱用量 62.5% | 节能 30% | 设备投资费用 340 万元，投资回收期为 2~3 年 | 约增加效益 12.23 元/百米织物 | 1.00 |
| | 针织物连续平幅前处理机 | 较传统间歇式针织物前处理节水减排 50% | 节能 50% | 设备投资费用入 795 万元，投资回收期为 2 年 | 约增加效益 450~1000 元/吨针织物 | 1.00 |
| | 节能梭织布退浆机、丝光机 | 节能退浆机较同类型设备相比可节省水 34%~40% | 节能退浆机较同类型设备相比节省蒸汽 35%~40% | 设备投资费用入 676 万元，投资回收期为 3 年 | 约增加效益 3.3 元/百米织物 | 0.97 |
| | | 节能丝光机较同类型设备相比可省水 25%~40% | 节能丝光机较同类型设备相比节省蒸汽 19%~23% | 设备投资费用入 809 万元，投资回收期为 4 年 | 约增加效益 2.8 元/百米织物 | 1.57 |
| | 高效节能、数字化退煮漂联合机 | 与传统退煮漂联合机相比，节水 60%，节省染化料助剂 30%~40% | 节约蒸汽 40% | 设备投资费用入 400 万元，投资回收期为 3 年 | 约增加效益 6 元/百米织物 | 1.50 |
| | 节能双层织物退煮漂联合机 | 与老式单层退煮漂机相比可以节水 75%以上，节省染化料助剂 35%~45% | 节约蒸汽 65%以上 | 设备投资费用入 380 万元，投资回收期为 2~3 年 | 约增加效益 10 元/百米织物 | 1.15 |

续表

| 工序 | 工艺技术名称 | 减污比例（%） | 降碳比例（%） | 投资成本 | 经济效益 | 协同性 |
|---|---|---|---|---|---|---|
| 前处理 | 节能双层布铗拉幅丝光联合机 | 与老式低速单层丝光机相比可以节水 66%以上，节省碱液 45%~50% | 节约蒸汽 60%以上 | 设备投资费用入 430 万元，投资回收期为 2~3 年 | 约增加效益 9.2 元/百米织物 | 1.00 |
|  | 节能连续绳状水洗机 | 相比传统绳状、溢流工艺节水减排 60%左右，节约助剂 30%左右 | 节能降碳约 30% | 设备投资费用入 125 万元，投资回收期为 2 年 | 约增加效益 200 元/吨织物 | 2.00 |
|  | 超声波除油水洗 | 与传统除油水洗机对比，每吨织物节水减排 50%左右 | 节能降碳约 50% | 设备投资费用入 100 万元，投资回收期为 1 年 | 约增加效益 523 元/吨织物 | 1.00 |
|  | 棉针织物短流程生物前处理技术 | 与传统工艺比较，节水减排约 60% | 节电约 36% | 设备无须改动，仅将原有工艺及助剂加以改变 | 约增加效益 350~500 元/吨织物 | 12.00 |
|  | 基于 MVR 碱回收系统智建印染车间碱回收平衡和余热回收双平衡 | 整个工艺流程节水减排 5% | 节能 45% | 设备投资费用入 520 万元，投资回收期为 3~4 个月 | 约增加效益 34 元/百米织物 | 0.11 |
| 染色 | 锦棉一浴法染色技术 | 与两浴法染色工艺相比，节水减排 46% | 节能降碳 13% | 设备无须改动，仅将原有工艺染料加以改变 | 约增加效益 670 元/吨织物 | 3.54 |
|  | 活性染料少盐染色 | 与常规轧染工艺相比，减少无机盐促染，降低 COD 排放，减少废水排放量 10% | 节能降碳约 20% | 在现有轧烘轧蒸设备基础上改造，无须大量投资。打底机将织物含潮率烘干到 35% | 约增加效益 15 元/百米织物 | 0.50 |

续表

| 工序 | 工艺技术名称 | 减污比例（%） | 降碳比例（%） | 投资成本 | 经济效益 | 协同性 |
|---|---|---|---|---|---|---|
| 染色 | 高固色率活性染料印染 | 节水减排约 20% | 节能降碳约 20% | 只需更换染料，设备无须改动 | 约增加效益 4 元/百米织物 | 1.00 |
| | 分散染料碱性染色技术 | 与酸性条件染色相比，节水减排 10%~30% | 节能降碳 10%~30% | 无须新设备的投入，只要采用高耐碱分散染料或碱性染色一浴型助剂 | 约增加效益 240 元/吨织物 | 1.33 |
| | 涤纶织物少水连续轧染 | 比传统染色节水减排 80%以上，节约染料和助剂 10%左右 | 节能降碳约 30% | 年产 1512 吨织物染色的设备价格约为 500 万元，投资回收期 1 年 | 约增加效益 1164 元/吨织物 | 2.67 |
| | 超临界二氧化碳染色 | 无须用水，无废水产生 | 节能约 40% | 生产设备为高压系统，价格高，一次性投资大 | 约增加效益 1455 元/吨织物 | 2.50 |
| | 小浴比低能耗间歇式染色机 | 与同类型设备相比节水减排约 50% | 节汽 40% ~ 50%，节电 15%~40% | 设备投资费用人 50 万元，投资回收期为 1 年 | 约增加效益 400 元/吨织物 | 1.11 |
| | 平幅连续热熔轧染联合机 | 与同类型设备相比节水减排约 10% | 节能降碳约 20% | 设备投资费用人 350 万元，投资回收期为 2~3 年 | 约增加效益 13 元/百米织物 | 0.50 |
| | 涤棉织物分散/活性一浴两步法热熔染色专用分散染料 | 相比两浴法，节水减排 20% | 节能降碳约 18% | 需要长车热熔生产线，专用分散染料 | 约增加效益 13 元/百米织物 | 1.11 |
| | 超细涤纶与天丝混纺织物中深色一浴法低碳染色 | 与传统两浴相比，节水减排 35% | 节能降碳约 23% | 无设备投资 | 约增加效益 400 元/吨织物 | 1.52 |

续表

| 工序 | 工艺技术名称 | 减污比例（%） | 降碳比例（%） | 投资成本 | 经济效益 | 协同性 |
| --- | --- | --- | --- | --- | --- | --- |
| 染色 | 棉针织物节能减污印染加工关键技术与装备 | 盐、碱用量分别降低30%～40%、40%～60%，节水减排13% | 节能降碳约10% | 建立活性染料60℃恒温染色生产线，投资回收期为1年 | 约增加效益414元/吨织物 | 1.30 |
|  | 节能低温皂洗剂 | 相比传统工艺，节水减排约22% | 节电约21%，节省蒸汽约21% | 只需更换成低温皂洗剂 | 约增加效益120元/吨纱线 | 1.10 |
|  | 染整同浴织物柔软剂 | 节水减排约35% | 节能降碳约2% | 无设备投资 | 约增加效益400元/吨织物 | 17.50 |
| 印花 | 数码喷墨印花 | 比传统印花，数码喷墨印花单位产品水耗降低5%～10% | 节能降碳5%～10% | 高速数码喷墨印花机采购成本1500万元/台，投资回收期3～4年 | 约增加效益5元/百米织物 | 1.00 |
|  | 织物印花后高温低张力水洗机 | 与常规平幅印花后水洗相比节水减排约50% | 节能降碳约50% | 设备投资费用入300万元，投资回收期1～2年 | 约增加效益10元/百米织物 | 1.00 |
|  | 数码印花在线上浆 | 与传统上浆相比，节省浆料及墨水用量，浆料使用量减少10%，减少污染物排放 | 节省烘干能耗和碳排放12%左右 | 上浆机80万元/台，投资回收期1年 | 约增加效益15元/百米织物 | 0.83 |
|  | 数码喷染技术 | 相比传统浸染环节节水60%～95%，节约染料用量 | 节能降碳约60% | 需要购买数码喷染设备 | 约增加效益20元/百米织物 | 1.33 |

续表

| 工序 | 工艺技术名称 | 减污比例（%） | 降碳比例（%） | 投资成本 | 经济效益 | 协同性 |
|---|---|---|---|---|---|---|
| 印花 | 高质低耗仿蜡印印花关键技术 | 与常规活性染料印花相比，达到同样色深，染料用量减少20%、尿素减少50%、用水量减少20%、废水中减少染料排放50%，减少总氮排放50%以上 | 节汽35%，节电38% | 使用尿素替代助剂和仿蜡印印花复合手感调节剂，研制高速双层双幅丝光机 | 约增加效益15元/百米织物 | 1.43 |
|  | 大容量低张力无皱条节能快速蒸箱 | 与传统工艺相比，节水30%，并降低废水COD | 可以节约蒸汽25% | 设备投入400万元，投资回收期2~3年 | 约增加效益3元/百米织物 | 1.20 |
|  | 水性环保乳胶墨水 | 比传统印花，节水减排100% | 节能降碳50%~70% | 仅需要网络、计算机、数码印花机，不再需要涂布机、烘干机等前后处理设备 | 约增加效益15元/百米织物 | 1.67 |
| 后整理 | 高效节能仿蜡染印花布后整理技术 | 水洗环节节水减排50% | 节能降碳约50% | 需对原有设备进行改造 | 约增加效益7元/百米织物 | 1.00 |
|  | 泡沫整理 | 相比浸轧工艺，用水量降低50%左右，染化料和助剂用量降低30%左右 | 在烘燥环节可节能降碳约40% | 投资额500万元，投资回收期2~3年 | 约增加效益3元/百米织物 | 1.25 |
| 污染物处理与资源综合利用 | 厌氧氨氧化除氮技术 | 氨氮脱除率大于85%，产生污泥量少 | 与常规硝化反硝化工艺相比，节省60%以上的曝气能耗 | 投资成本为1.8万~2万元/吨水 | 废水处理成本减少37元/吨水 | 1.42 |

续表

| 工序 | 工艺技术名称 | 减污比例（%） | 降碳比例（%） | 投资成本 | 经济效益 | 协同性 |
|---|---|---|---|---|---|---|
| 污染物处理与资源综合利用 | 分散染料染色残液循环使用 | 节水减排90%，节约印染助剂用量30% | 节汽约40%，节电约60% | 无设备投资，仅需工艺改造 | 约增加效益22元/百米织物 | 2.25 |
| | 高浓印染废水双循环（DC）厌氧反应器处理技术 | 污泥产生量减少45% | 曝气能耗降低20%~25% | 投入330万元，投资回收期2~3年 | 废水处理成本减少2.5元/吨水 | 2.05 |
| 数字化、信息化 | 印染废水处理在线监测系统 | 节省混凝沉淀化学药剂添加量30%以上 | 减少生物曝气能耗和碳排放5% | 投入500万元，回收期3~5年 | 废水处理成本减少1元/吨水 | 10.00 |
| | 染缸集控系统 | 节水减排5%~30% | 节电5%~25%，节汽5%~15% | 需要安装染缸集控系统 | 约增加效益20~120元/吨织物 | 2.50 |
| | 丝光机淡碱浓度智能化控制技术 | 每台丝光机节水减排20%~30% | 节汽约5% | 投资约3万元 | 约增加效益1元/百米织物 | 5.00 |

这些技术可以实现减污降碳协同增效作用，已经成熟的技术应加快推广，属于前沿攻关的技术应加快研发。

### 6.3.1 前处理减污降碳协同增效技术及典型案例

#### 6.3.1.1 化纤织物低温除油剂

技术内容：化纤织物低温除油剂具有膨化、萃取、乳化、防破乳等功能，在中性下60℃低温进行除油，除油后不需中和，节约水、电与蒸汽。

发展现状：主要适用于涤纶、涤氨纶、锦纶及锦氨纶针织物的除油加工，印染企业无须更换设备。目前在广东地区的化纤针织厂应用比较广，还需推广到其他地区。

减污降碳效果：前处理除油每加工1吨化纤针织物，节水约100元、节电约50元、节蒸汽约250元。

经济效益及典型案例：按前处理除油加工产量300吨/月，广东某印染企业使用中性与低温除油工艺后，减少水费0.6万元/月、电费1.5万元/月、蒸汽费用7.5万元/月，增加了助剂费用4.5万元/月，综合经济效益增加5.1万元/月。

#### 6.3.1.2 化纤机织物连续平幅前处理

技术内容：选用高效稳定的退浆助剂体系和精确的碱浓度在线监控系统，采取连续化加工替代传统间歇式方式，可避免织物机械擦伤产生折皱印。但工艺控制比间歇式加工要求高，对浆料重、密度高的织物处理效果不佳。

发展现状：主要适用于化纤及其混纺机织物的前处理。该技术已经在盛虹集团有限公司规模生产，采用化纤机织物连续平幅前处理的高密化纤类面料主要供给国内外服装品牌和国内贸易商。

减污降碳效果：相比传统间歇式前处理工艺，生产效率高，节水、节能降碳30%左右，节省液碱用量62.5%，COD排放量减少37.43%。

经济效益及典型案例：苏州某印染企业使用化纤机织物连续平幅前处理与现有浸渍式机缸热碱前处理方式相比，可节水0.31元/百米、电2.55元/百米、蒸汽4.629元/百米，节约液碱用量0.948元/百米，每生产100m织物减少废水处理费3.79元（按基础废水收费5.3元/吨）。按照1.9亿米/年的产量计算，每年可节约水费59万元、电费484.5万元、蒸汽费用879.51万元、液碱费用180.12万元、废水排污费715.98万元，预计共可节约2319.08万元。

#### 6.3.1.3 针织物连续平幅前处理机（除油机、预缩精练机、丝光机、煮漂机、水洗机）

技术内容：使用扩幅盘使针织物两边展开防止卷边，通过控制织物张力、碱液浓度、带液率等工艺参数，采用平幅均匀轧碱工艺，结合高效水洗，实现连续高效针织物平幅前处理。该技术对工艺控制要求高于间歇式前处理。

发展现状：该技术适合较大批量的棉及其混纺针织物的连续平幅前处理，可提高生产效率，降低劳动强度，避免机械擦伤和绳状加工产生的折皱印，有效控制织物缩水率，减少织物表面毛羽，目前已经在一些印染企业应用。

减污降碳效果：较传统间歇式针织物前处理节水减排、节能降碳50%左右。

经济效益及典型案例：针织物去油、预缩精练机用水由30吨水/吨布减少到10吨水/吨织物，蒸汽由2.3吨/吨织物减少到1.15吨/吨织物，节约成本42%左右。

针织物平幅水洗机应用投入为795万元，某印染企业每年使用该技术生产4500吨产品，减少水费50.4万元、蒸汽费用217.4万元、电费55万元、助剂费用55.3万元、废水处理费72万元，合计减少450.1万元，回收期为2年。

#### 6.3.1.4　节能梭织布退浆机、丝光机

技术内容：采用独特的设计单元结构，以保证最佳的退浆、丝光效果。低液位、高交换率，有效提高布面清洗效果，箱体为蛇型回流水洗设计，逆流补水。采用德国进口马达及变频器，整机变频控制，降低耗电。独特的间接板加热板设计，底部大面积均匀加热。采用虹吸管原理，保证烘筒内只存有很少量的水，使得蒸汽得到充分的利用。

发展现状：该设备适合纯棉、涤棉、人棉、麻等混纺梭织物。高乐丝光机加工出来的品种因为张力低，自动加料均匀一致，重现性高，织物手感得到较大改善，已经在鲁泰纺织股份有限公司、鲁丰织染有限公司等行业优秀企业中应用。

减污降碳效果：节能退浆机较同类型设备相比可节水34%~40%、蒸汽35%~40%。节能丝光机较同类型设备相比可节水25%~40%、蒸汽19%~23%。

经济效益及典型案例：山东某印染企业使用节能退浆机，按每月320万米的产量，每月可节约1728吨水、465吨蒸汽，按自来水加废水处理费用12元/吨、蒸汽180元/吨计算，每月可节约水费20736元、蒸汽费用83700元。

山东某印染企业使用节能丝光机按每月300万米的产量，每月可节约2634吨水、296吨蒸汽，按自来水加废水处理费用12元/吨、蒸汽180元/吨计算，每月可节约水费31608元、蒸汽费用53280元。

#### 6.3.1.5　高效节能、数字化退煮漂联合机

技术内容：高效节能、环保型退煮漂联合机采用印染机械计算机数字自动化控制、生产工艺参数在线检测与自动化控制，根据不同品种的生产工艺，实行全机水、蒸汽总流量控制。采用高效节能保温蒸洗箱、高效节能保温轧车和高效节能同进同出复合蒸箱，提高了水、蒸汽的生产利用率，降低生产成本。同时，采用多种合理措施减少热量损失，并配备多种回收装置，废水排放温度降低到

25℃，实现能源综合利用。高效节能、环保型退煮漂联合机以节能降耗与环保优先为基本设计理念，在现场总线控制系统的基础上形成节能、环保、高速高效的生产联合机组。

发展现状：该设备主要用于去除原布上含有的浆料、油剂、沾染的污物、果胶等杂质，提高织物的色泽白度和吸水性（毛效），增加织物的服用性能，确保染整加工顺利进行。近几年市场推广较好，尤其绍兴地区印染企业使用比较多。

减污降碳效果：高效节能、环保型退煮漂联合机与传统退煮漂联合机相比，可节约蒸汽 40%、水 60%，节省染化料助剂 30%~40%。

经济效益及典型案例：某印染企业使用该设备一次性投资 400 万元，从长期生产效益分析，前处理退煮漂工序的加工成本平均为 0.20 元/米，净利润按 0.08 元/米计算，一年可净增利润 86.4 万元。

#### 6.3.1.6 节能双层织物退煮漂联合机

技术内容：根据影响织物退浆、煮练、漂白效果的主要工艺参数，运用机电一体化的设计思路，应用先进的 PLC 智能控制系统及数据通信技术，采用高精度的电器元件，完成连续退煮漂工序。

发展现状：该设备适用于纯棉、涤棉、麻棉、弹力氨纶、灯芯绒及混纺织物的平幅连续式退浆、煮练、漂白。目前已在一些企业应用，例如华纺股份、愉悦家纺、青岛凤凰。

减污降碳效果：节能双层织物退煮漂联合机与老式单层退煮漂机相比，可节水 75%、蒸汽 75%，节省染化料助剂 35%~45%。

经济效益及典型案例：山东某印染企业投资 380 万元，运行 2 年，按机械幅宽 3.2 米计算，与原有退煮漂机相比，万米布耗水仅为 15 吨，工艺耗电仅为 100kW·h。仅节水、节汽每月可节省资金 27 万元，节省废水处理费用每月约 4 万元。

#### 6.3.1.7 节能双层布铗拉幅丝光联合机

技术内容：节能双层布铗拉幅丝光联合机主要设计有浸浓碱前的淡碱置换配置，浓碱浸渍槽及碱浓度在线自动控制系统，反应充分均匀而有效的绷布透风膨化区，智能化的双层布铗拉幅区，温度自控的梯度水洗喷淋直辊去碱区，封闭式双层穿布保温水洗机组使整机封闭保温连接逆流供水。根据织物品种、工艺及用户的需求等丝光机的结构组成也有所不同。该机机身较短，传动简单，操作方便，张力自动控制。碱液置换槽及高效轧车的应用，既节约了退煮漂蒸汽能源，又确保了丝光工艺稳定的条件，减少了印染前处理废水中的 *COD* 值，解决了后续废水处理难、费用高的问题，降低了企业生产成本。

发展现状：该设备适用于纯棉、涤棉、麻棉、弹力氨纶、灯芯绒及混纺织物丝光工艺，织物光泽、毛效、幅宽尺寸、稳定性、平整度、手感达到要求。目前在山东的一些印染企业中得到应用。

减污降碳效果：节能双层布铗拉幅丝光联合机与老式低速单层丝光机相比，可节水 66%、蒸汽 60%，节省碱液 45%~50%。

经济效益及典型案例：山东某印染企业运行 3 年多，设备投资 430 万元，企业原万米布耗水 18 吨、蒸汽 6 吨，节能双层布铗拉幅丝光联合机万米布耗水 6 吨以下、耗蒸汽 2 吨，跟企业原有丝光机相比，仅节水、节汽每月可节省资金 38.5 万多元，废水处理费用每月节省 5.7 万多元。

#### 6.3.1.8　节能连续绳状水洗机

技术内容：采用大水量冲击、全封闭、紧凑的并列水槽结构、浸泡+喷嘴的组合、动态过滤箱，结合循环使用生产用水，实现织物的连续化绳状水洗。

发展现状：主要用于印染布匹的前后清洗，达到去污、去杂的效果。适用于棉、化纤及其混纺织物的水洗环节。目前已大批量使用。

减污降碳效果：相比传统绳状、溢流工艺节能降碳 30%、节水减排 60%，节约助剂 30%。

经济效益及典型案例：连续绳状水洗机每吨产品可节水 12.5 吨、蒸汽 0.4 吨、电 45kW·h，比传统设备可节约人工 1~2 人。广东某印染企业使用节能连续绳状水洗机后，原皂洗工艺吨布用水 33 吨、现用水 8 吨，吨布节水 25 吨；原吨布用汽 0.6 吨、现用汽 0.4 吨，吨布节约蒸汽 0.2 吨。该设备比传统设备节约人工 1 人，企业年增加经济效益 45 万元。

#### 6.3.1.9　超声波除油水洗

技术内容：在水洗槽底侧安装超声波发生器，利用超声波发生器产生的“空化效应”，对浸在水介质中织物上的杂质、油渍进行物理除油。该技术对印花糊料、未上染的染料等附着物也具有一定的去除效果。

发展现状：用于化纤织物前处理除油及染色、印花的水洗环节。目前浙江、广东等 40 多家印染企业在用，主要用于化纤织物的除油，可节水、蒸汽和少用助剂。锦纶含量高的织物效果较好，高密、氨纶含量多的织物效果不佳。

减污降碳效果：与传统除油水洗机相比，不需要或者少添加除油助剂便可获得相同除油效果，减少污染物排放，每吨织物节水减排、节能降碳 50%左右。

经济效益及典型案例：与行业内常用的高乐高效除油机对比，水、电、汽的单耗均降低，且超声波除油机在通常情况下可以不加除油助剂，节省染辅料成本。广东某印染企业使用超声波除油水洗生产线，每吨布节约动力和染辅料成本约 520 元，2020 年染色布产量约 4052 吨，其中 30%的产量用超声波除油机来生产计，即 1216 吨产量，可以节省费用 63.2 万元。2021 年染色布产量约 5795 吨，其中30%的产量用超声波除油机来生产计，即1739吨产量，可以节省费用90.4万元。

**6.3.1.10 棉针织物短流程生物前处理技术**

技术内容：将除氧酶与纤维素抛光酶复合，开发了棉针织布除氧—抛光—染色一浴新工艺，抛光与除氧同步进行，抛光后无须水洗直接染色、减少用水量，布面损伤小，手感好，工艺流程缩短，用工时间减少。针织布煮练—抛光—染色一浴新工艺，煮练与抛光同时进行，并在低温下进行，减少蒸汽使用量，煮练抛光后无须水洗可直接正常染色、布面效果好，手感柔软，工艺流程短，用工时间减少，节省能源。同时，生物酶的加入避免了大量烧碱的使用，实现低碱量排放。

发展现状：用于棉针织物的前处理，已在浙江、上海、广东、山东、河北等地推广。

减污降碳效果：与传统工艺比较，该工艺缩短了工艺时间，提高了工作效率，节水60%、节电36%，并节约时间与用碱量。

经济效益及典型案例：该技术采用企业原有设备、无须改动，仅将原有工艺及助剂加以改变，以500kg染缸为例，相比传统工艺，棉针织布除氧—抛光—染色一浴新工艺，染色时间由275min下降到175min，耗水量由50t下降到15t，耗电量由114.58kW·h下降到72.92kW·h。针织布煮练—抛光—染色一浴新工艺，染色时间由535min下降到335min，耗水量由70t下降到25t，耗电量由222.92kW·h下降到139.58kW·h。

**6.3.1.11 基于MVR碱回收系统智建印染车间碱回收平衡和余热回收双平衡**

技术内容：淘汰能源转换效率低的三效蒸发器，采用MVR蒸发器，针对棉印染丝光淡碱回收浓缩再回用构建碱液使用平衡，基于蒸发器能源转换效率提升，减少了低品位热水量的产生，以点带面，扩展回收废水余热和废气余热，建立车间余热回收平衡系统。

发展现状：适用于棉印染丝光淡碱回收和余热回收的生产工艺，该技术符合当前减污降碳协同增效政策，具有很好的推广前景。

减污降碳效果：节水方面，原三效碱回收系统产水的高温冷凝水pH值高于10，无法再次利用，作为废水排放。采用MVR碱回收实现冷凝水pH值低于8，属于高温高品质回纯水回收再利用，每天可增加回收再利用量100吨，年节约新鲜取水3.5万吨，减排3.5万吨。

节汽方面，MVR碱回收系统较三效蒸发器将低品质余热再压缩提压增温循环使用，和三效蒸发器相比，蒸汽用量由3.5t/h降低到0.2t/h，按照一年6000h运行，每年可节约1.98万吨蒸汽。

余热回收节汽方面，基于MVR碱回收系统构建的余热综合回收，可从废水和废气中提取2300吨/天热水，使生产洗涤用水整体温升40℃，折合新鲜蒸汽132吨/天，年节约蒸汽4.6万吨。

综合来看，双平衡系统综合可实现蒸汽节约6.58万吨/年（5500万米），用水3.5万吨（5500万米），减排3.5万吨废水。废水温度夏季由50℃可降低至40℃以下的菌种耐受温度，为生化系统的稳定运行起到了关键作用。

经济效益及典型案例：江苏某印染企业MVR碱回收投资400万元、废水余热回收投资120万元。全年节约新鲜蒸汽6.6万吨（5500万米），单价280元/吨，总效益回收1848万元；水资源回收3.5万吨（5500万米），单价8元/吨，效益回收28万元。综合效益1876万元，投资回报周期3~4个月。

### 6.3.2 染色减污降碳协同增效技术及典型案例

#### 6.3.2.1 锦/棉一浴法染色技术

技术内容：通过采用多活性基活性染料与酸性染料同浴，对锦棉交织物进行一浴法染色，将二浴法工艺优化至一浴法工艺，达到省时、节水、减排的目的，提高染色效率，使染色综合成本大幅降低。

发展现状：锦/棉一浴两步法目前在罗马布上应用比较多，在浙江多家印染企业已应用推广，但整个行业推广比例还需继续扩大。

减污降碳效果：锦/棉一浴法染色工艺相比两浴法染色工艺，每缸布的染色时间节省2小时，节水20吨/每吨布、节电110kW·h/每吨布、节蒸汽0.25吨/每吨布。

经济效益及典型案例：不需要新增加或技改原有染色设备，只是将原用二浴法染色的活性染料替换为龙盛活性CTA系列染料。浙江某印染企业使用锦棉一浴法染色工艺，相比二浴法工艺一浴法工艺操作简单，在成本上具有明显优势，不仅各项能耗指标有明显降低，而且生产效率得到了有效提升。该企业规模30吨/日，节省染色成本13394.2元/日（水、电、汽）。

#### 6.3.2.2 活性染料少盐染色

技术内容：

（1）活性染料无盐轧蒸连续染色通过筛选染料及使用新型活性染料固色碱剂，将染液施加方式由传统的染料和碱剂分开施加，优化为染料和碱剂同时施加，将常规的轧烘轧蒸工艺缩短为轧蒸工艺。

（2）活性染料“潮固色”染色是将织物一步法浸轧仅含染料和固色碱剂的染色工作液后，经过红外线或/和低温热风预烘，将织物含潮率控制在15%~30%之间，打卷密封堆置固色，完成活性染料染色过程，该染色工艺具有不需要无机盐促染等优势。

(3) 纤维素纤维类梭织物浸渍了由 Contidos 计量系统按 4∶1 配送的染液后，通过均匀轧辊 S-roll 而均匀带液，影响轧余率和上染率的上染温度、张力和车速等因素同时受到精准控制。产品颜色切换时快速清洗系统可按需对机器进行多轮次的喷淋、清洗和吹干。

(4) 针织物浸渍了染料和碱剂按 4∶1 调制的染液后通过均匀轧辊均匀带液，经打卷和低温堆置所需工艺时间后，通过平幅皂洗机完成整个染色过程。

发展现状：技术内容中 (1) (2) (3) 适用于棉机织物轧染，(4) 适用于棉、麻、人棉、莫代尔、天丝等纤维素纤维针织物。活性染料少盐染色技术已经在一些优秀印染企业实现了产业化应用，如华纺股份、愉悦家纺、河北宁纺、盛虹集团等，但整个行业的推广应用比例还不高，需要进一步推广。

减污降碳效果：技术内容中 (1) 与常规轧染工艺相比，减少无机盐促染，降低 COD 排放，减少废水排放量 40%，节能降碳 30%左右。(2) 与连续轧染相比，在获得相同染色深度情况下，万米织物减少无机盐使用量 300~500kg。(3) 与常规轧烘轧蒸染色工艺和冷轧堆染色工艺相比，可节约染料 5%~20%、节水 10%、节能 20%。(4) 与常规浸染相比，耗水量降低 70%；计入染色前烘干，耗汽量降低 40%、耗电量降低 50%；每吨布节省 400kg 盐，废水处理成本大幅降低。

经济效益及典型案例：

(1) 山东某印染企业已建立 1 条示范生产线，运行稳定、正常。自 2014—2016 年累计生产各种染色织物 2000 万米，且一等品率达到 96%以上。截止到 2016 年底，新增销售额 62075 万元、利润 7161.8 万元、税收 3068.2 万元。同时，节约了活性染料染色过程的能源和化学品消耗，大幅减少了盐排放，环保和经济效益明显。

(2) 河北某印染企业使用活性染料“潮固色”染色关键技术，该技术用于与纯棉染色生产线的染色工艺，生产线运营正常，产品质量稳定，2016—2020 年已累计实现新增产值 24985 万元、利税 3520 万元。

(3) 浙江某印染企业采用贝宁格梭织物活性染料无盐冷染关键技术和设备处理纤维素纤维产品，与常规的机缸浸染和连续轧烘轧蒸染色相比节能减排效果明显。由于贝宁格冷染机能对生产过程中的工艺参数自动精准控制，工艺重现性好，使产品“一次准”率达 95%以上，质量稳定可靠。而且标配的快速清洗系统让用户能灵活地适应大单或小单的需求。

(4) 浙江某印染企业采用贝宁格针织物活性染料冷轧堆无盐染色技术处理纤维素纤维产品，与常规的机缸浸染相比节能减排效果明显。由于生产过程中工艺参数自动控制，工艺重现性好，产品质量稳定。

#### 6.3.2.3 高固色率活性染料印染

技术内容：通过改进染料发色体、调控染料分子结构中活性基团的数量和空间位置分布，并采用优化复配技术得到高固色率活性染料。采用高固色率活性染料进行染色和印花，可提高染料与纤维素纤维的反应性，进一步提升活性染料固色率。

发展现状：适用于纤维素纤维制品染色及印花工艺。染色（印花）后，织物的皂洗牢度指标提高0.5~1级，但红色、橙色系列染料沾色牢度下降1级。

减污降碳效果：活性染料固色率提高到85%以上，减少水洗次数与时间，节水减排、节能降碳20%左右。

经济效益及典型案例：新结构的活性染料固色率提高到85%以上，浮色染料减少15%，降低了水洗压力；水、电、蒸汽综合能耗下降20%左右。以一个中型印染厂为例（蒸汽消耗10000吨/月、水耗30000吨/月、电耗2334900kW·h/月），采用高固色率染料，每月可降低成本40万元，全年可降低成本约480万元，经济效益十分显著；同时废水色度及COD大幅度降低，社会效益明显。

#### 6.3.2.4 分散染料碱性染色技术

技术内容：通过采用耐碱性分散染料或碱性染色一浴型助剂，实现分散染料碱性染色。耐碱性（pH值为7~13）分散染料含有对碱不敏感的基团，主要是单偶氮结构上联结耐碱基团，可在碱性浴中对涤纶织物染色。并可避免因前处理或碱减量后水洗不充分，经酸性条件染色后出现染色重现性差、色光不准等问题。

发展现状：高耐碱分散染料的出现为涤纶及其混纺织物的短流程工艺开发提供了前提和可能，包括涤/棉混纺织物的活性、分散同浴染色，涤棉混纺织物练漂染一浴，涤纶织物碱减量或开纤与染色同浴，涤粘混纺机织物退浆染涤一浴等。高耐碱分散染料具有广阔的应用前景，但目前其发展仍然存在一定的局限性，主要体现在品种较少、色谱不全、牢度欠佳、生产成本高等，许多耐碱性分散染料的重现性也较差，另外在助剂方面也多依赖于进口，因此亟须开发并丰富牢度优良、得色率高、重现性好的高耐碱分散染料品种以及对应适配的助剂。

减污降碳效果：与酸性条件染色相比，染色成本降低约15%，染色时间减少20%~40%，节水减排10%~30%，节能降碳10%~30%。

经济效益及典型案例：无须新设备的投入，只要采用高耐碱分散染料或碱性染色一浴型助剂。绍兴某印染企业，新工艺比老工艺助剂及工艺成本每缸可以节约208.5元/缸，成本降低48%。

#### 6.3.2.5 涤纶织物少水连续轧染

技术内容：基于分散染料热熔染色原理，通过分散染料超细化加工，提高分散染料向纤维无定形区的扩散和固着效率。由于大部分分散染料通过升华进入纤维无定形区，残留在纤维表面的染料少，除色牢度要求非常高的织物需水洗外，一般不需要水洗处理，从而达到节水的目的。

发展现状：国内一些企业、院校对免还原清洗分散染料连续轧染染色技术工艺及涉及的基础科学问题展开了研究，一些企业也开发了免还原清洗分散染料连续轧染设备，另外，国内部分企业已经开始采用该技术对厚重织物进行了免还原清洗分散染料连续轧染染色，开发了系列产品，产品基本上满足市场需求，为该项目研究开发提供了良好的研究基础。目前该技术有一定的局限性，目前主要用于绒类织物，梭织类的广告布、窗帘、箱包布、衬布、口袋布、里子布、工装布等产品，手感偏硬，针织物产品会失去部分原有风格。还存在真空（负压）技术的带液量不稳定难以控制、纤维辊压轧技术的纤维棍难以清洗问题。

减污降碳效果：染色环节由于无须水洗或少水洗，比传统染色节水减排 80%以上，节能降碳 30%左右，节约染料和助剂 10%左右，节约运行成本 15%。

经济效益及典型案例：广东某设备企业项目投资 1000 万元，从 2020 年 3 月开始建设，2021 年 3 月正式投产，已经完成了两条生产线的建设，可年产 3000 吨涤纶少水连续染色织物，染色成本年节约 300 万~450 万元。江苏某印染企业已建成了 6 条涤纶织物少水连续轧染产业化生产线，该技术通过“以蒸代洗”去除涤纶织物表面的无效和有害物质，省却了前后道水洗过程，与缸染相比，节水减排 91%、节能 46%。

#### 6.3.2.6 超临界二氧化碳染色（前沿技术）

技术内容：超临界二氧化碳流体是指温度和压力处于二氧化碳临界点以上的一种区别于其气态和液态的流体状态。超临界流体既有与液体相近的密度和对物质优良的溶解能力，能够溶解染料，又兼具有与气体相当的高渗透力和低黏度，将染料分子迅速、均匀地扩散到纤维中。超临界状态下二氧化碳使纤维迅速溶胀，促使染料易于上染纤维，能大大缩短染色时间。

发展现状：目前超临界二氧化碳染色还处于研发和产业化验证阶段，大规模推广应用尚需解决几个问题：一是生产设备为高压系统，价格高，一次性投资大；二是技术的基础研究和产业化验证还需要进一步加强；三是相关技术和装备需要进一步完善；四是适用的染料品种少，有关染色工艺有待进一步研究和优化；五是面料染色的研发工作需要加快，对天然纤维染色效果不理想；六是该技术的能耗情况需要进一步验证。

减污降碳效果：无须用水，无废水产生。聚酯纤维筒子纱染色后无须烘干，缩短工艺流程，节省能源。

经济效益及典型案例：山东某印染企业建成超临界二氧化碳流体染色示范生

产线，年产能可达 1000t，染色时间可从传统水染 8～12h 缩短至 2～4h，聚酯纤维筒子纱染色后无须烘干和水洗，节能降碳。

**6.3.2.7　小浴比低能耗间歇式染色机**

技术内容：小浴比低能耗间歇式染色浴比可以降到 1∶4～6。根据染料对纤维的上染规律，采用先进的染色程序控制，可充分保证织物的匀染性和工艺的重现性；并且在保证匀染性的条件下，可有效控制各项能耗。其中，气液染色主要采用气液分离技术，结合气流染色和溢流喷射染色的优点，气液染色不仅节省用水和蒸汽，还解决了一些喷射染色机存在的问题，如织物的折痕、敏感色的匀染性等。

发展现状：目前小浴比低能耗间歇式染色在行业内的推广效果很好，推广率约 30%。

减污降碳效果：与同类型设备相比节水 50%、节汽 40%～50%、节电 15%～40%。

经济效益及典型案例：广东某印染企业使用 6 台高温气液染色机、6 台常温气液染色机，该项目先后共投资 530 多万元，日产 15 吨布。与传统溢喷染色机相比较，平均每吨布节约水、汽等成本约 1900 多元，日节约成本 28000 多元，每年可节约成本超过 800 多万元，年减少排污 27 万吨以上。

**6.3.2.8　平幅连续热熔轧染联合机**

技术内容：平幅连续热熔轧染联合机进布设计采用布车和卷装两用方式，配有 J 型箱，可实现不停车换卷，减少次布产生。采用油压形式轧辊浸轧染料，轧料均匀，染槽配有液位控制。红外烘干采用电或天然气加热，有效防止染料泳移。热风烘干采用蒸汽加热和导热油、天然气加热共同组成，满足不同客户需要。烘房内配有湿度检测装置，智能控制加热量。还原蒸箱采用汽封和液封两用，设有温度自动控制和压力检测装置。水洗采用大导辊、低中心距，有效避免皱条产生，水洗采用逐格倒流、分格水洗、蛇形逆流等先进理念，节约用水。采用温度自动控制，节约蒸汽。配有热能回收装置，有效回收废水热能，降低废水处理难度，节能减排环保。水洗轧车采用封闭装置，有效减少蒸汽挥发，保温节能。烘干机配有湿度检测装置，自动控制烘筒进气量，配有静电消除器。全机采用交流变频控制，配有人机界面，可以远程诊断，并配有 ERP 接口，满足智能化生产需要。

发展现状：该设备适用于纯棉、涤棉及其混纺织物，可满足活性染料、还原染料、硫化染料、分散染料连续轧染工艺。目前在长车染色工艺推广比例为 20%～30%，还有较大的推广前景。

减污降碳效果：每万米布节约水 10 吨、蒸汽 5 吨、电 160kW·h。

经济效益及典型案例：本设备一次性投资350万元整，与国内同类产品的平均车速50m/min相比，可提升工艺车速至70m/min，加工效率提高40%以上。从长期生产效益分析，按照每月100万米产量计算，每月节省蒸汽费用10万元、电费1.5万元、水费1万元，全年可节约物料消耗支出150万元，约30个月即可收回投资成本。福建某印染企业使用4台平幅连续热熔轧染联合机，运行18个月，投入产出经济效益600万元。

**6.3.2.9 涤棉织物分散/活性一浴两步法热熔染色专用分散染料**

技术内容：涤棉织物热熔染色，中深色由于牢度因素，通常采用分散/活性两浴两步法工艺，该工艺工序复杂、消耗大、调色难。高牢度分散染料使分散/活性一浴两步法工艺成为可能，同时，中浅色采用分散/活性一浴两步法代替分散/士林一浴两步法工艺，可克服士林染料热敏变色问题。

发展现状：该染料适用于涤棉、涤粘等机织物连续长车轧染，目前具有一定的成熟性。但也存在两点问题：一是牢度较低；二是带氨纶织物，既需要高牢度分散染料，又要求低温热熔（185℃以下），而一般高水洗牢度的分散染料都是高温型的，低温导致发色不完全，浪费较多染料，黑色上色率只有70%左右。

减污降碳效果：分散/活性一浴两步法工艺比分散/活性两浴两步法工艺少五道工序，节水减排20%，节能降碳18%。

经济效益及典型案例：江苏省某印染企业从2013年3月起采用一浴两步法热熔染色工艺生产，1条长车热熔线1年（按每天生产5小时，一年300天计算）可节约直接成本149.9万元。

**6.3.2.10 超细涤纶与天丝混纺织物中深色一浴法低碳染色**

技术内容：通过开发活性、分散染料新结构实现中等深度一浴法染色，解决染色时间过长、天丝织物原纤化等问题，具有能耗低、定形色变小、色光稳定、重现性好等特点。

发展现状：用于天丝/超细涤纶面料，同时也适合涤/棉、涤/莫代尔等混纺织物染色。目前已在浙江、广东等印染企业应用。

减污降碳效果：与传统两浴相比，染色节省5缸水、节约3.5~4h。以一吨天丝/超细涤纶染色织物为例，浴比1∶6计，节约水洗用水30t、节省助剂酸3.0kg、节约用电205kW·h、节省蒸汽0.85$m^3$。

经济效益及典型案例：广东某印染企业2023年上半年，采用超细涤纶与天丝混纺织物中深色一浴法，1吨织物节省水、电、蒸汽费用400元，无设备投资，生产效率提高，牢度满足要求。

**6.3.2.11 棉针织物节能减污印染加工关键技术与装备**

技术内容：提出活性染料60℃恒温染色新方法，阐明染料在水溶液体系中的团聚行为机制，以及各因素与其团聚行为的关系；优化活性染料 60℃恒温染色工艺，重构活性染料染色工艺流程，实现活性染料的高温入染、高均匀染色，针对敏感色、配伍性差的染料和织物染色浅中深要求的不同，针对性地提出了具体工艺流程；开发棉针织物低碱高氧化平幅前处理工艺和设备，实现棉针织物低碱排放平幅前处理。

发展现状：该项目研究成果已经实现了产业化生产，在汕头市鼎泰丰实业有限公司建立了活性染料 60℃恒温染色生产线 9 条。

减污降碳效果：项目系统研究了印染厂热能管理与回收利用，实现对热水的恒温良好控制，充分利用了印染厂产生的废热，定形机中压蒸汽减温预期收益为 56 万元/年，闪蒸汽回收预期收益为 216 万元/年，蒸汽耗用成本降低 300～500 元/吨布，达到节能降耗目的。染色新工艺加料自动控制、操作方便，盐、碱用量分别降低 30%～40%、40%～60%，染料不易水解，染色重现性好，实现了活性染料高温入染、高均匀染色的目标。棉针织物的低碱高氧化前处理工艺技术，降低生产能耗成本和助剂成本约 20%左右。

经济效益及典型案例：广东某印染企业项目实施期 2020 年 9 月至 2022 年 12 月期间，生产面料 23507 吨，实现销售收入超过 2.5 亿元，利税 2560 万元，总投资需 1.5 年回收成本。

#### 6.3.2.12　节能低温皂洗剂

技术内容：基于具有协同作用的一个两性聚合混合物而设计开发的节能低温皂洗剂，对于染料有特殊的亲和性，因而能从底材上捕捉和消除多余的染料和染料水解物。是通用型纤维素纤维织物活性染料染色用皂洗剂，可在 80℃进行活性皂洗，相比传统皂洗剂，能减少皂洗次数、降低皂洗温度，可显著降低水和能源的消耗，缩短工艺时间。

发展现状：已在行业内得到一定的推广。

减污降碳效果：相比传统工艺，用于中深色染色时节水 22%、电 21%、蒸汽 21%，节约时间约 40min。

经济效益及典型案例：安徽某印染企业从 2011 年 5 月开始使用节能低温皂洗剂，每吨纱线可以节省成本 120 元，时间节省 40min。

#### 6.3.2.13　染整同浴织物柔软剂

技术内容：在常规柔软剂分子结构中引入烷氧基团，可与染料、匀染剂、固色剂、增白剂等同浴，可耐强碱、无机盐等。采用染整同浴工艺缩短了工艺流程，提高了劳动生产率，减少了水和能源消耗，降低了废水处理成本和环保压力。适用于全棉织物染色、固色、柔软同浴工艺，能较好满足印染厂对柔软剂各项性能及节水、节能、减排的要求。

发展现状：该技术缩短了染整工序，已经在行业内得到一定的推广，应用效果较好。

减污降碳效果：1t 印染布减少一次染色水洗，能减少耗水量 36.25t，节约用电 145kW·h。

经济效益及典型案例：浙江某纺织印染有限公司年使用量 300 吨，销售收入 6000 万元，利税 1000 万元。

### 6.3.3 印花减污降碳协同增效技术及典型案例

#### 6.3.3.1 数码喷墨印花

技术内容：无须分色、描稿、制版，计算机设计好的花形图案可通过喷头将专用墨水直接喷印到织物上。除涂料墨水外，织物在图案喷印前需上浆处理，喷印后需固色、水洗等。

发展现状：随着数码喷墨印花技术不断发展，数码喷墨印花产量规模逐年增加，占比（占印花面料的比重）由 2015 年的 2.1%提高至 2023 年的 18.2%，提高 16.1%，是印花市场增长最快的领域。

减污降碳效果：工艺简单流程短，印花精度高，能满足多品种、个性化订单需求。与传统印花相比，数码喷墨印花单位产品水耗降低 5%~10%，能耗降低 5%~10%。

经济效益及典型案例：浙江某印染企业自 2020 年 7 月使用单 Pass 超高精度高产能直喷智能数码印花机，与传统印花设备相比，速度快、产能高，印花速度稳定达到每分钟 60m，最高可达到每分钟 80m；采用富士 Samba 喷头，分辨率高达 1200dpi，产品印花质量好、色彩艳丽、色牢度高。产品操作简单、运行成本低。

#### 6.3.3.2 织物印花后高温低张力水洗机

技术内容：采用全程高温水洗、振荡喷淋和低张力设计，增加水与织物的作用时间，机台的清洗能力大幅提高。单台设备生产效率提高一倍以上，水、能源消耗大幅降低。

发展现状：采用低张力设计，适用于机织类、针织类织物。工厂在多品种、小批量条件下，不需要重复投资，即可满足品种变化生产需求。适应性广，具有节能、降耗、提效的效果。

减污降碳效果：与常规平幅印花后水洗相比节水、节能 50%左右。

经济效益及典型案例：2019 年以前，浙江某印染企业印花后水洗工艺采用标准 74 型印花后水洗机，在生产车速 60m/min 下水消耗量 15~17t/h、蒸汽 2.8t/h。2019 年以后新项目采用堆置皂洗工艺和设备，在同样的生产速度下耗水量降低了65%。根据使用厂家统计，单台印花后水洗机年生产时间5000h，每小时节9~10t水、1t蒸汽，年节省水耗50000t（8元/t）、气耗5000t（280元/t），每年实现180万元经济效益。

#### 6.3.3.3 数码印花在线上浆

技术内容：采用圆网印制或均匀喷液上浆技术，对上浆量进行实时监测和控制，实现数码印花织物的在线上浆。应用湿浆印花工艺，可提高印花渗透效果、颜色深度和色彩饱满度，花型层次分明、立体效果突出。

发展现状：用于单通式直喷数码印花上浆环节。该技术目前已经在绍兴市北海印染有限公司、绍兴市大昌祥印染有限公司等一些企业得到很好的应用。

减污降碳效果：与传统上浆相比，节省浆料及墨水用量，降低烘干能耗和碳排放12%左右，生产效率提高8%~15%，得色量提高5%~10%，浆料使用量减少10%，减少污染物排放。

经济效益及典型案例：相较于离线上浆式数码印花机（上浆与印花分步进行），在线上浆式数码印花可省去上浆机/定形机（部分工厂用定形机上浆）一台，设备购入成本80万~180万；省去4名操作人员工资2.24元/百米；省去烘干环节，年节省蒸汽5400吨、电60万千瓦时，节省能源8元/百米；节省浆料成本8元/百米。设计年产量1500万米/台/年，平均加工费3.3元/米，单台设备年产值4950万元。设备按五年折旧平均每年折旧费316万元，达产年年利润达2989.5万元/台。

#### 6.3.3.4 数码喷染技术（前沿技术）

技术内容：利用数码微喷涂喷头将染液以雾化形式喷出，气流风刀将雾化后的染液精确传输到织物，实现织物的定量低给液。该技术代替了传统染色织物需要浸泡在染液中染色的方法。

发展现状：该技术主要依赖数码微喷涂喷头的研发，目前我国在喷头研发方面的技术和人才储备相对不足，增加了研发的复杂性和难度。

减污降碳效果：上染量精确可调，染液换色时间短、换色时染液浪费少。相比传统浸染环节节水60%~95%，节能60%左右，节约染料用量。

#### 6.3.3.5 高质低耗仿蜡印印花关键技术

技术内容：提出了多组分活性染料染色系统染料配伍性定量评价方法、染料溶解性和吸光度预测方法，开发出系列色泽浓艳的红、绿、蓝等仿蜡印印花专用活性染料；开发了尿素替代助剂，采用尿素分色分质使用原则，优化了印制工艺，降低了尿素使用量；创新设计合成核壳结构丙烯酸-聚氨酯共聚物，协效有机硅等柔软剂，开发仿蜡印印花复合手感调节剂和手感调控方法，达到仿蜡印印花特有手感要求；研制了高速双层双幅丝光机等关键设备，建成了高效低耗前处理生产线；构建了具有自学习能力的仿蜡印印花智能工艺数据库，实现了印花工艺的自主制定及自我优化，显著提高了产品的一次准确率和加工品质。

发展现状：技术成熟，可在仿蜡印印花企业进行推广。

减污降碳效果：新型超级仿蜡印印花与常规活性染料印花相比，达到同样色深，减少染料用量 20%、尿素用量 50%、用水量 20%，废水中减少染料排放 50%、总氮排放 50%以上。新型超级仿蜡印印花采用双幅联动高速前处理，设备场地利用率提高 100%，生产效率提高，前处理用水降低 15t/万米，节水 33%、节汽 35%、节电 38%，减少废水排放量 30%以上。自学习工艺数据库建设与使用，生产周期缩短 20%，印花色浆调制一次成功率>97%，产品一次准确率由 90%提升至 96%，一等品率由 91%提升至 95%。

经济效益：山东某印染企业应用该技术生产纯棉布产品，生产线运营正常，产品质量稳定，一等品率 96.5%，2016—2020 年已累计生产 4460 万米印花面料，新增销售额 32105 万元、利润 3575 万元。

#### 6.3.3.6 大容量低张力无皱条节能快速蒸箱

技术内容：穿在导布辊上的布在蒸箱内达到工艺时间、温度、平整度等汽蒸工艺要求，通过后段水洗去除布内杂质、织造时加入的浆料及运输和贮存过程中沾污的尘埃等，使织物具有良好的润湿性、平整度、均匀性、白度等半制品指标。

发展现状：适用于天丝、人棉、竹纤维等面料的退浆汽蒸工艺。目前已经在浙江屹男印染有限公司、南通派特尼纺织科技有限公司等一些印染企业使用。

减污降碳效果：将天丝、人棉、竹纤维等面料的前处理工艺从间歇性的卷染机或溢流转换成连续型生产。大容量低张力无皱条节能快速蒸箱与传统工艺相比，可以节约蒸汽 25%、节水 30%，日产量可达 6 万米以上，并降低废水 COD，成品门幅缩水率由 6%~10%降至 2%~4%。

经济效益及典型案例：浙江某印染企业使用大容量低张力无皱条节能快速蒸箱，日产量突破 6 万米。新设备投入 400 万元，正常工艺车速 50m/min，每台每天产量 50×60×20＝6（万米）布，和传统工艺设备相比，每万米消耗蒸汽减少 1.2t，用水减少 3t，与 10 台溢流机产能相当。综合运行成本每天比传统工艺设备减少 2640 元。

#### 6.3.3.7 水性环保乳胶墨水

技术内容：水性环保乳胶墨水是纯水性墨水，无味、无毒、环保，通过 OP 墨水配合全新的白色及彩色墨水，可以在常温下实现非吸收、半吸收深色及浅色材料的打印，大大拓宽了水性墨水的使用范围。无须预先对介质进行预涂，即可实现在深浅皮革、PVC/PP/PET、铜版纸、杜邦纸、车身贴等材料的按需喷墨印刷。在保证环保的前提下实现了色彩、牢度等性能，并提升了打印效率。水性环保乳胶颜料墨水，解决了水性墨水在非吸收材料的成像及牢度问题，同时具有高日晒牢度。

发展现状：适用于羽绒服面料、防晒衣面料、鞋材用飞织面料等各种织物；板材、玻璃、陶瓷、塑料、金属、皮革、PVC/PP/PET 等各种非吸收介质；相纸、标签纸、杜邦纸、海军纸等各种印刷品；其他特殊介质等。适用于压电式和热发泡式打印机。目前已经在浙江、江苏、河南等一些印染企业应用。

减污降碳效果：

节能：工艺流程短，所需设备少，省去了涂布、固色等前后处理工艺，能耗大幅降低，仅涂料、固色环节的能耗就比传统工艺降低 40%左右。

减排：整个印花过程无须前后处理，全部在打印过程中完成，按需喷印，无废水产生，相比传统工艺节水 100%。

节约设备和空间：仅需网络、计算机、数码印花机，不需涂布机、烘干机等前后处理设备，节约了设备和空间。

经济效益及典型案例：1$m^2$ 数码印花布的各项费用共计 14.98 元，每平方米数码印花布投入不到 15 元。河南某印染企业生产家装布、T 恤生产项目，总投资 50 万元，2 年新增销售收入 320 万元，节水节能减排。

### 6.3.4　后整理减污降碳协同增效技术及典型案例

#### 6.3.4.1　高效节能仿蜡染印花布后整理技术

技术内容：主要针对仿蜡染印花布后整理过程，特别是洗涤和包装环节的能耗情况和效率问题，重点研究高效节能水洗技术、关键装备结构改进和控制优化技术，降低仿蜡染印花布水洗能耗，提升生产效率。同时，对全自动贴标过程进行“机器换人”改造，大幅降低员工劳动强度，实现增效。

发展现状：适用大部分需要水洗、贴标的印染企业。截至目前，浙江宝纺印染有限公司已经完成 4 条双层双幅平幅水洗设备生产线、13 条全自动贴标设备生产线的投入，实际生产应用节能降耗效果显著。

减污降碳效果：仿蜡染印花布的双幅双层水洗工艺，可大幅提高单台水洗设备的运行效率，从源头减少能耗和用水量，实现节能和生产效率提升，在同等织物产量的前提下，平幅水洗环节可节约蒸汽和用水量 50%，减少废水 50%。自动连续上料系统与多幅多层水洗技术配合，同等产量下可减少员工 3 人左右，生产效率大幅提升。自主改进印花布贴标包装系统可节省人力 2 人以上，贴标效率提高 30%以上。

经济效益及典型案例：浙江某印染企业运用高效节能仿蜡染印花布后整理技

术，水洗效率提高将近1倍，能耗及废水降低一半左右，减少人工。后整理贴标系统单条生产线生产效率提高45%。

#### 6.3.4.2 泡沫整理

技术内容：将整理液转化成泡沫，然后将泡沫施加、扩散到织物表面并渗透进织物内部。需精确控制织物带液量并确保织物左中右带液量相同。与常规浸轧整理相比，低带液率减少泳移，节省烘干能耗和整理剂用量。

发展现状：泡沫整理是泡沫染整加工工艺发展最快、应用范围最广的工艺，主要用于印染后整理中柔软、树脂、涂层和特种整理等。但目前行业应用比例不高，主要是因为泡沫整理渗透性较差等。

减污降碳效果：相比浸轧工艺，织物带液率由60%~80%下降到20%~40%，用水量降低50%左右，染化料和助剂用量降低30%左右，在烘燥环节可节能40%左右。

经济效益及典型案例：山东某印染企业使用泡沫整理技术，投资额500万元，月产量300万米，每万米布减少天然气费用246元、水费10元。

### 6.3.5 污染物处理与资源综合利用减污降碳协同增效技术及典型案例

#### 6.3.5.1 厌氧氨氧化除氮技术

技术特点：采用厌氧氨氧化处理技术，将一半左右的氨氮在氨氧化菌作用下转化为亚硝酸根，转化后的亚硝酸根作为电子受体、氨氮作为电子供体，在厌氧氨氧化菌作用下，不需要碳源即可将氨氮与亚硝酸根转化为氮气。

发展现状：用于印染废水氨氮处理。目前，华南理工大学厌氧氨氧化技术取得突破（实现了高氨氮废水的稳定亚硝化），但大规模应用少，主要是由于厌氨氧化菌生产缓慢，反应器的启动时间长，厌氨氧化菌比较敏感，操作条件要求高。

减污降碳效果：氨氮脱除率大于85%，产生污泥量少，大幅降低高氨氮废水处理成本。与常规硝化反硝化工艺相比，节省60%以上的曝气能耗，厌氧氨氧化不需要碳源，具有明显的减污降碳效果。对于氨氮浓度为1000mg/L的废水，硝化-反硝化工艺所需要的处理成本为46.8元/吨水，而高效亚硝化-厌氧氨氧化工艺所需要的处理成本仅为9.5元/吨水（直接成本，不含设备折旧等间接成本）。

经济效益及典型案例：以日处理400吨水、氨氮浓度1000mg/L的项目为例，采用高效亚硝化-厌氧氨氧化技术进行处理，投资成本约为800万元，厌氧氨氧化工艺段年运行费用为133万元，对比传统硝化-反硝化工艺节约520万元运行费用，仅需18个月即可收回投资成本。

广东某印染企业2020年对现有的硝化池进行改造，一期改造利旧5个反应池，改造完成后，整个高效亚硝化-厌氧氨氧化系统脱氮容积负荷每天为 1.0kg/$m^3$，且氨氮去除率可达 95%，总氮去除率超过 80%，极大地缓解了该企业处理液氨丝光废水的压力。通过对化工料及设备电费进行核算，平均每吨废水（氨氮浓度 2000mg/L）处理费用仅为 14.24 元，相较于之前的硝化反硝化法节约了 80%的处理费用。在曝气量及电费方面，由于高效亚硝化技术大大降低了氧气的使用量，改造后减少了一台风机，因此电费从 7.56 元/吨降低至 2.24 元/吨，减少了 70%的电费。

#### 6.3.5.2　分散染料染色残液循环使用

技术内容：采用废水高效调理剂和特效表面活性剂降解、分散、乳化液废水中的有机物和油污，一次染色完成后，染缸中的染色残液不排出，直接按工艺要求补充印染废水至所需要的染液量后，开始下一次的印染废水循环染色过程，经过一定染色时间，不用洗布和后处理，直接出布脱水，完成该次印染废水循环染色。

发展现状：福建某印染企业研发团队于 2016 年初开始本项目技术的研发工作，经过多次中试试验和生产性试验，取得了成功，逐步应用到车间大生产中。目前，该企业染色生产车间采用一浴法印染废水循环染色新工艺进行织物深色染色，其各项质量指标均能满足客户要求，项目技术成熟，已形成规模化生产，运行稳定，对印染行业具有良好的示范作用，但也存在循环染色多次后残液最终处理问题。

减污降碳效果：采用本技术可以显著减少染色加工过程中的能耗，可节约蒸汽 40%、电能 60%。在染制相同色深产品时，可节约印染助剂用量 30%，相应从源头减少化学品添加量 30%左右。采用本染色工艺，可使单位产品染色废水污染负荷显著降低：可使 $COD_{Cr}$ 降低 25%、$BOD_5$ 降低 27%、悬浮物降低 62%、色度降低 50%。

经济效益及典型案例：福建某印染企业研发的一浴法印染废水循环染色过程中，对好颜色后，织物不经水洗直接出布，免去了传统染色工艺中的多道水洗环节，从而减少大量的洗布用水。染色完成后，缸内脚水不需排放，直接进行循环使用，补充水量也为不经任何处理的印染废水，而且印染废水可以直接进行多次循环使用。印染废水多次循环染色过程中，加入的染色用助剂比传统工艺减少 30%，从而使单位产品的污染物排放量下降。采用该技术，不考虑染化料助剂成本的情况下，每染制 1 万码织物，可节约直接综合成本 1989 元。

#### 6.3.5.3　高浓度印染废水双循环（DC）厌氧反应器处理技术

技术内容：高浓度印染废水水质成分复杂，可生化性差，因此高浓度印染废水首先要经过预处理提高废水可生化性后才能进入后续生化处理单元，车间产生的印染废水经过格栅、调节池等构筑物后进入水解酸化池，在水解酸化池内进行厌氧处理，难降解有机物在厌氧微生物的作用下进入 DC 厌氧反应器，在 DC 厌氧反应器中印染废水先与颗粒污泥进行混合，将废水中大部分有机物进行分解，产生大量沼气。沼气在通过三相分离器时，由于沼气提升作用，沼气连同一部分混合液被提升至罐顶的气液分离器，分离出来的混合液通过回流管回流至罐底的底部，与进入厌氧罐的印染废水混合，形成厌氧罐内的内循环。废水通过下部三相分离器后进入上部低负荷区，进一步降解废水中的有机物，混合液通过上部三相分离器时进行颗粒污泥、水、沼气的分离，沼气通过沼气管道排除，污泥则回流至厌氧罐底部保证厌氧罐内的微生物含量，而沉淀后的水通过出水堰进入后续构筑物。

发展现状：本技术适用于大多数印染企业，可以处理印染企业所产生的印染废水和厂区内的生活废水。目前山东、福建等一些印染企业废水处理已经使用该技术。

减污降碳效果：由于厌氧罐对印染废水中的 COD 去除率较高，有效减少了废水处理的污泥产量，降低了污泥处理费用。此外 DC 厌氧双循环系统还能减少废水处理过程加药量与好氧系统的曝气能耗，进一步降低印染废水处理成本。

经济效益及典型案例：福建某印染企业使用高浓印染废水双循环（DC）厌氧反应器处理技术，每天废水处理规模 3000$m^3$，厌氧投入 330 万元。污泥处理费减少 23. 5 万元/年，药剂费减少 37. 8 万元/年，好氧曝气能耗减少 3. 8 万元/年，沼气利用节约 18. 7 万元/年，合计节约费用为 83. 8 万元/年。

### 6. 3. 6 数字化、信息化减污降碳协同增效技术及典型案例

#### 6. 3. 6. 1 印染废水处理在线监测系统

技术内容：对印染废水物化处理、生化处理、深度处理等各工艺、设备和水质参数进行在线监测，并进行在线数据分析，以此为基础动态调整物化处理加药量、生化处理曝气量等关键操作参数，降低混凝剂用量以及生物曝气系统能耗，提高废水处理系统运行效率和自动化水平。

发展现状：适用于印染企业、印染工业园区废水处理数据监测、分析和在线控制。

减污降碳效果：实现废水处理的精细化运行和集约化管理，降低废水处理异常工况发生率，减少人工经验误差，降低人力成本与劳动强度，保证出水水质稳定达标。节省混凝沉淀化学药剂添加量 30%以上，减少生物曝气能耗和碳排放。

经济效益及典型案例：广东某印染企业应用该技术，处理水量 1300 万吨/年，通过自动加药系统改造，物化混凝环节药剂投加减少 40%，年节省药剂投加成本

975 万元；通过精确曝气系统实施，节省了电耗 52.56 万千瓦时/年，年节约成本 33.11 万元；通过集成自动化技术实施，减少操作人员 8 人，年节省人力成本 38.4 万元；综合总计节约成本约 1046.51 万元/年，项目取得可观的经济效益。

#### 6.3.6.2　染缸集控系统

技术内容：通过染缸集控仪对不同染缸进行集中自动控制，实现对染料助剂配方的自动配料并输送至染缸工作槽，继而根据上位机下发的工艺路线实现对温度、染料助剂上料速度、进水流量、缸内液位等工艺参数的自动控制。中央监控室的上位机利用总线将现场所有染缸上的集控仪连接起来，实现工艺指令的下发及染缸工艺数据的集中控制与采集。

发展现状：适用于各类染缸的生产集控，目前已经有部分企业应用。

减污降碳效果：年均降低水耗 5%～30%、电耗 5%～25%、蒸汽消耗 5%～15%，废水排放量减少 10%～30%。

经济效益及典型案例：项目产品平均可提高染色一次成功率 5%～30%以上，根据行业一般规律，染色成功率每提高 1%，生产成本可降低 1%，按针织物每吨耗水 100 吨、耗电 800kW·h、耗标准煤 1 吨计算，年产 8000 吨染色针织物染色企业，耗水 80 万吨、耗电 640 万千瓦时、耗标准煤 8000 吨，即节约水 4 万～24 万吨、电 6.4 万～38.4 万千瓦·时、标准煤 80～480 吨。

江苏某印染企业安装使用染缸集控系统，染缸利用率由原来的 76.3%提升到 84.2%。染色合格率由 97.2%上升至 97.8%，回修率下降至 2.1%、水耗下降 40%、电耗下降 9%、蒸汽消耗下降 14%。综合产能提高 3.2 万米/天。

#### 6.3.6.3　丝光机淡碱浓度智能化控制技术

技术内容：在丝光机供碱液管道上安装用碱量自动测量系统，依据碱液瞬时流量，按比例对丝光机布铗后水洗槽进行自动供水，无论产品结构和车速如何变化，都可以达到生产工艺要求的淡碱浓度，确保丝光下机半制品的布面一致性。

发展现状：用于直辊或绷布辊布铗丝光机淡碱回收浓度控制，2019 年在山西某印染企业投入运行。

减污降碳效果：每台丝光机可减少用水 20%～30%，节约蒸汽 5%左右，扩容蒸发器运行时间降低为原来的 87%左右。

经济效益及典型案例：山西某印染企业生产车间安装供碱及供水量测量控制设置，以及供碱量自动控制供水量的智能计算系统，共需投资约 3 万元。取得的效益有三个方面：①稳定的淡碱浓度，保证了丝光落布制品布面品质的一致性，为印染生产打下了良好的基础。②智能控制做到了自动稳定可靠，降低了操作工的工作强度。③稳定的淡碱浓度回收，使每台丝光机可减少用水、节约蒸汽，每月节约各种费用 4.8 万元。

# 第 7 章　印染行业减污降碳协同增效研究

## 7.1　印染生产减污降碳协同增效研究

### 7.1.1　印染生产减污降碳协同增效存在的问题

根据中国环境与经济政策研究中心对减污降碳协同效应的定义，减污降碳协同效应一方面是指在控制温室气体排放中减少其他污染物的排放（即降碳政策的减污效应），另一方面是指在污染物排放控制和生态建设中减少或吸收 $CO_2$ 和其他温室气体的排放（即减污政策的降碳效应）。目前印染生产过程减污降碳协同增效主要存在的问题有四个方面：一是印染行业部分减污技术过程可能增加碳排放，例如浓缩、蒸发结晶脱盐，能耗高；二是降碳过程可能产生新污染，例如含氟染料，可以实现低温染色，但原料三聚氟氰有毒有害，染色过程中产生的含氟物质带来环境问题；三是缺少减污降碳协同增效技术清单；四是减污降碳协同增效推进路径不明确，缺乏清晰的废水、废气等污染物和碳排放协同减排的途径。

### 7.1.2　印染生产减污降碳协同增效路径

基于环境污染物和碳排放高度同根同源的特征，遵循减污降碳内在规律，印染行业将从源头减污降碳、生产工艺减污降碳协同增效。

#### 7.1.2.1　源头减污降碳协同增效

印染生产所用的原辅料包括纺织纤维、染料、色浆/墨水、化学品和印染助剂等。绿色低碳原辅料的推广应用是印染行业实现源头减污降碳的重要方法，印染行业要逐渐扩大生物基纤维、再生纤维等材料的应用范围，加强高效环保、低污染、低能耗的染料和印染助剂的研发及应用，减少印染生产过程中的污染物排放和碳排放。

重点研发推广不含氟高性能活性染料、高固色率活性染料、低盐活性染料、低尿素活性染料、液体分散染料、耐碱性分散染料、耐碱分散染料等环保、减污、降碳染料；研发推广高品质环保型数码印花墨水、环保型纳米涂料墨水，推进挥发性有机物含量产品源头替代，积极研发使用数码印花用低 VOCs 墨水、水溶性油墨等，避免有机溶剂挥发对大气造成的污染；研发推广碳酸盐替代剂、尿素替代剂、生物酶前处理剂、低温前处理剂、染料印花用环保型合成增稠剂等减污降碳助剂；研发推广生物基浆料、生物基分散匀染剂、生物基柔软剂、生物基抗菌剂等生物基助剂。

**7.1.2.2　生产工艺减污降碳协同增效**

根据纤维种类、纺织材料形态、产品要求等差异，印染生产过程中各环节采用的具体生产工艺不同。加大绿色节能节水技术、工艺和装备的研发、推广和应用是印染行业实现减污降碳协同增效的关键，同时印染企业要充分运用新科技手段加强“两化”融合，提高企业管理水平，降低污染物排放和碳排放水平。

（1）前处理。前处理环节减污降碳途径主要包括以下几个方面：

①优化烧毛机设计，并加强废气处理。采用先进的烧毛机设备，精确控制火焰温度和烧毛速度，减少能源的消耗和废气的排放。优化烧毛机的排风系统，安装有效的废气处理设备，如活性炭吸附装置或催化燃烧装置，对废气进行有效收集与处理，降低废气中的有害物质含量。加强管理，定期对烧毛机进行维护和保养，减少因设备故障造成的能源浪费和污染排放。

②采用绿色低碳工艺和助剂，并优化工艺参数。可以采用生物酶前处理、高效短流程前处理、化纤机织物连续平幅前处理、针织物连续平幅前处理、节能梭织布退浆和丝光、节能双层织物退煮漂、节能双层布铗拉幅丝光、节能连续绳状水洗、超声波除油水洗等减污降碳技术与装备；采用低温前处理、生物酶前处理等低污染、低能耗的环保型前处理助剂。

③智能化管控。引入智能化管理系统，对退煮漂、丝光、碱减量工序进行实时监控和数据分析，根据生产情况及时调整工艺参数和设备运行状态，实现精细化管理和优化运行。精确控制退煮漂、丝光、碱减量过程中的温度、时间、化学药剂用量等参数，在保证产品质量的前提下，减少不必要的能源和化学药剂消耗，降低污染物的产生和碳排放。

（2）染色。染色环节减污降碳的方法主要包括以下几个方面：

①优化染色工艺。通过改进染色配方，减少化学品的使用量，选择环保生态型染料和助剂。采用涤/棉、锦/棉等一浴法染色、小浴比低能耗间歇式染色、分散染料碱性染色、活性染料少盐染色、涤纶织物少水连续轧染、高固色率活性染料印染等减污降碳技术与装备，节水减排、节能降碳。

②智能化管理。利用物联网、大数据等技术实现染色过程的智能化监控和管

理，优化染色工艺参数，实现精准控制，提高生产效率，降低污染物排放和碳排放。

（3）印花。印花环节减污降碳的方法主要包括以下几个方面：

①优化印花工艺。使用无毒无害的环保印花染料和助剂，如低 VOCs 墨水、水溶性油墨等。采用数码喷墨印花、数码印花在线上浆、数码喷染技术、高牢度涂料印花、织物印花后高温低张力水洗等减污降碳印花工艺。

②智能化管理。通过数据分析优化印花工艺参数，实现精准控制，减少资源浪费。

（4）后整理。后整理环节减污降碳的方法主要包括以下几个方面：

①加强热能回收利用。采用中压蒸汽梯级利用、定形机尾气余热回收等节能技术，充分提高能源利用效率。

②智能化与自动化管理。利用数字化信息化技术实现后整理工序的智能化监控和管理，如布面温度自动控制、后整理助剂精准添加等，提高生产效率，降低能耗和排放。

## 7.2　印染水污染物排放和碳排放协同治理研究

印染行业排放的水污染物主要包括化学需氧量、氨氮、总氮、总磷等，废水处理过程中同样产生直接和间接碳排放。

### 7.2.1　水污染物排放和碳排放协同治理中存在的问题

2023 年 12 月，国家发展改革委同住房和城乡建设部、生态环境部共同印发了《关于推进废水处理减污降碳协同增效的实施意见》，指出推进废水处理减污降碳协同增效的要求和路径。2022 年 6 月，生态环境部等 7 部门联合印发的《减污降碳协同增效实施方案》中明确指出，要推进水环境治理协同控制；大力推进废水资源化利用；推进废水处理厂节能降耗，优化工艺流程，提高处理效率。目前，印染行业废水处理减污降碳协同增效主要存在两个方面问题：一是印染行业废水处理普遍存在碳排放核算不清问题，例如在废水处理过程中，目前的碳排放核算标准只核算了甲烷的排放量，而忽略了过程中的二氧化碳排放。二是减污降碳协同增效推进路径不明确，缺乏清晰的废水污染物和碳排放协同减排治理技术路径。因此，亟须有针对性地提出印染废水处理过程减污降碳协同增效的总体路径。

### 7.2.2 印染水污染物排放和碳排放协同治理路径

首先，碳排放量的准确评估是开展碳减排工作的重要基础，应加强碳排放量的准确监测，深化核算方法研究；其次，废水处理及污泥处理过程无法避免对能源和化学品的消耗，应进一步研发适用于印染行业废水水质特点的低能耗、低药耗的工艺技术，减少直接和间接碳排放量；最后，充分发挥政府的引导作用，建立科学的政策、规范、标准体系，构建多维度减污降碳方案，保障一系列减污降碳措施的顺利实施。

#### 7.2.2.1 建立碳排放精准核算体系

在碳排放基础数据缺乏的情况下，应进一步明确废水处理过程碳排放核算原则、核算边界、核算流程、核算方法，加强不同处理工艺温室气体排放的实测，推进排放因子法与实测法的融合应用，构建印染行业废水处理碳排放精准核算方法。

#### 7.2.2.2 加强水污染物治理降碳

能源消耗产生的间接碳排放在废水处理温室气体排放中占较高比例，研发和推广新型低碳废水处理技术，减少能源和药剂的消耗，降低废水处理过程中的碳排放和污染物排放。

（1）加强源头降碳治理。

①通过筛选环保染化料助剂、采用节水节能环保装备、减少水污染物的产生和碳排放。

②推广应用环保型染料和印染助剂。例如，棉印染企业使用高固色率活性染料，采用低耗盐型染料或低盐助剂。

③推广针织物连续前处理、化纤机织物连续平幅前处理、冷轧堆前处理和印花、小浴比间歇式染色、高牢度涂料印花、数码喷墨印花、活性染料低盐染色、分散染料碱性染色、涤纶织物少水连续轧染等节水减排印染技术，减少废水排放和碳排放。

④推广生产过程中逐格逆流水洗，冷却水、冷凝水回收利用，丝光碱回收利用，提高水回用率。

（2）清污分流、分质降碳预处理。印染生产工艺环节中产生的高浓度废水包括前处理退浆废水、高盐染色废水及高氮印花废水。

①为降低后续废水处理难度及处理系统碳排放，依据源头“清污分流、分质处理”的原则，可将高浓度难降解前处理聚乙烯醇（PVA）废水通过低碳、低成本的厌氧处理，去除40%~60%的COD，利用厌氧后的高浓度退浆废水作为碳源，被反硝化菌用于生物脱氮，从而降低退浆水通过好氧生物降解的电耗。采用

盐析的方法可回收 PVA 浆料，但要考虑后续易形成高盐废水的问题。应进一步研发应用低碳的聚乙烯醇（PVA）废水处理及回用技术。

②对于高盐染色废水，可将染色过程中盐度较高的第一道、第二道排水单独收集，去除脱除染料、助剂等有机物后一并回用于染色工艺；不仅节省印染工艺盐用量，而且降低后续综合废水盐度，相比浓缩、蒸发结晶脱盐属于降碳技术。高盐条件下染化料有机物的去除的方法包括：投加絮凝剂、萃取、高级氧化等。目前高盐染色废水处理运行成本较高，应进一步研发应用低成本、节能、安全的高盐染色废水处理技术。

③在活性染料印花过程中需添加尿素作为助溶及吸湿剂，使印花废水呈现高氮含量的典型特征。废水中尿素首先水解为 $NH_4^+$-N，可通过低外加碳源或无外加碳源的短程硝化反硝化、厌氧氨氧化、好氧颗粒污泥等实现脱氮除碳，这些技术是目前较为有效的低碳处理工艺。短程硝化反硝化技术与传统硝化反硝化生物脱氮相比，可以降低能耗，节约碳源，与传统生化处理工艺相比可减少约 50% 的污泥量；厌氧氨氧化与传统硝化反硝化生物脱氮相比，无须外加碳源，即可节省费用，又可防止二次污染，降低好氧能耗（曝气），污泥产生量少，减少占地面积；好氧颗粒污泥技术与传统的活性污泥法可节约占地 50%，降低约 35% 运行成本，是优选的低碳废水处理工艺。

（3）综合废水末端降碳治理。

①“清污分流、分质处理”的废水混合后形成综合废水。采用热交换原理，将车间排出的 70℃左右废水通过提升过滤后，进入热交换器进行热能回收，具有显著的节能及碳减排效果。在废水热交换出口安装测温传感器，废水进废水调节池前自动恒温控制，保证废水在 38℃进入废水调节池。

②物化预处理可采用投资及运行费用较低的磁混凝、浅层气浮工艺。生化处理可采用磁悬浮鼓风机、低能耗深井曝气、双循环（DC）厌氧反应器等节能降碳、减少污泥技术，鼓励采用短程硝化反硝化、厌氧氨氧化等低碳脱氮技术，将有机污染物 N、P 等污染物高效去除的同时降低能耗、药耗，实现直接和间接的碳减排深度处理可采用膜曝气生物反应器、废水膜余压能量回收利用技术等低碳技术，使出水达到印染废水排放标准需求的情况下降低能耗。

③在废水排放口，采用废水低品质热能回收废水中的余热，以用于厂区供暖等所需热源。

（4）能源结构和管理降碳。

①在废水生化池、污泥泵房等构筑物上布置光伏发电机组，将太阳能转化为绿电，部分替代传统火力发电。

②废水处理全流程采用精准曝气、智慧加药、智慧运维等智慧降碳方法，并

通过系统的全域调度和智慧管控，实现废水处理的系统性降碳。

## 7.3 大气污染物排放和碳排放协同治理研究

印染行业排放的大气污染物主要包括挥发性有机物（VOCs）、颗粒物、甲醛、苯系物等有害气体，碳排放主要是由能源使用产生的二氧化碳等温室气体。

### 7.3.1 大气污染物排放和碳排放协同治理中存在的问题

目前，我国温室气体排放清单和大气污染物排放清单为两条路径（自上而下和自下而上），节能降碳技术目录和污染物防治技术目录也是两套独立体系。由于缺乏法律和政策规定，我国开展的所有温室气体排放清单和大气污染物排放清单，节能降碳技术目录和污染物防治技术目录都是分别独立进行的，很少见两种合一的情况。因此，亟须研究大气污染物排放和碳排放协同治理路径。

### 7.3.2 大气污染物排放和碳排放协同治理路径

#### 7.3.2.1 加强源头降碳治理

通过筛选原辅料、采用节能环保装备、提高能源利用效率等方式，减少污染物的产生和碳排放。

严格筛选印染所用的纤维、染料、助剂等原辅料，持续提升低 VOCs 原辅料源头替代率等。

选择减少大气污染物排放和碳排放的印染技术与装备，精细调整工艺参数，减少能源消耗和化学品使用。

优化能源结构、提高能源利用效率、推广可再生能源等方式，减少化石能源的使用，降低碳排放。加强碳排放的监测和报告制度，推动企业主动开展碳减排行动。

#### 7.3.2.2 强化末端降碳治理

强化废气治理。加强节能的颗粒物治理技术、挥发性有机物治理技术、臭气治理技术的研发与推广应用，强化废气处理设施的建设和运行管理，不断提升治理设施的收集率与去除率，对印染过程中产生的废气进行有效处理，确保排放物符合环保标准。推进废气治理设备节能降耗，提高设备自动化智能化运行水平。

加强热能回收利用。积极探索废气的资源化利用途径，实现资源的循环利用，采用中压蒸汽梯级利用、定形机尾气余热回收等节能技术，充分提高能源利用效率。

# 7.4　印染资源回收及综合利用和碳排放协同增效研究

印染行业作为水资源、能源、化学品消耗较大的行业，资源能源回收及综合利用工作显得尤为重要。印染行业加强资源能源回收及综合利用，不仅是行业实现可持续发展的重要手段，也会对行业减污降碳协同增效起到积极的推动作用。

## 7.4.1　印染资源回收及综合利用和碳排放协同增效中存在的问题

目前，印染行业资源能源回收及综合利用缺乏关键技术的研发和应用，导致资源能源再生利用的平均成本过高。与此同时，在资源能源回收及综合利用过程中消耗一定量的能源，造成额外的碳排放。再生资源回收利用体系不健全，废旧纺织品等可回收物，受到回收成本高、利用价值低等影响，缺少针对回收体系的完整设计，需要进一步优化再生资源治理体系。

## 7.4.2　印染资源回收及综合利用和碳排放协同增效路径

### 7.4.2.1　生产工序

（1）丝光淡碱回收利用。丝光工序中碱液的用量较大，在去碱过程中必须经过充分的水洗，就会产生大量的丝光淡碱。通过优化碱液回收和再利用，提高碱液的利用率，处理后可供退浆、煮练、丝光等工序使用，不仅可极大地降低碱耗、节约丝光成本，同时可大幅度降低印染废水的碱度排放量，减轻印染废水的处理难度，达到推行清洁生产、减污降碳的目的。

主要方法是首先按照常规水处理的流程进行预处理，之后采用机械蒸汽再压缩蒸发技术处理丝光淡碱液，将丝光淡碱液进行处理，使其蒸发浓缩。废液中的碱达到一定浓度后，可回用于退浆、煮练、丝光、染色和印花使用，实现丝光废水资源化利用，且不影响产品质量，节省成本。系统冷凝得到的凝结水达标后可作为工艺用水使用。

（2）碱减量对苯二甲酸回收。碱减量处理是在高温和较浓的烧碱溶液中处理涤纶织物的过程。碱减量工艺产生大量的有机废碱液，其特征污染物对苯二甲酸浓度高，与传统的印染废水有很大不同，难以达标处理。如采取措施从废液中回收对苯二甲酸，建立有效的碱液、对苯二甲酸回收系统，对其进行回收、过滤和再利用，可大幅度降低废水中污染负荷。碱减量废水中对苯二甲酸的回收，不仅是废水处理的重要前置环节，同时也是企业实行清洁生产、实施资源化利用的有效举措。

（3）含盐染色废水循环利用。适用于纤维素纤维制品活性染料间歇式染色废水，利用酸性条件下可阳离子化的油性萃取剂与活性染料染色废水中的阴离子染料发生作用，对染色废水中的染料进行萃取，分离出染色废水中的水解染料。萃取后的含盐无色染色废水可循环用于其他染色过程，分离出来的水解染料通过脱水制成淤泥或固体后进行无害化处理，通过反萃取可使萃取剂重复使用。

活性染料染色废水中的染料去除率可达95%以上，脱色后的含盐染色废水可用于中深色织物染色。可低成本、高效率循环利用活性染料染色废水，实现盐的重复使用，大幅减少印染生产中盐的用量，减少含盐废水的排放。

（4）分散染料染色残液循环使用。染色完成后，在低于100℃的条件下强化还原清洗过程，洗除纤维表面浮色的同时利用还原作用将残液的染料结构破坏，降低其色度，被破坏的染料不再上染聚酯纤维，实现分散染料染色残液的循环使用。

（5）定形机冷凝水回用。将定形机等高压中压设备的冷凝水回收起来，回收至冷凝水和闪蒸汽回收系统，有效分离冷凝水和闪蒸汽，高温冷凝水用在洗水机、涂布机等设备，减少蒸汽用量和原水需求；低压蒸汽用在染色机、预热辊等低压设备上，降低低压蒸汽的使用量，实现“梯级利用”。

**7.4.2.2　污染物治理工序**

污染物治理工序可回收的资源能源主要是水资源、废水和废气热能、印染废水污泥、一般固体废弃物等。

（1）印染废水深度处理与资源化利用。常见的处理方法包括物理法、化学法和生物法。通过分离、吸附、氧化等步骤，可以有效地去除废水中的有害物质，使其达到回用的标准。例如采用膜处理技术可以去除废水中的色度、COD、BOD和盐度（电导率）等污染物，活性炭吸附技术则能够吸附废水中的有害物质，并通过热再生技术进行活性炭的再生利用。

（2）印染废水热能回收。印染废水含有一定的热量，第一道和第二道前处理废水、第一道染色废水、染色和印花的皂洗废水、热水洗废水的温度通常为70~90℃，由于高温废水的大量排放，造成热能浪费。通过热能交换器可以将此部分的热能用冷水回收利用，加热后的冷水被收集到热水池再用于生产中，达到节能的效果。目前较常用的热水回用技术有板式换热器、热管式换热器以及热泵技术等，每道工序排出的高温废水经过热能回收后进入废水处理设施。

（3）定形机废气余热回用。定形机废气余热回用充分利用定形机在加工过程中产生的废气余热，通过特定的回收系统，将这部分热能回收并重新利用于生产过程中，从而达到节能降耗、提高生产效率的目的。定形机废气余热回用的工作原理主要是基于热交换，通过安装余热回收装置，将这些废气中的热能进行回收，将定形机 180℃热风尾气降至 60℃以下，回收的热能可以用于加热新鲜空气、产生热水或其他需要热能的生产环节，节约能源，从而实现能量的再利用。

（4）印染污泥资源化利用。充分利用印染污泥的燃烧热值和粉煤灰的余热值，以印染污泥、粉煤灰和建筑垃圾为原料烧制建筑材料，由于高温烧结（达 1300℃以上），各种有害重金属得到固定，污泥中的有机物、细菌体等彻底氧化分解，从而可实现印染污泥的无害处理和资源化利用，在整个过程中无须额外加入燃料，符合节能减排和减污降碳要求。

（5）一般固体废弃物回收利用。对于印染生产过程中产生的废布、废线等一般固体废弃物，经过分类和处理后，可以转化为其他有价值的产品。对于未使用的边角料，这些废料相对洁净，可以回收再利用，或者与新料混合，制成新的纺织制品，例如将废布经机械切割、撕裂、开松后，通过纺纱、织布加工，做成非织造布。对于不宜直接回用的废布、废线等，可以采用其焚烧所产生的热能进行发电的回收再利用方式，或者在一定条件下采用解聚剂将聚酯等化纤分解为单体或低聚物，经分离提纯后再重新聚合纺丝，达到回收再利用的效果。

## 7.5　印染集聚区减污降碳协同路径研究

### 7.5.1　印染产业集聚区发展现状

#### 7.5.1.1　印染产业集聚化现状

（1）政策鼓励产业聚集。随着资源和环境等方面的严格限制不断增加，印染产业正面临着加大减污降碳力度、改变相对粗放的发展方式等挑战，印染企业加快转型升级刻不容缓。如表 7-1 所示，近年来，国家层面发布了众多政策来促进我国印染产业聚集升级和绿色发展。印染产业的聚集升级不是简单的印染企业平面搬迁，而是用高标准的聚集倒逼高层次的升级，按照“聚集整合、控量提质、节能减排”的基本要求，印染产业应加快设备提档升级、调整产品结构以及应用先进适用技术，提升产品附加值。

各个地区纷纷响应国家政策，根据地区发展规划出台了相关政策。如印染大省——江苏，2014 年 1 月发布了《关于推进印染行业高质量发展的实施意见》，明确指出要推动行业聚集发展。2018 年 1 月《江苏省太湖水污染防治条例》进行了第三次修正，江苏省的印染产业受到了严重冲击。随后《关于严格太湖流域改建印染项目环境准入要求的通知》《关于推进印染行业高质量发展的实施意见》等政策文件相继出台，明确了太湖流域印染改建项目建设、非太湖流域新建扩建印染项目入园进区以及环境基础设施建设等相关要求。

**表 7-1 印染行业相关政策**

| 发布时间 | 发布部门 | 政策名称 | 相关内容 |
| --- | --- | --- | --- |
| 2021 年 6 月 | 国务院 | 《关于长江流域生态环境保护工作情况的报告》 | 推动新建冶金、电镀、化工、印染、制革、原料药制造等企业在符合产业定位的园区布局，排放废水由园区集中处理 |
| 2021 年 12 月 | 中国印染行业协会 | 《印染行业“十四五”发展指导意见》 | 加快推进印染工业园区建设，引导印染企业向规范的工业园区和产业集聚区集聚，形成集约低碳型发展方式，实现印染产业与生态环境协调发展 |
| 2022 年 8 月 | 工信部 | 工业领域碳达峰实施方案 | “十四五”期间，产业结构与用能结构优化取得积极进展，能源资源利用效率大幅提升，建成一批绿色工厂和绿色工业园区，研发、示范、推广一批减排效果显著的低碳零碳负碳技术工艺装备产品，筑牢工业领域碳达峰基础 |
| 2023 年 11 月 | 工信部 | 《纺织工业提质升级实施方案（2023—2025 年）》 | 推动产业集聚发展。支持印染企业在工业园区内集中建设，提升工业园区集中供热和污染物集中处理水平。鼓励工业园区外印染企业逐步搬迁入园。鼓励东部地区支持印染产业就地改造提升，支持中西部地区适度发展印染产业 |
| 2023 年 12 月 | 工信部 | 印染行业规范条件（2023 版） | 企业布局要求印染项目应在工业园区内集中建设并符合园区总体规划、产业发展规划、环境影响评价等要求，实行集中供热和污染物集中处理 |

（2）印染产业分布集中度高。通过全国排污许可证管理平台，对全国纺织印染企业分布情况进行分析。中国印染企业分布主要集中在我国东部和南部沿海地区，尤其是长江三角洲区域，其中浙江、江苏、广东是印染产业的主要聚集地。截至 2024 年 4 月，全国取得排污许可证的纺织印染企业共计 3520 家，江苏、浙江、广东企业数量占比分别为 36.31%、21.90%、15.94%。由此看出，我国印染产业分布具有比较明显的聚集性。

#### 7.5.1.2 印染产业集聚区模式

印染产业聚集管理模式的核心目标在于促进企业之间的合作与交流，以提升整个产业集群的竞争力和创新能力。印染企业的集聚带来资源的集约利用，形成了产业支撑，从而具备了更强的群体竞争优势、规模发展优势以及采购成本优势。目前浙江省的绍兴滨海工业园区、广东省汕头潮南纺织印染环保综合产业园和诸暨华都纺织产业园在集聚化模式上具有一定的代表性。通过淘汰落后产能、盘活土地资源以及发展智慧平台，集聚化发展正逐步显现出产业集聚带来的经济和环境效应。

（1）柯桥模式——2014 年建成，绍兴市柯桥区政府主导。柯桥区提出了“绿色高端、世界领先”的现代产业集群目标，同时，在不断提升完善滨海工业区的基础上，着力构筑以蓝印时尚小镇为核心的印染产业集聚区。2020 年，以蓝印时尚小镇印染集聚企业为实施核心的滨海工业园区国家级循环化改造试点建设全面完成并顺利通过国家验收，循环经济产业链关联度达到 85.72%，工业增加值增长 121%，资源产出率提高 113%，四大污染物排放总量下降 62%。2023 年，柯桥区印染行业产值达 560 亿元，同比增长 2.3%，产能占全国总量的 40% 左右。柯桥区通过企业集聚发展和产业数字化、智能化改造，为高污染、高能耗的传统产业插上科技的翅膀，成功走上高质量发展之路。

（2）潮南模式——2019 年投产，第三方主导。汕头潮南纺织印染园区环保综合处理中心，作为中信环境“科技引领，投资驱动”发展模式的成功典范，构建了集纺织印染、供水、废水处理、再生水利用、热电联产、固体废物处理和资源化“六位一体”的循环经济产业链，为全国印染工业园区建设及升级提供了发展模板。目前，印染园区工业废水处理厂处理规模达到 15.5 万吨/d，为入园的 127 家印染企业提供服务。园区再生水回用比例达到了 50%，年减少废水排放约 2400 万吨。此外，配套建设 970t/h 高温超高压循环流化床锅炉和 10 万千瓦背压式汽轮发电机组，同时热电联产项目每年可协同处置印染污泥约 7.5 万吨，节能减污降碳效果明显。

（3）华都模式——2021 年 9 月投产，龙头企业主导。华都企业积极响应政府号召，与东华大学、青岛大学等高校进行战略合作，高起点、高标准规划建设了“华都国际纺织产业城”。通过校企合作、资源整合、模式创新等举措，构建“产、教、研”工贸一体的生态纺织产业创新平台，实现传统产业+互联网的销售模式。2022 年开工投产后，华都产业城实现总产值达 33.78 亿元。后续将以华都国际纺织产业城为案例，全面分析案例印染聚集区减污降碳协同路径及主要成效，探索适合中国印染产业绿色发展转型的主要路径。

### 7.5.2　印染产业集聚区的环境治理难题

#### 7.5.2.1　低成本高效率废水处理技术需进一步突破

目前我国针对印染废水的处理，主要还停留在达标排放处理上，最常用且较成熟的处理方法有物化+生物+回用处理。随着水资源的日益紧缺以及环保政策逐渐趋严，对水的重复利用以及废水的处理回用有了更新更严的要求，越来越多的印染企业希望通过水回用来减少新鲜水的使用和废水的排放，从而减轻环保压力。目前印染企业普遍采取的废水处理模式是将生产过程中产生的各类废水混合后形成综合废水，通过一套废水处理系统进行处理和回用。由于各类废水混合后通过一套系统处理，运行成本相对较高。因此，运行稳定、回用率高、经济合理的废水处理回用技术亟待开发应用。

#### 7.5.2.2 排放标准的制定和更新亟需推进

相较于从前，纺织印染工业水污染与大气污染控制技术有了很大的进展，之前水污染物和大气污染物排放标准已不能适应新时期国家环境保护与管理的需要，也不利于有效促进我国纺织印染工业的产业结构调整及经济增长，亟需针对当前环境污染热点与印染行业所遇难题制定新的行业标准。

（1）水污染相关标准（表 7-2）。2012 年发布的《纺织染整工业水污染物排放标准》（GB 4287—2012），与 1992 版的老标准相比，绝大多数水污染物排放限值都有提高。然而其中有些标准过于严苛，绝大部分印染企业很难执行。2015 年 3 月发布的《纺织染整工业水污染物排放标准》（GB 4287—2012）修改单中对原来的间接排放标准做出了一定的修改与说明，并增设了总锑的排放控制要求。鉴于现行标准仍存在一些问题，如部分指标适用范围不明确、标准操作性不强，2019 年 9 月生态环境部办公厅发布了“关于征求国家环境保护标准《纺织工业水污染物排放标准》（征求意见稿）意见的函”。截至目前，新标准尚未发布实施。

**表 7-2　纺织印染行业水污染物相关标准**

| 出台日期 | 地区 | 文件名称 |
|---|---|---|
| 2012 年 11 月 | 国家 | 《纺织染整工业水污染排放标准》（GB 4287—2012） |
| 2015 年 3 月 | 国家 | 《纺织染整工业水污染排放标准》（GB 4287—2012 修改单） |
| 2018 年 7 月 | 江苏 | 《纺织染整工业废水中锑污染物排放标准》（DB 32/3432—2018） |

（2）大气污染防治相关标准（表 7-3）。在大气污染防治的方面，纺织印染行业长期以来主要依据的是《大气污染物综合排放标准》（GB 16297—1996）和《恶臭污染物排放标准》（GB 14554—1993）。纺织印染废气排放较为隐蔽、难监管，目前还没有专门的、针对性的国家标准。目前，只有浙江省于 2015 年发布了《纺织染整工业大气污染物排放标准》（DB 33/962—2015），福建和江苏的相关标准还在推进中。

表 7-3　纺织印染行业大气污染物相关标准

| 出台日期 | 地区 | 文件名称 |
|---|---|---|
| 1996 年 4 月 | 国家 | 大气污染物综合排放（GB 16297—1996） |
| 1993 年 8 月 | 国家 | 恶臭污染物排放标准（GB 14554—1993） |
| 2015 年 3 月 | 浙江 | 纺织染整工业大气污染物排放标准（DB 33/962—2015） |
| 2020 年 | 福建 | 纺织染整工业挥发性有机物排放标准（征求意见稿） |
| 2021 年 9 月 | 江苏 | 纺织染整工业大气污染物排放标准（征求意见稿） |

（3）碳排放相关标准。目前针对印染行业的碳核算标准尚未出台，因此印染企业在进行碳核算时通常参考纺织企业的碳核算标准，如《温室气体排放核算与报告要求第 12 部分：纺织服装企业》（GB/T 32151. 12—2018）、《纺织企业温室气体排放量化方法》（DB 44/T 1381—2014）。然而，在核算过程中可能会遇到一些问题，例如在废水处理过程中，只核算了甲烷的排放量，而忽略了过程中的二氧化碳排放。此外，核算方法中给出的废水厌氧系统处理的甲烷生产潜力 0. 25kg $CH_4$/kg COD 与甲烷修正因子 0. 3 也需要进一步验证和考证。

**7. 5. 2. 3　新污染物与生态风险控制需加强**

《重点管控新污染物清单（2023 年版）》于 2023 年起正式施行，其中明确了包括壬基酚、五氯苯酚、短链氯化石蜡、十溴二苯醚在内的 14 类重点管控新污染物及其禁止、限制、限排等环境风险管控措施，这将对我国印染行业的绿色发展产生一系列影响（表 7-4）。新污染物污染风险已经成为我国新阶段我国面临的突出环境问题，因此加强对新污染物风险防范与治理势在必行。印染企业需要紧跟生态管理趋势，积极研发替代技术，以确保与印染行业绿色发展的步伐保持一致。

表 7-4　印染行业相关的新污染物清单

| 类别 | | 主要存在介质 |
|---|---|---|
| 持久性有机污染物 | 全氟辛酸及其盐类和相关化合物（PFOA 类） | 水环境 |
| | 全氟辛基磺酸及其盐类和全氟辛基磺氟（PFOS 类） | 水环境 |
| | 全氟已基磺酸及其盐类和相关化合物（PFHxS 类） | 水环境 |
| | 五氯苯酚及其盐类和酯类（PCP） | 水环境 |
| | 十溴二苯醚（BDE209） | 沉积物和土壤 |
| 内分泌干扰物 | 短链氯化石蜡（SCCP） | 土壤和水环境 |
| | 壬基酚（NP） | 水环境 |
| 微塑料 | | 水环境<br>（海洋环境） |

### 7.5.3 印染集聚区减污降碳协同路径

#### 7.5.3.1 新工艺新技术的应用：加快减污降碳的升级改造

在当前环保意识日益增强的背景下，加快新工艺新技术的应用是实现减污降碳的关键一步。通过引进先进的生产工艺和技术，可以有效减少排放物的产生，降低能源消耗，达到环境友好的生产目标。印染企业应积极投入研发和应用新技术，如清洁生产技术、高效节能设备等，以此来降低碳排放和污染物排放，实现绿色生产。

#### 7.5.3.2 清洁生产审核：推动源头削减、生产全过程控制和末端治理

清洁生产审核是印染行业推动源头削减、生产全过程控制和末端治理的关键举措。通过企业间的产业共生网络和绿色供应链，加强资源和物料的循环利用和梯级利用，实现废物的减量化和资源化。在印染聚集园区管理方面，推行园区企业准入技术、优化产业布局，对资源、能源进行合理配置，从源头管控污染源；对园区企业共生，采取多级循环使用、副产品交换、废料循环利用等合作，提升清洁生产潜力，实现废物资源化、循环化；对重点行业和企业，通过评价清洁生产水平，针对环境核心问题进行治理，促进行业向环保、高效、可持续方向发展。

#### 7.5.3.3 园区智慧化建设：提升能源消耗和环境治理的精细化管理水平

印染行业是技术密集型产业，工艺比较复杂，参数很多，生产、管理控制要素多，实现智能化意义重大。通过加强园区智慧化建设，可以实现对资源、能源消耗和环境治理的精细化管理。智慧化建设包括建立智能监控系统、数据分析平台等，实现对生产过程和环境数据的实时监测和分析。通过数据驱动的管理，可以更加精准地把握企业的能源消耗情况和环境排放状况，及时发现问题并采取有效措施加以解决，从而提高环境管理水平和资源利用效率，提升减污降碳协同治理能力。

## 7.6 印染行业减污降碳协同增效路径图

根据印染行业减污降碳协同增效路径研究、水污染物排放和碳排放协同治理路径研究、大气污染物排放和碳排放协同治理路径研究、印染资源回收及综合利用和碳排放协同增效路径研究，得出印染行业减污降碳协同增效路径图，如图 7-1 所示。

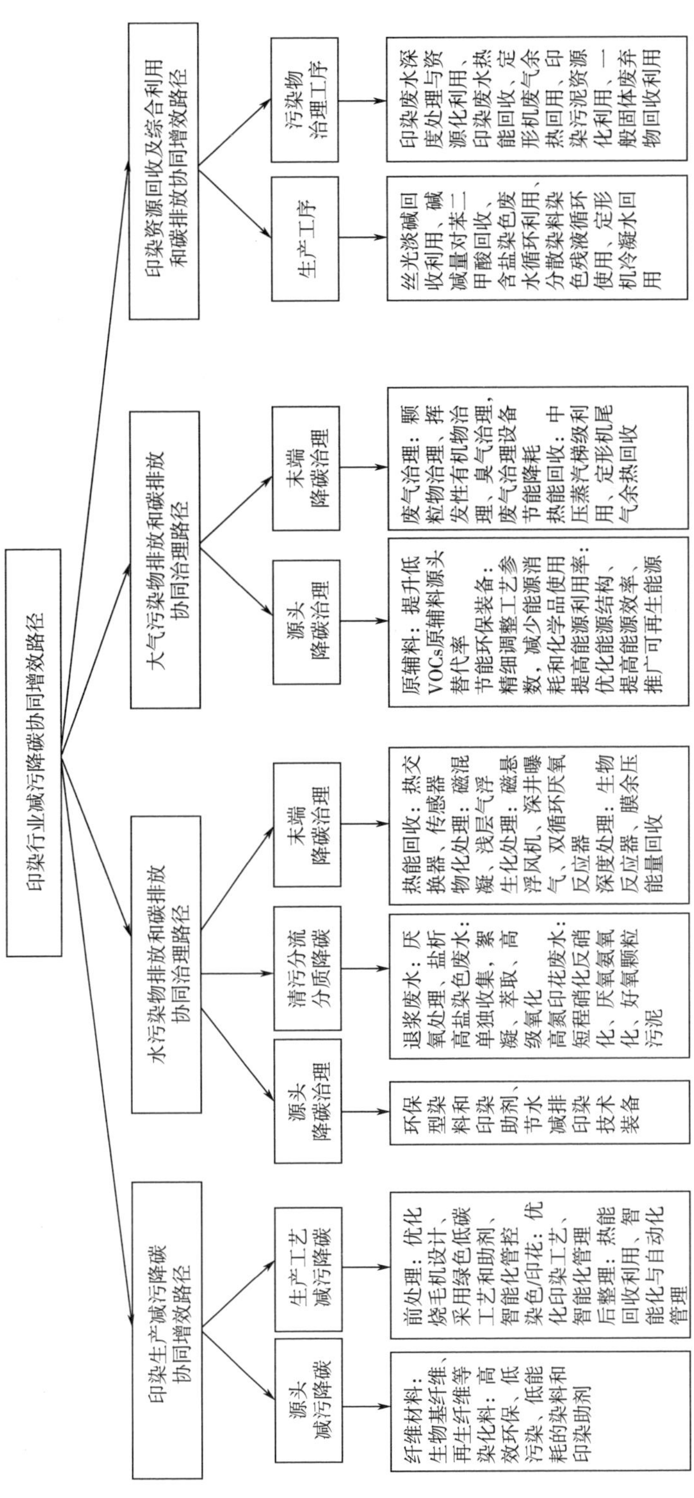


图7-1　印染行业减污降碳协同增效路径图

# 第8章　印染行业减污降碳协同控制改造提升典型示范工程

## 8.1　印染企业典型示范案例工程

### 8.1.1　A 棉机织印染企业

#### 8.1.1.1　建设用能管理制度，达到能源管理精细化

企业能源管理实行三级用能、用水计量管理，设置专门机构对能源、取水、排污情况进行监督，制定能源计量、统计分析、节能管理、考核等相关制度文件。企业通过不断开展清洁生产审核、水平衡测试、能源审计等工作，提高资源的综合利用效率。

#### 8.1.1.2　研发绿色生态加工技术，促进绿色低碳高质量发展

研发应用绿色低碳适用技术，如生物酶冷堆、双幅联动前处理、低温前处理、低尿素纯棉精细印花、低盐低碱活性染料染色、潮固色染色和冷轧堆染色、定形机废气高效收集处理及余热回用、印染废水深度处理及回用等技术，节能降碳效果显著。

（1）低温退浆工艺的研发与应用。开发一种适用于涤棉、纯棉及汉麻织物低温短流程处理工艺，采用碱氧一浴工艺对织物进行一步法低温前处理，使织物获得一定的毛效；浸轧工作液后堆置过程可利用助剂间的反应热和第一格水洗槽热水回流来实现60℃环境，无须通蒸汽即可实现，且堆置时间短。该技术缩短了工艺流程、降低了成本，能够达到高温碱蒸、氯漂、氧漂脱氯工艺的处理效果。蒸汽百米单耗降低11.1%，年节约蒸汽1.81万吨，折合减少碳排放5803吨。通过攻关成果的产业化，降低织物前处理过程的能耗和污染物排放。

（2）调整废水处理工艺为二级AO。废水处理通过工艺调整，由原来的一级AO改为二级AO，利用厌氧后的高浓度退浆废水作为碳源，替代混合废水处理工艺。高浓度退浆废水作为碳源，被反硝化菌用于生物脱氮，从而减少了退浆水通过好氧生物降解的电耗。改造后的废水处理年节电243.9万千瓦时，折合减少碳

排放1391吨。

#### 8.1.1.3 升级改造先进生产环保装备，提升能源利用率

引进高能效定形机、拉幅机，实现中压蒸汽冷凝水100℃以下排放，排放的冷凝水通过集中回收系统回收至锅炉重复利用，能效提升10%以上。排放高温冷凝水（温度170℃左右）的焙烘机，采用了集中回收闪蒸处理的方式，通过专用的高温冷凝水回收管道集中输送至闪蒸罐，释放约10%的闪蒸汽后高温冷凝水的温度由170℃左右下降至140~150℃，再经过降温水系统降温至100℃以内，回收至锅炉使用，余热资源和蒸汽冷凝水得到充分的利用。

#### 8.1.1.4 以信息技术为嫁接，实现能源消耗增速减缓

推行资源能源环境数字化、智能化管控。先后完成智能化升级改造染色生产线12条、印花生产线31条，从产品前处理、染色、后整理、物流交付等主要生产工艺实施主流程智能化改造，建设连续平幅全流程智能制造示范工厂，为印染行业建立智能制造示范工厂新标杆。

建立生产管控中心与生产机台的一体化管理系统，实现纺织印染工艺参数在线监测及反馈控制。基于工业互联网技术，开发了数据网关，实现了平幅连续印染全流程设备等生产要素的互联互通。实现了设备关键参数采集率100%，故障诊断正确率≥94%，产品一次准确率≥98%。

建立精准智能化生产管理系统，实现化学品储用智能化开发了生产过程的能耗管理、染化料集中智能配送、基于遗传算法的生产计划智能排产及基于数据驱动的织物染色智能配色等系统，实现了平幅连续印染全流程智能化管控，提高生产物料管理水平效能。实现了连续印染棉及棉混纺产品全流程染化料助剂全自动配置率≥98%，连续印染自动排产使用率100%，并可人工干预及调整，印染染色配方准确率≥80%。

#### 8.1.1.5 建设光伏发电项目，加快绿电使用及能源转型

建设光伏发电项目，装机容量6兆瓦，实现年平均发电量为657万千瓦时，年均等效满负荷利用小时数为1100小时。

### 8.1.2 B化纤机织印染企业

#### 8.1.2.1 推进化学品绿色使用管理

推进化学品绿色管控，加强供应商管理，按照绿色制造要求对化学品进行严格检测和筛选，积极引进绿色高性能印染化学品，使用无氟防水剂代替含氟防水剂、新型环保功能性助剂等，坚持原料无害化，促进印染可持续技术创新。

#### 8.1.2.2 加强环境保护和节能减排

研发和推广高效、节水、节能新设备和新技术，陆续研发了“印染废水短流

程大通量节能高效膜处理及循环回用技术”“印染污泥焚烧处理技术”“定形机烟气深度处理技术”等。

积极实施节能减排方案：冷堆平幅高效水洗前处理技术，碱浓在线监测与控制系统，染缸降温冷却水、蒸汽冷凝水回用，气液分离染色机推广应用，染化料自动称量、配置和输送系统，印花自动调浆系统，免复练棉出水染色一浴法工艺技术，定形机能源采集及控制系统，定形中压蒸汽阶梯利用，定形废气高效收集处理，废水膜处理高效回用技术，印染 ERP 系统开发和应用，生产智能化技术改造项目，优化能源结构煤改气项目等。企业的定形废气深度处理、天然气供热定形应用等多项绿色生产技术连续被列入中国印染行业节能减排先进技术推荐目录，在行业中推广应用。

#### 8.1.2.3　建设光伏发电

企业一个分厂建立 18000m$^2$ 的屋顶光伏板，可发电 1200kW · h/h，按照江浙地区年日照 1200h 计，每年可产生绿电 144 万千瓦时，按照 0.8 元/千瓦时电费单价计算，可节约电费 115.2 万元；可节约 177 吨标准煤，可节约 637 吨二氧化碳。通过采用屋顶光伏发电应用于污染物处理设施运行，不仅可以为设施提供清洁的电力供应，降低企业的碳排放量，还可以提高能源利用效率，降低能源使用成本。

### 8.1.3　C 棉、化纤印染企业

#### 8.1.3.1　高效清洁生产设备

（1）全方位推进自动化配液系统的应用。通过引进国外自动化配液系统，使得集团各分厂生产用助剂、染化料均可集中供给、自动计量，多余染料可回收利用，在保证优质生产的同时，大大减少染化料及助剂的浪费，染化料及助剂的用量减少 3%，水用量减少 10%。

（2）引进高效节能型前处理设备。为降低前处理生产中的能耗，引进德国退煮漂丝光高效节能联合机，该设备对生产用水、汽、液进行全自动控制，蒸洗箱采用逐格蛇行回流，煮练、漂白、丝光各段废水均利用换热器进行热回收、利用。

（3）主体设备均采用节能型。所有设备均选用节能环保型，水洗设备均采用逐格蛇行回流，通过水量调节，使得生产用水得到最大限度的利用。

（4）引进国外连续染色中样机。

#### 8.1.3.2　节能环保生产工艺

（1）冷轧堆前处理退浆生产工艺。通过对烧毛机改造，将传统二步法生产工艺更改为一步法连续生产工艺，烧毛后段进行浸轧热碱与高效精练剂，湿落布进行室温打卷转动 8 小时，通过工作液与织物上的浆料进行膨化、降解，使得织

物上的浆料和杂质更易去除，缩短了前处理工艺流程，节约了大量人力、物力及能源，减少了废水排放。

（2）冷堆染色技术生产应用。染料和纤维的吸附、扩散和固色反应是在堆置中完成的，通常都在室温下进行的，较轧染省去了中间烘燥和汽蒸或焙烘两道工序，节约了能耗，同时由于该工艺中染料水解少，固色率较高，冷染后的皂洗，也节省大量生产用水和蒸汽。

（3）生物酶生产应用。传统纯棉坯布前处理采用高温强碱进行退煮和氧漂，对织物有一定损伤，处理后的手感粗糙，且消耗大量能源，生产效率较低，增大废水处理成本与难度，采用酶与双氧水一步法处理棉织物，使得退浆和煮练漂白同时完成，大大缩短前处理流程，减少加工时间，节约能源，处理后棉半制品质量稳定，成本降低，同时显著降低废水 pH 值，减少污染物的排放。

（4）高品质染料与环保助剂使用。选用双活性基团、多活性基团代替普通单活性基团活性染料，提高染色和印花得色量，减少染料使用量。采用高牢度、高水洗分散染料代替普通的分散染料进行生产使用，通过染料筛选，降低了有色废水的排放浓度，减轻废水处理的压力。通过环保型助剂如无磷洗涤剂、无甲醛黏合剂、低甲醛树脂、无甲醛固色剂等生产使用，降低废水处理压力。

（5）涂料印花生产工艺。涂料印花无须蒸化和水洗，工艺简单，水性合成增稠剂因具有对环境和待印产品影响小，色光易于调整和控制，相关牢度优于活性染料，针对部分色浅，印制面积小的花型，可以替代活性印花，其能源节约效果更加明显。

（6）丝光淡碱的回收利用。通过技术处理，对丝光后的残碱进行回收与处理，使得回收后的碱浓度达到 260g/L 以上，减少了废水处理的压力。

（7）合理安排生产提高效率。通过集中生产、加强工艺管理和监控来提高染色的一次成功率，降低能耗产出比，节省能源和染化料的耗用。

（8）太阳能热水处理。通过建立太阳能热水处理系统，实现 70℃ 以上的热水供生产使用，减少二氧化碳排放，节约蒸汽使用。

### 8.1.4 D 棉针织印染企业

#### 8.1.4.1 热能回收

中低压蒸汽热能：中压闪蒸饱和蒸汽供定形用，余汽闪蒸成低压蒸汽供染色，染色余汽与冷水交换成热水供染色与印花后水洗用。

冷凝水：低压蒸汽转换热能过程产生冷凝水温度高达 90℃ 左右，直接进入冷水池将水加热供生产应用，减少水及热能浪费。

废水热能交换：废水排放必须达到废水处理温度要求≤40℃以下，而出缸排水温度约 60℃，利用冷水交换使废水温度降低，冷水温度升高，达到节能作用。

#### 8.1.4.2　热水工艺应用

工艺 20~30℃水入染改为 45~50℃入染，染色吨布耗汽由原来 2.7 吨汽/吨布降低到 1.8 吨汽/吨布，定形耗汽由原来 2.8~3.0 吨汽/吨布降低到 2~2.2 吨汽/吨布。

高温热水（冷凝水）：冷凝水及废蒸汽入水池经控温产生 70~75℃的热水。

中温热水（降温水）：因不同材质需不同温度染色及前后处理，都需降温，会产生大量的降温水，并网回收于热水池。

中温热水（废水热交换）：将 50℃左右废水用冷水交换热能，使废水降于 40℃以下直接排放到园区废水管网，冷水升到 45℃以上用于染色。

#### 8.1.4.3　针织布平幅前处理

棉类布经连续前处理后进缸染色，减少缸内前处理耗能，提高染缸利用率，较缸里前处理省水 87%。

#### 8.1.4.4　一浴法染色

涤棉织物除油染涤再氧漂后染棉，减少染涤后处理工艺时间及耗能；涤棉织物氧漂染涤一浴法，减少氧漂工艺时间；涤棉织物分散活性一浴法染色，减少染棉时间；腈棉一浴两步法染色工艺，减少分步法耗水；棉荧光白色工艺，抛光增白一浴，替代两步法处理工艺，减少工艺时间及能耗；锦棉一浴两步法染色，减少两浴染色工艺耗能，牢度好、效率高。

#### 8.1.4.5　能源管理系统

引进能源在线监控系统，采集能耗数据，分析改进措施，降低耗能，减少无用消耗，推动节能减排进程。

### 8.1.5　E 棉及其混纺针织印染企业

#### 8.1.5.1　安装太阳能光伏

将企业厂内混凝土厂房屋顶全部安装太阳能光伏。2022 年 8 月 19 日已完成的部分开始并网发电至 2022 年 12 月 14 日已累计发电 101.16 万 kW·h，全部完工后年发电量达到 3800 万 kW·h，可减少碳排放 2910.8 吨。

#### 8.1.5.2　引进 MES 系统

为了提高工厂的智能化管理，企业引进德国 SETEX 的 MES 系统，从织造、染色、烘干、起毛刷毛、定形及检查，全部联入 MES 系统，能有效监管及跟踪到生产每个环节的进度、能耗及排产。

#### 8.1.5.3　空压机变频改造

原有空压机是 160kW 工频阿特拉斯螺杆鼓风机，设备空转或因负荷调整启动频繁，能耗高。企业将电厂旧燃煤锅炉的风机变频器改造用于空压机，用变频调整控制，节约能源。项目从 2022 年 7 月启动，2022 年 10 月投入运行，年节约用电 31.68 万千瓦时，可减少碳排放 242.67 吨。

#### 8.1.5.4 废水回用改造

将定形机除尘用水改成用废水处理后的排放水，减少新鲜水的用量，改造增加了 200 多米管道和 11kW 水泵及 4kW 水泵各一台，年节约用水 4.95 万立方米。

#### 8.1.5.5 生活区热水系统改造

生活区热水原是用蒸汽通过热交换产生的热水，管路远、热损失严重。2022 年 7 月，企业改造了热水系统，引进了 6 台 10 匹 KFXRS-33Ⅱ型空气能热水器，利用热泵原理，压缩机驱动制冷进行逆卡诺循环，从空气中吸取热量产生高品质热水，设备包括 6 台 10 匹主机、12 个 6 吨水箱和管道，工程已于 2022 年 11 月完工，年可节约用水 2000 多吨，减少蒸汽用量 840 吨，增加用电 22.67 万千瓦时，减少碳排放 76.4 吨。

### 8.1.6 F 棉、化纤针织印染企业

#### 8.1.6.1 提高资源利用率

通过染色工艺优化、冷轧前处理改善、低浴比染色机、染色机自动加药系统等一系列的方案的实施，并加强生产过程的管理及控制，规范了生产作业行为，员工操作熟练度提升，减少单位产品原辅料消耗，提高资源利用率。企业产生的炉渣、粉煤灰由建材企业综合利用，废布料、废纸皮等外售给回收单位。

#### 8.1.6.2 水资源循环利用

水资源循环利用包括蒸汽冷凝水、机台冷却水、清水回用以及废水处理厂回用。机台冷却水主要来自染色机，通过专门管道收集至厂区蓄水池，利用水中余热再回用于坯布染色清洗。蒸汽冷凝水主要来自染色机，冷凝水温度 90℃左右，用作染色用水，减少染色过程中蒸汽消耗。清水回用主要来自染色机还原清洗废水经收集后回用于前处理工序。废水处理厂中水进入厂区蓄水池，回用于生产及厂区绿化。

#### 8.1.6.3 实现能源低碳化

不断提升传统能源的综合利用，持续推进减材、节能节水、清洁生产、减排和资源综合利用等方面的技术改造。使用含硫量低、热值高的燃煤，采用低浴比染色机改造、染色机输送料自动化改造、冷轧堆设备改造、定形机节能提升改造、定形机余热回收、锅炉余热回收、染色机机台余热回收、锅炉冷凝水余热回收等一系列优化用能及蒸汽余热回收利用措施，推动企业实现节能降耗，减少能源消耗，优化用能结构。

#### 8.1.6.4 生产工艺绿色处理

选用低浴比染色机和节能型定形机，采用冷轧堆前处理工艺、连续水洗前处

理工艺以及对染整工艺进行优化改善，将生产过程中的各类耗损控制到最低。

向工业 4.0 转型升级，对技术中心和生产车间进行智能化改造，建成了以企业 ERP 系统和立信染整 viewtex 自动化控制系统、台湾流亚 LogicAr 染色机中央控制系统为核心，辅以 Datacolor 分光测配色仪、宏益滴液系统、台湾流亚助剂自动配输送系统、匠心科技的染料自动配输送系统、无纸化电子料单染料称量管理系统一体的印染企业管理控制系统等措施，提高生产工艺水平。

## 8.2　印染集聚区实践案例

浙江诸暨华都纺织产业城总体产业结构以纺织印染为主，同时配套园区废水预处理、中水回用系统及河水净化处理系统、印染污泥干化系统等公用设施，最终形成集纺织、印染、后整理、水净化处理、三废综合处理利用于一体的大型综合性绿色生态印染集聚园区，打造全国印染集聚示范区，争创“国家级绿色环保低碳循环产业园”。

### 8.2.1　源头减排，优化产业能源结构

#### 8.2.1.1　统一管理，协同推进机制

华都国际纺织产业城采用“统一管理、独立经营”模式，集团统一制定由华都国际纺织产业城主要领导牵头的减污降碳协同试点建设工作专班，统筹推进减污降碳协同试点建设工作，跟踪试点建设总体进展。强化华都国际纺织产业城减污降碳协同试点建设工作领导小组的工作职责，定期召开领导小组工作协调会议，解决减污降碳试点工作中的难点问题，保障试点工作顺利进行。

#### 8.2.1.2　光伏发电，点燃绿色引擎

华都国际纺织产业城目前正对园区厂房等建筑屋顶安装太阳能光伏发电系统，电站运营采用“自发自用，余电上网”模式，建设采用 EPC 总包模式，到 2025 年预计装机总量达 12.8MW。园区安装智慧能源管理系统，通过采用智慧能源管理系统对各类能源介质和能耗设备进行管理控制、分析，发现园区本身的用能异常情况，达到节能减排的效果。预计可发电约 1278 万千瓦时，年可节约能耗 3680.64tce，综合能耗下降 10%。

### 8.2.2　过程控制，提升清洁生产水平

华都国际纺织产业城积极引入并发展绿色技术。目前，园区内已开展了 4 项环保型前处理和后整理技术（生物酶前处理、棉及其混纺织物低温前处理、无氟

防水整理、环保节能定形），5 项节能减排染色和印花技术（低浴比气液染色机、数码喷墨印花、低尿素活性染料印花、液态分散染料印染、高牢度涂料印花），减少生产过程中的污染排放。此外，华都国际纺织产业城将大力发展数码印花，全力打造“全球最大的数码印花基地”。2022 年华都国际纺织产业城实施产业城项目二期，新建数码印花中心，按照国际化、专业化的总体要求，引进国内外最高端的 onepass 直喷数码印花机和全自动称料系统等先进设备。相比于传统印染机，数码印花机基本实现 100%的精确度，产值提升 55.7%，能耗降低近 26%，人工降低 20.5%。按一天连续工作 8 小时计算，传统印染机一天所排废水量为 8~9 吨，而数码印花机所排废水量仅 1 吨。并且经过智能化处理，数码印花机能降低 50%的废气排放量，用水量只需传统机用水量的 20%，并且可循环利用。

### 8.2.3 末端治理，促进资源循环利用

#### 8.2.3.1 废水分质预处理，中水回收利用

园区配建了 50000 吨/日废水预处理中心及 55%回用率膜中水回用项目，对生产废水统一纳管、统一预处理，并对碱减量、印花废水进行分流管控。废水池采用全密封设计理念，有效控制废气外溢。园区企业生产车间内禁止建造废水池，所产生的废水分质、分流，通过不锈钢密闭安全管网输送到集中预处理中心，废水进入管网前不得进行加药处理杜绝车间内因处理废水发生安全事故。采用轻物化强生化处理工艺，利用 MES 数据管理系统实现自动加药控制，可节省药剂用量 40%以上，污泥量减少 30%以上。

#### 8.2.3.2 废气收集处理，余热回收利用

华都国际纺织产业城废气主要为定形机废气、烘干废气、烧毛机废气以及废水站（图 8-1）废气等，共有废气处理装置 31 套。对废气中的染整油烟去除率达 90%以上，颗粒物去除率达 92%以上，VOCs 去除率达 95%以上。环保管控实行 24 小时值班制全面实现运行设备可视化、采集数据云端化、环保管控实时化，建立追溯时间长达 12 个月以上的长效管理机制。此外，在厂房之间设置了通风井，车间内各种无组织废气通过负压风机，排入两栋厂房中间的通风井道。借助通风井通风效果，同时加以高效负压风机辅助，形成车间内空气的定向流动，经过水喷淋碰撞除尘，再经过高压静电离子吸附后排放。使用尽量小的风机风量，实现无组织废气最终排放量最小化。园区还对 127 台定形机统一安装了余热回收装置，对设备外排的热能进行回收利用，降低排放温度，节约能耗，单台设备热回收率达 30%、净化电能节省 50%、碳排放量降低 40%、设备可节约热能消耗 20%。

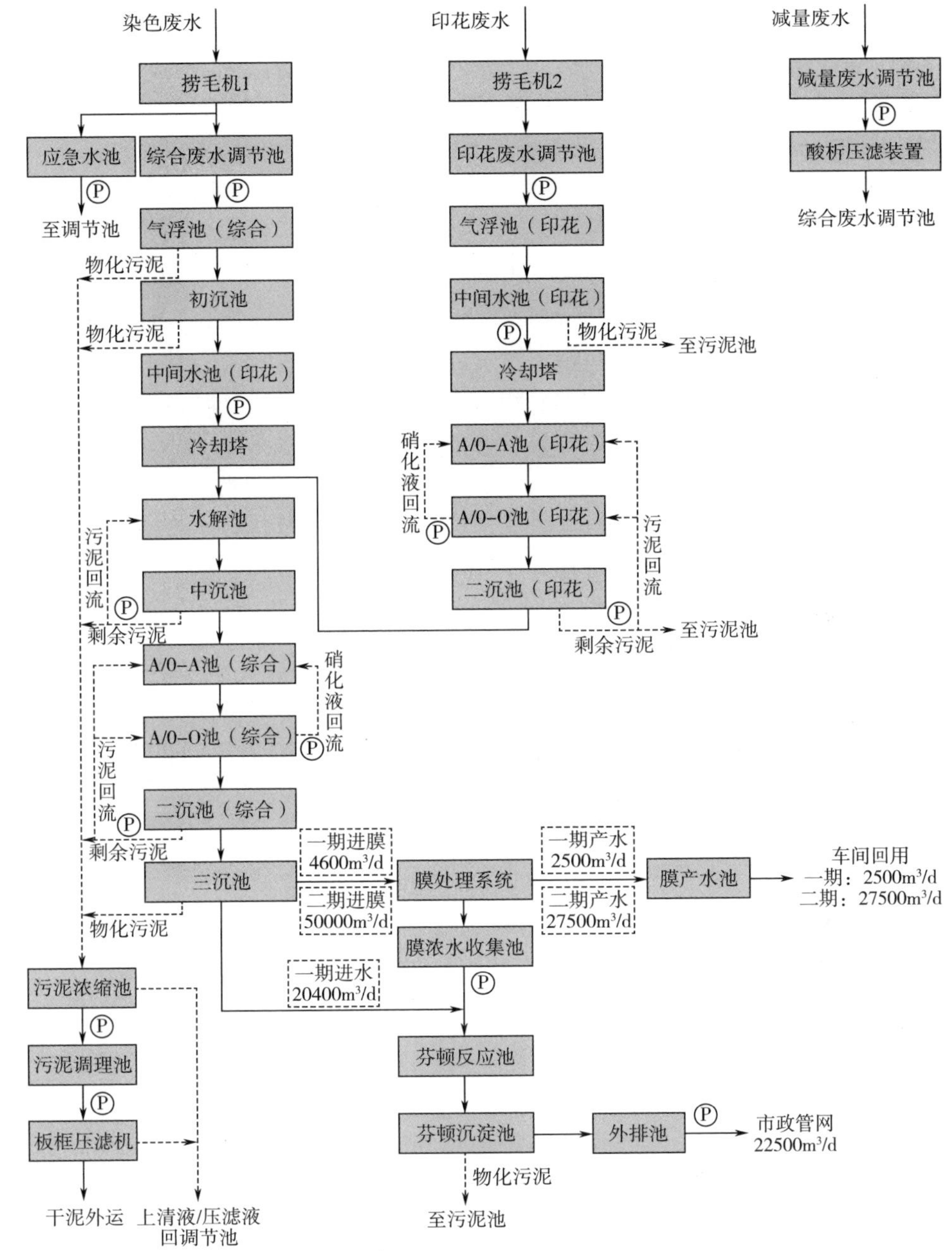


**图 8–1 废水处理系统工艺流程图**

#### 8.2.3.3 污泥干化发电

印染生产过程产生的工业固体废物一般都能做到分类收集、分质处理。印染污泥的处置是需要关注的重点，园区内对其回收利用有两种方式。一为污泥干化后协同电厂焚烧。通过低温干化，协同诸暨市八方热电厂处置污泥，进行混合燃烧发电，既可通过焚烧使干化的污泥体积降至最小程度，使垃圾达到减量化处置目的，同时可变废为宝，将污泥中的热值回收利用，降低污泥处理成本。二为污泥里“淘金”变废为电池。以污泥为燃料的液体直接燃料电池技术可以实现污泥的高效、清洁利用，是一项极有前景的新型燃料电池技术。园区与韩国釜山大学教授合作“污泥制作燃料电池”相关课题研究，实现污泥资源化利用。

#### 8.2.3.4 数字驱动，助力精准化管理

华都国际纺织产业城将物联网技术引入到园区建设，实行统一管理，并整合能源在线监测平台、废气处理设施运维管控平台、废水实时监测平台、数字化车间、绿色采购、智慧仓储、无人机感知监测等应用场景基础平台，实现生产与生态环境数据融合。通过统一的数据标准规范，保障大量、异构数据的规范统一、融合互通。以“资产”的理念看待数据，对数据资产进行分主题存储和可视化管理，摸清数据家底，助力数据资源高效利用。华都国际纺织产业城数智管控中心将依托现有基础，不断完善提升平台功能、拓展应用场景，实现企业全面智能化改造。通过对园区企业综合能源数据进行分析，谋划接入污染物排放相关数据，分析园区内企业碳污相关数据，最终实现减污降碳成效评估、碳污溯源、方案制定以及目标考核。

# 第9章 印染行业减污降碳协同增效建议

推动减污降碳协同增效是我国贯彻新发展理念、统筹推进“五位一体”总体布局的必然选择。印染行业要坚定不移贯彻新发展理念，把实现减污降碳协同增效作为深入打好污染防治攻坚战的目标要求和促进行业绿色低碳转型的总抓手，提升减污降碳协同能力，深入推进绿色低碳转型和高质量发展。

## 9.1 开展减污降碳协同增效关键技术研发与推广

从印染生产前处理、染色、印花、后整理等全流程，研发与推广减污降碳协同增效关键技术装备，鼓励印染企业采用低能耗、低排放的清洁生产技术，减少废水、废气、固废的产生。加大对高效节能设备的研发力度，提高设备的能源利用效率，降低碳排放。

## 9.2 加强污染物排放和碳排放协同治理

强化环境治理协同技术的研发与应用，加强环境治理措施与减污降碳技术的协同作用，以更低的处理成本和更低的能耗实现更高的处理效率，增强污染物排放与温室气体协同控制的效果。

## 9.3 强化数字赋能，提升智能化管理水平

推动印染企业实施智能化改造，加强新一代信息技术在印染行业设计研发、生产制造、现场管理、仓储物流、运营决策等各环节的应用，进一步扩展印染ERP系统、MES系统、SFC系统的应用深度和广度，完成对工艺参数、能源消耗和过程质量的全方位管理。聚焦污染物排放、能耗监测、碳排放数据管理等重点

领域，创建智慧能源管理平台，实现能源的智慧监测和碳排放精细化管理，提升行业智能化管理水平。

## 9.4 加强资源回收及综合利用和碳排放协同增效

鼓励印染企业构建循环经济模式，实现资源的循环利用。建立完善的低能耗废水、废气、固废的处理与回用系统，对印染废水进行深度处理，实现废水的高效回用；充分做好废气尤其是无组织排放废气的低能耗收集处理；分类收集处理固废，实现资源化利用。

## 9.5 进一步提高能源综合利用水平

持续推进能源结构调整，强化煤炭清洁高效利用，有效推进煤改气（汽）进程，逐渐扩大太阳能、风能等可再生能源作为补充能源的应用范围。推广热能回收技术，充分加强印染生产过程中的热能回收工作，提高能源利用效率。

## 9.6 强化政策引导与支持

制定和完善印染行业环保政策、标准，鼓励企业实施减污降碳措施。出台财政、税收等优惠政策，支持印染企业开展减污降碳项目和技术创新，实施绿色税收和补贴政策，鼓励企业加大环保投入。

## 9.7 促进产业链协同与合作

强化印染行业与上游纤维材料、染化料、生产装备、下游终端产品等产业链各环节的协同关系，建立绿色供应链体系，提升整个纺织产业链供应链的绿色发展水平。建立印染行业协作平台，促进企业间的信息共享、技术交流和合作创新，共同推动行业减污降碳工作。

## 9.8 加大人才培养与宣传力度

加大对环保人才的培养力度，提高印染行业从业人员的环保意识和技能水平。通过媒体、网络等渠道，开展环保宣传与教育，提高公众对印染行业减污降碳工作的关注度和参与度。

# 附　录

## 附录 1　相关参数值

常见化石燃料特性参数缺省值见附表 1-1。

**附表 1-1　常见化石燃料特性参数缺省值**

| 燃料品种 | | 低位发热量 | | 单位热值含碳量（吨碳/吉焦） | 燃料碳氧化率（%） |
|---|---|---|---|---|---|
| | | 缺省值 | 单位 | | |
| 固体燃料 | 无烟煤 | 24.515 | 吉焦/吨 | $27.49\times10^{-3}$ | 94 |
| | 烟煤 | 23.204 | 吉焦/吨 | $26.18\times10^{-3}$ | 93 |
| | 褐煤 | 14.449 | 吉焦/吨 | $28.00\times10^{-3}$ | 96 |
| | 洗精煤 | 26.344 | 吉焦/吨 | $25.40\times10^{-3}$ | 93 |
| | 其他洗煤 | 15.373 | 吉焦/吨 | $25.40\times10^{-3}$ | 90 |
| | 型煤 | 17.460 | 吉焦/吨 | $33.60\times10^{-3}$ | 90 |
| | 焦炭 | 28.446 | 吉焦/吨 | $29.40\times10^{-3}$ | 93 |
| 液体燃料 | 原油 | 42.62 | 吉焦/吨 | $20.10\times10^{-3}$ | 98 |
| | 燃料油 | 40.19 | 吉焦/吨 | $21.10\times10^{-3}$ | 98 |
| | 汽油 | 44.80 | 吉焦/吨 | $18.90\times10^{-3}$ | 98 |
| | 柴油 | 43.33 | 吉焦/吨 | $20.20\times10^{-3}$ | 98 |
| | 一般煤油 | 44.75 | 吉焦/吨 | $19.60\times10^{-3}$ | 98 |
| | 石油焦 | 31.00 | 吉焦/吨 | $27.50\times10^{-3}$ | 98 |
| | 其他石油制品 | 40.19 | 吉焦/吨 | $20.00\times10^{-3}$ | 98 |
| | 焦油 | 33.453 | 吉焦/吨 | $22.00\times10^{-3}$ | 98 |
| | 粗苯 | 41.816 | 吉焦/吨 | $22.70\times10^{-3}$ | 98 |
| 气体燃料 | 炼厂干气 | 46.05 | 吉焦/吨 | $18.20\times10^{-3}$ | 99 |
| | 液化石油气 | 47.31 | 吉焦/吨 | $17.20\times10^{-3}$ | 99 |
| | 液化天然气 | 41.868 | 吉焦/吨 | $15.30\times10^{-3}$ | 99 |
| | 天然气 | 389.31 | 吉焦/万立方米 | $15.30\times10^{-3}$ | 99 |

续表

| 燃料品种 | | 低位发热量 | | 单位热值含碳量（吨碳/吉焦） | 燃料碳氧化率（%） |
|---|---|---|---|---|---|
| | | 缺省值 | 单位 | | |
| 气体燃料 | 焦炉煤气 | 173.854 | 吉焦/万立方米 | $13.60\times10^{-3}$ | 99 |
| | 高炉煤气 | 37.69 | 吉焦/万立方米 | $70.80\times10^{-3}$ | 99 |
| | 转炉煤气 | 79.54 | 吉焦/万立方米 | $49.60\times10^{-3}$ | 99 |
| | 其他煤气 | 52.34 | 吉焦/万立方米 | $12.20\times10^{-3}$ | 99 |

资料来源：1. 对低位发热量：《2005 年中国温室气体清单研究》等；

2. 对单位热值含碳量：《2006 年 IPCC 国家温室气体清单指南》《省级温室气体清单指南（试行）》等；

3. 对碳氧化率：《省级温室气体清单指南（试行）》等。

饱和蒸汽热焓见附表 1-2。

**附表 1-2　饱和蒸汽热焓表**

| 压力（MPa） | 温度（℃） | 焓（kJ/kg） | 压力（MPa） | 温度（℃） | 焓（kJ/kg） |
|---|---|---|---|---|---|
| 0.001 | 6.98 | 2513.8 | 0.050 | 81.35 | 2645.0 |
| 0.002 | 17.51 | 2533.2 | 0.060 | 85.95 | 2653.6 |
| 0.003 | 24.10 | 2545.2 | 0.070 | 89.96 | 2660.2 |
| 0.004 | 28.98 | 2554.1 | 0.080 | 93.51 | 2666.0 |
| 0.005 | 32.90 | 2561.2 | 0.090 | 96.71 | 2671.1 |
| 0.006 | 36.18 | 2567.1 | 0.10 | 99.63 | 2675.7 |
| 0.007 | 39.02 | 2572.2 | 0.12 | 104.81 | 2683.8 |
| 0.008 | 41.53 | 2576.7 | 0.14 | 109.32 | 2690.8 |
| 0.009 | 43.79 | 2580.8 | 0.16 | 113.32 | 2696.8 |
| 0.010 | 45.83 | 2584.4 | 0.18 | 116.93 | 2702.1 |
| 0.015 | 54.00 | 2598.9 | 0.20 | 120.23 | 2706.9 |
| 0.020 | 60.09 | 2609.6 | 0.25 | 127.43 | 2717.2 |
| 0.025 | 64.99 | 2618.1 | 0.30 | 133.54 | 2725.5 |
| 0.030 | 69.12 | 2625.3 | 0.35 | 138.88 | 2732.5 |
| 0.040 | 75.89 | 2636.8 | 0.40 | 143.62 | 2738.5 |

续表

| 压力（MPa） | 温度（℃） | 焓（kJ/kg） | 压力（MPa） | 温度（℃） | 焓（kJ/kg） |
|---|---|---|---|---|---|
| 0. 45 | 147. 92 | 2743. 8 | 3. 00 | 233. 84 | 2801. 9 |
| 0. 50 | 151. 85 | 2748. 5 | 3. 50 | 242. 54 | 2801. 3 |
| 0. 60 | 158. 84 | 2756. 4 | 4. 00 | 250. 33 | 2799. 4 |
| 0. 70 | 164. 96 | 2762. 9 | 5. 00 | 263. 92 | 2792. 8 |
| 0. 80 | 170. 42 | 2768. 4 | 6. 00 | 275. 56 | 2783. 3 |
| 0. 90 | 175. 36 | 2773. 0 | 7. 00 | 285. 8 | 2771. 4 |
| 1. 00 | 179. 88 | 2777. 0 | 8. 00 | 294. 98 | 2757. 5 |
| 1. 10 | 184. 06 | 2780. 4 | 9. 00 | 303. 31 | 2741. 8 |
| 1. 20 | 187. 96 | 2783. 4 | 10. 0 | 310. 96 | 2724. 4 |
| 1. 30 | 191. 6 | 2786. 0 | 11. 0 | 318. 04 | 2705. 4 |
| 1. 40 | 195. 04 | 2788. 4 | 12. 0 | 324. 64 | 2684. 8 |
| 1. 50 | 198. 28 | 2790. 4 | 13. 0 | 330. 81 | 2662. 4 |
| 1. 60 | 201. 37 | 2792. 2 | 14. 0 | 336. 63 | 2638. 3 |
| 1. 40 | 204. 3 | 2793. 8 | 15. 0 | 342. 12 | 2611. 6 |
| 1. 50 | 207. 1 | 2795. 1 | 16. 0 | 347. 32 | 2582. 7 |
| 1. 90 | 209. 79 | 2796. 4 | 17. 0 | 352. 26 | 2550. 8 |
| 2. 00 | 212. 37 | 2797. 4 | 18. 0 | 356. 96 | 2514. 4 |
| 2. 20 | 217. 24 | 2799. 1 | 19. 0 | 361. 44 | 2470. 1 |
| 2. 40 | 221. 78 | 2800. 4 | 20. 0 | 365. 71 | 2413. 9 |
| 2. 60 | 226. 03 | 2801. 2 | 21. 0 | 369. 79 | 2340. 2 |
| 2. 80 | 230. 04 | 2801. 7 | 22. 0 | 373. 68 | 2192. 5 |

过热蒸汽热焓表见附表 1-3。

**附表 1-3　过热蒸汽热焓表**

（单位：kJ/kg）

| 温度（℃） | 压力（MPa） | | | | | | | | | | | |
|---|---|---|---|---|---|---|---|---|---|---|---|---|
| | 0.01 | 0.1 | 0.5 | 1 | 3 | 5 | 7 | 10 | 14 | 20 | 25 | 30 |
| 0 | 0 | 0.1 | 0.5 | 1 | 3 | 5 | 7.1 | 10.1 | 14.1 | 20.1 | 25.1 | 30 |
| 10 | 42 | 42.1 | 42.5 | 43 | 44.9 | 46.9 | 48.8 | 51.7 | 55.6 | 61.3 | 66.1 | 70.8 |
| 20 | 83.9 | 84 | 84.3 | 84.8 | 86.7 | 88.6 | 90.4 | 93.2 | 97 | 102.5 | 107.1 | 111.7 |
| 40 | 167.4 | 167.5 | 167.9 | 168.3 | 170.1 | 171.9 | 173.6 | 176.3 | 179.8 | 185.1 | 189.4 | 193.8 |
| 60 | 2611.3 | 251.2 | 251.2 | 251.9 | 253.6 | 255.3 | 256.9 | 259.4 | 262.8 | 267.8 | 272 | 276.1 |
| 80 | 2649.3 | 335 | 335.3 | 335.7 | 337.3 | 338.8 | 340.4 | 342.8 | 346 | 350.8 | 354.8 | 358.7 |
| 100 | 2687.3 | 2676.5 | 419.4 | 419.7 | 421.2 | 422.7 | 424.2 | 426.5 | 429.5 | 434 | 437.8 | 441.6 |
| 120 | 2725.4 | 2716.8 | 503.9 | 504.3 | 505.7 | 507.1 | 508.5 | 510.6 | 513.5 | 517.7 | 521.3 | 524.9 |
| 140 | 2763.6 | 2756.6 | 589.2 | 589.5 | 590.8 | 592.1 | 593.4 | 595.4 | 598 | 602 | 605.4 | 603.1 |
| 160 | 2802 | 2796.2 | 2767.3 | 675.7 | 676.9 | 678 | 679.2 | 681 | 683.4 | 687.1 | 690.2 | 693.3 |
| 180 | 2840.6 | 2835.7 | 2812.1 | 2777.3 | 764.1 | 765.2 | 766.2 | 767.8 | 769.9 | 773.1 | 775.9 | 778.7 |
| 200 | 2879.3 | 2875.2 | 2855.5 | 2827.5 | 853 | 853.8 | 854.6 | 855.9 | 857.7 | 860.4 | 862.8 | 856.2 |
| 220 | 2918.3 | 2914.7 | 2898 | 2874.9 | 943.9 | 944.4 | 945.0 | 946 | 947.2 | 949.3 | 951.2 | 953.1 |
| 240 | 2957.4 | 2954.3 | 2939.9 | 2920.5 | 2823 | 1037.8 | 1038.0 | 1038.4 | 1039.1 | 1040.3 | 1041.5 | 1024.8 |
| 260 | 2996.8 | 2994.1 | 2981.5 | 2964.8 | 2885.5 | 1135 | 1134.7 | 1134.3 | 1134.1 | 1134 | 1134.3 | 1134.8 |
| 280 | 3036.5 | 3034 | 3022.9 | 3008.3 | 2941.8 | 2857 | 1236.7 | 1235.2 | 1233.5 | 1231.6 | 1230.5 | 1229.9 |

续表

| 温度（℃） | 压力（MPa） | | | | | | | | | | | |
|---|---|---|---|---|---|---|---|---|---|---|---|---|
| | 0.01 | 0.1 | 0.5 | 1 | 3 | 5 | 7 | 10 | 14 | 20 | 25 | 30 |
| 300 | 3076.3 | 3074.1 | 3064.2 | 3051.3 | 2994.2 | 2925.4 | 2839.2 | 1343.7 | 1339.5 | 1334.6 | 1331.5 | 1329 |
| 350 | 3177 | 3175.3 | 3167.6 | 3157.7 | 3115.7 | 3069.2 | 3017.0 | 2924.2 | 2753.5 | 1648.4 | 1626.4 | 1611.3 |
| 400 | 3279.4 | 3278 | 3217.8 | 3264 | 3231.6 | 3196.9 | 3159.7 | 3098.5 | 3004 | 2820.1 | 2583.2 | 2159.1 |
| 420 | 3320.96 | 3319.68 | 3313.8 | 3306.6 | 3276.9 | 3245.4 | 3211.0 | 3155.98 | 3072.72 | 2917.02 | 2730.76 | 2424.7 |
| 440 | 3362.52 | 3361.36 | 3355.9 | 3349.3 | 3321.9 | 3293.2 | 3262.3 | 3213.46 | 3141.44 | 3013.94 | 2878.32 | 2690.3 |
| 450 | 3383.3 | 3382.2 | 3377.1 | 3370.7 | 3344.4 | 3316.8 | 3288.0 | 3242.2 | 3175.8 | 3062.4 | 2952.1 | 2823.1 |
| 480 | 3446.66 | 3445.62 | 3440.9 | 3435.1 | 3411.6 | 3387.2 | 3361.3 | 3321.34 | 3264.12 | 3169.08 | 3079.84 | 2979.58 |
| 500 | 3488.9 | 3487.9 | 3483.7 | 3478.3 | 3456.4 | 3433.8 | 3410.2 | 3374.1 | 3323 | 3240.2 | 3165 | 3083.9 |
| 520 | 3531.82 | 3530.9 | 3526.9 | 3521.86 | 3501.28 | 3480.12 | 3458.6 | 3425.1 | 3378.4 | 3303.7 | 3237 | 3166.1 |
| 540 | 3574.74 | 3573.9 | 3570.1 | 3565.42 | 3546.16 | 3526.44 | 3506.4 | 3475.4 | 3432.5 | 3364.6 | 3304.7 | 3241.7 |
| 550 | 3593.2 | 3595.4 | 3591.7 | 3587.2 | 3568.6 | 3549.6 | 3530.2 | 3500.4 | 3459.2 | 3394.3 | 3337.3 | 3277.7 |
| 560 | 3618 | 3617.22 | 3613.64 | 3609.24 | 3591.18 | 3572.76 | 3554.1 | 3525.4 | 3485.8 | 3423.6 | 3369.2 | 3312.6 |
| 580 | 3661.6 | 3660.86 | 3657.52 | 3653.32 | 3636.34 | 3619.08 | 3601.6 | 3574.9 | 3538.2 | 3480.9 | 3431.2 | 3379.8 |
| 600 | 3705.2 | 3704.5 | 3701.4 | 3697.4 | 3681.5 | 3665.4 | 3649.0 | 3624 | 3589.8 | 3536.9 | 3491.2 | 3444.2 |

# 附录2 中国印染行业节能减排先进技术推荐目录

中国印染行业节能减排先进技术推荐目录见附表2-1~附表2-17。

附表2-1 第一批中国印染行业节能减排先进技术推荐目录

| 序号 | 分类 | 技术名称 | 技术申报单位 |
|---|---|---|---|
| 1 | 2007-G-001 | 活性染料无盐轧蒸连续染色工艺 | 山西彩佳印染有限公司 |
| 2 | 2007-G-002 | 生物酶在亚麻、麻棉混纺及棉染整加工中的应用 | 深圳新龙亚麻纺织漂染有限公司 |
| 3 | 2007-G-003 | 蛋白质纤维微悬浮体节能环保染色技术 | 西安工程大学 |
| 4 | 2007-G-004 | 水洗面料连续涂料染色技术 | 常州东高染整有限公司 |
| 5 | 2007-H-001 | 棉印染废水回用工程 | 鲁泰纺织股份有限公司 |
| 6 | 2007-H-002 | 印染废水循环利用与零排放工程关键技术的研究与应用 | 浙江美欣达印染集团股份有限公司 |
| 7 | 2007-H-003 | 印染废水深度处理及回用关键技术 | 东华大学 |
| 8 | 2007-H-004 | 印染废水的膜法回用技术 | 浙江欧美环境有限公司 |
| 9 | 2007-H-005 | 印染工业园区污水集中处理高效组合工艺及稳定控制技术 | 无锡市环境保护有限责任公司 |
| 10 | 2007-H-006 | CFM自动净化技术在印染废水深度治理回用中的应用 | 华纺股份有限公司 |
| 11 | 2007-H-007 | 新型高温针织废水节能回用技术 | 武汉方元环境科技股份有限公司 |
| 12 | 2007-H-008 | 印花镍网循环利用技术 | 合肥市东方美捷分子材料技术有限公司 |
| 13 | 2007-H-009 | 镍网感光胶膜脱除新技术 | 上海中大科技发展有限公司 |
| 14 | 2007-H-010 | 松香酸析脱色回用技术 | 济宁如意印染有限公司 |
| 15 | 2007-H-011 | 蜡染行业皂化松香回收利用技术 | 青岛凤凰印染有限公司 |
| 16 | 2007-H-012 | 热电厂烟气余热资源化处理印染污泥技术 | 浙江大学、杭州新源环境工程有限公司 |
| 17 | 2007-H-013 | Autofoam泡沫整理技术 | DTC科技（香港）有限公司 |
| 18 | 2007-S-001 | 印染全自动调浆及前处理在线自动控制系统 | 杭州开源电脑技术有限公司 |

续表

| 序号 | 分类 | 技术名称 | 技术申报单位 |
|---|---|---|---|
| 19 | 2007-S-002 | 浓碱浓度及 pH 值在线检测及控制系统 | 常州宏大电气有限公司 |
| 20 | 2007-S-003 | 染整前处理过程烧碱浓度自动测量系统 | 西安德高印染自动化工程有限公司 |
| 21 | 2007-S-004 | ERE 污水热能回收系统 | 江阴市立丰印染机械有限公司 |
| 22 | 2007-S-005 | 太阳能热水系统在印染中的应用 | 深圳市晴尔太阳能科技有限公司 |
| 23 | 2007-S-006 | 定形机废气热回收装置 | 立信门富士纺织机械（深圳）有限公司 |
| 24 | 2007-S-007 | 定形机节能和热能回用 | 香港基协有限公司 |
| 25 | 2007-S-008 | 定形机废气处理系统 | 绍兴永利环保科技有限公司 |
| 26 | 2007-S-009 | CK-JBH 型苯类有机废气回收技术及成套装置 | 福建高科环保研究院有限公司 |
| 27 | 2007-S-010 | 活性染料湿蒸法轧染机 | 香港基协有限公司 |
| 28 | 2007-S-011 | 新型节能自由半浮球式疏水蒸汽阀 | 杭州西湖阀门厂 |
| 29 | 2007-S-012 | 高效节能针织平幅水洗机 | 江阴福达染整联合机械有限公司 |
| 30 | 2007-S-013 | 针织物平幅染整新技术 | 贝宁格纺织机械有限公司 |
| 31 | 2007-S-014 | 气体动力气流染色机 | 特恩机械有限公司 |
| 32 | 2007-Z-001 | 活性染料新型染色碱 SN | 广东省佛山信诚化工有限公司 |
| 33 | 2007-Z-002 | 新型碱剂 E 的开发及应用 | 上海瑞鹰生物化学有限公司 |
| 34 | 2007-Z-003 | 高效短流程前处理清洁生产助剂及工艺 | 上海市纺织科学研究院 |
| 35 | 2007-Z-004 | QR 低温练漂剂及低温练漂工艺 | 上海祺瑞纺织化工有限公司 |

**附表 2-2　第二批中国印染行业节能减排先进技术推荐目录**

| 编号 | 分类 | 技术名称 | 技术申报单位 |
|---|---|---|---|
| 1 | 2008-G-2-01 | 生物酶精练技术在纺织印染前处理中的应用 | 诺维信（中国）投资有限公司 |
| 2 | 2008-G-2-02 | 毛纺行业低温染色技术 | 北京中纺化工股份有限公司 |
| 3 | 2008-G-2-03 | 半缸染色节能工艺研究 | 鲁泰纺织股份有限公司 |
| 4 | 2008-G-2-04 | 棉针织物前处理节能工艺技术 | 常熟市精诚化工有限公司 |

续表

| 编号 | 分类 | 技术名称 | 技术申报单位 |
|---|---|---|---|
| 5 | 2008-H-2-01 | 高效节能型膜分离技术及成套设备在污水处理与回用中的应用 | 天津膜天膜工程技术有限公司 |
| 6 | 2008-H-2-02 | 纺织印染废水膜法处理及回用技术 | 厦门绿创科技有限公司 |
| 7 | 2008-H-2-03 | 树脂吸附法深度处理及回用印染废水的新技术 | 江苏南大戈德环保科技有限公司 |
| 8 | 2008-H-2-04 | 纺织印染废水脱色处理回用技术 | 武汉科技学院 |
| 9 | 2008-H-2-05 | 印染工业园废水集中处理与管理模式 | 广东新大禹环境工程有限公司 |
| 10 | 2008-H-2-06 | 定形机废气余热回用净化装置 | 杭州百事盛印染设备厂 |
| 11 | 2008-H-2-07 | 印染污泥干燥焚烧循环增效系统 | 济宁如意印染有限公司 |
| 12 | 2008-H-2-08 | 印染产品用水计算办法及定额软件 | 上海纺织节能环保中心<br>上海印染行业协会 |
| 13 | 2008-S-2-01 | VEGA 高速纺织品数码喷印系统 | 杭州宏华数码科技股份有限公司 |
| 14 | 2008-S-2-02 | YF1098-180 型高效布铗松堆丝光机 | 山东源丰印染机械有限公司 |
| 15 | 2008-S-2-03 | 气涨式 LZTSG-130 型筒状针织丝光机的研制和运用 | 上海和晓印花有限公司 |
| 16 | 2008-S-2-04 | M7202-系列型高温高压气流染色机 | 邵阳纺织机械有限责任公司 |
| 17 | 2008-S-2-05 | 微正压汽封高效节能纺织印染固色汽蒸箱 | 江苏江海机械有限公司 |
| 18 | 2008-S-2-06 | ASMA612 型小浴比卷染机 | 江苏赛格纺织机械有限公司 |
| 19 | 2008-S-2-07 | MSC-U 型含潮率在线检测系统 | 常州宏大电气有限公司 |
| 20 | 2008-S-2-08 | 美湿卡 TM 烘燥回潮率、排湿率在线测控装置 | 郑州远见纺织印染数据设备有限公司 |
| 21 | 2008-S-2-09 | 自动化称料系统 | 石狮市鸿泰织造漂染有限公司 |
| 22 | 2008-S-2-10 | YWRH 系列污水换热器 | 山东高密蓝天环保工程有限公司 |
| 23 | 2008-S-2-11 | 复合系列二氧化氯消毒剂发生器 | 深圳欧泰华环保技术有限公司 |
| 24 | 2008-S-2-12 | PH 型连续扩容蒸发器 | 无锡市兴麟染整环保有限公司 |
| 25 | 2008-Z-2-01 | 高效、节能、节水的酸性洗净剂 | 上海泽星精细化工有限公司 |
| 26 | 2008-Z-2-02 | 久星导热油节能清洗、修复剂 | 上海久星化工有限公司 |

附表 2-3　第三批中国印染行业节能减排先进技术推荐目录

| 序号 | 分类 | 项目名称 | 技术申报单位 |
|---|---|---|---|
| 1 | 2009-G-3-01 | 棉织物短流程前处理助剂和工艺 | 济宁如意印染有限公司<br>山东纺织科学研究院 |
| 2 | 2009-G-3-02 | 棉针织物的短流程生化染整新技术 | 上海市纺织科学研究院 |
| 3 | 2009-G-3-03 | 机织物“退染一浴法”新工艺 | 石狮市万峰盛漂染织造有限公司 |
| 4 | 2009-G-3-04 | 羊毛（羊绒）棉印染清洁生产工艺 | 福建众和股份有限公司 |
| 5 | 2009-G-3-05 | “色媒体”无盐无碱染色新技术 | 广东德美精细化工股份有限公司 |
| 6 | 2009-G-3-06 | 纤维素纤维冷转移印花技术 | 上海长胜纺织制品有限公司<br>上海迪纺纺织科技有限公司 |
| 7 | 2009-G-3-07 | 纯棉及涤棉热转移印花新技术 | 北京华旭缔拓纺织科技有限公司<br>上海翩然数码印花有限公司 |
| 8 | 2009-G-3-08 | 牛仔布有机硅润湿剂高压喷射润湿预缩新技术 | 淄博兰雁集团有限责任公司 |
| 9 | 2009-H-3-01 | 工业静电式烟（油）雾净化—回收设备 | 佛山市科蓝环保设备有限公司 |
| 10 | 2009-H-3-02 | 染色机用染色液加热装置 | 无锡市东诚印染机械有限公司 |
| 11 | 2009-H-3-03 | 一种有机热载体炉供热系统 | 浙江富润印染有限公司 |
| 12 | 2009-H-3-04 | 组合式定形机余热回收器 | 绍兴东方能源工程技术有限公司 |
| 13 | 2009-H-3-05 | 印染企业系统节能措施 | 绍兴百丽恒印染有限公司 |
| 14 | 2009-H-3-06 | 蜡染行业节水节汽示范工程 | 青岛凤凰印染有限公司 |
| 15 | 2009-H-3-07 | 经济实用的漂染废水处理及回用技术 | 肇庆市佳荣针织染整有限公司 |
| 16 | 2009-H-3-08 | 印染工业废水短流程双膜法浓水循环中水回用技术 | 厦门市威士邦膜科技有限公司<br>厦门绿邦膜技术有限公司 |
| 17 | 2009-H-3-09 | 多单元逆流水洗在丝光低张力净洗过程中的应用 | 广东佛山市顺德金纺集团有限公司 |
| 18 | 2009-H-3-10 | 活性染料一步法无盐染色印染废水深度处理及中水回用技术 | 常州市东霞纺织印染有限公司 |
| 19 | 2009-S-3-01 | 印染生产过程数字化系统 | 常州市宏大电气有限公司 |
| 20 | 2009-S-3-02 | 印染在线采集系统 | 杭州开源电脑技术有限公司 |
| 21 | 2009-S-3-03 | 纺织品常压等离子体产业化设备及其应用技术 | 绍兴中纺院江南分院有限公司 |

续表

| 序号 | 分类 | 项目名称 | 技术申报单位 |
| --- | --- | --- | --- |
| 22 | 2009-S-3-04 | 高效节能、环保型数字化连续丝光机 | 江苏红旗印染机械有限公司 |
| 23 | 2009-S-3-05 | JUMBOFLOW 高温染色机 | 立信染整机械有限公司 |
| 24 | 2009-S-3-06 | INNOFLOW® EXL 匀流染色机 | BRAZZOLI S. p. A. 意大利巴佐尼有限公司 |
| 25 | 2009-S-3-07 | 节能减排智能型试色机 | 厦门瑞比精密机械有限公司 |
| 26 | 2009-S-3-08 | NOVA 溶剂干洗机 | 桑德森（上海）纺织机械有限公司 |
| 27 | 2009-S-3-09 | 低浴比高速成衣染色机 | 意大利通乃路有限公司 |
| 28 | 2009-S-3-10 | 印染企业管理、监控综合信息系统 | 华纺股份有限公司 |
| 29 | 2009-Z-3-01 | 不含 PFOA（低于检测极限）防水防油剂 | 旭硝子株式会社 |
| 30 | 2009-Z-3-02 | 阳离子涂料吸尽染色-EMACOL CT COLOR 和新型环保型粘合剂 | 山陽色素株式会社 |

**附表 2-4　第四批中国印染行业节能减排先进技术推荐目录**

| 序号 | 分类 | 项目名称 | 技术申报单位 |
| --- | --- | --- | --- |
| 1 | 2010-G-04-01 | 精练酶 KDN-301 绿色节能前处理 | 上海康地恩生物科技有限公司 |
| 2 | 2010-G-04-02 | 棉织物连续式生化前处理技术 | 北京中纺化工股份有限公司 |
| 3 | 2010-G-04-03 | 少水节能新型冷轧堆染色技术 | 华纺股份有限公司 |
| 4 | 2010-G-04-04 | 高耐晒、高汗光色牢度新型活性染料及染色技术 | 丽源（湖北）科技有限公司 |
| 5 | 2010-G-04-05 | 适用于多数现有分散染料的涤纶碱性染色技术 | 杭州绿风科技有限公司<br>宜欣高新材料有限公司 |
| 6 | 2010-G-04-06 | 多种织物薄膜湿转移印花 | 常州涵源新印花有限公司 |
| 7 | 2010-H-04-01 | 定形机余热回收设备 | 杭州力强环保节能科技有限公司 |
| 8 | 2010-H-04-02 | 太阳能工业加热及余热利用 | 江苏新阪神太阳能有限公司 |
| 9 | 2010-H-04-03 | 污水热能回收系统 | 常州蓝博纺织机械有限公司 |
| 10 | 2010-H-04-04 | 分散式定形机废气净化装置 | 绍兴东方能源工程技术有限公司 |
| 11 | 2010-H-04-05 | 蜡染行业资源循环利用集成技术与装置 | 青岛凤凰印染有限公司 |
| 12 | 2010-S-04-01 | 针织物连续式前处理和平幅冷轧堆染色 | 德国欧宝泰克（ERBATECH）纺织机械有限公司 |

续表

| 序号 | 分类 | 项目名称 | 技术申报单位 |
| --- | --- | --- | --- |
| 13 | 2010-S-04-02 | 美佳尼 ReNOIR 数码印花机 | 香港中大实业有限公司北京办事 |
| 14 | 2010-S-04-03 | 高效节能环保型连续染色机 | 江苏红旗印染机械有限公司 |
| 15 | 2010-S-04-04 | ALLWIN 高温筒子纱染色機 | 立信染整機械有限公司 |
| 16 | 2010-S-04-05 | 泡沫整理机 | 上海誉辉化工有限公司 |
| 17 | 2010-S-04-06 | WLP655-W 浸轧透芯高给液机 | 江苏新联印染机械有限公司 |
| 18 | 2010-S-04-07 | 针织物平幅水洗机 | 高乐纺织机械（深圳）有限公司 |
| 19 | 2010-S-04-08 | 火焰气动无级调幅燃烧器 | 扬州志成纺织机械有限公司 |
| 20 | 2010-S-04-09 | 压缩空气系统节能改造技术 | 北京爱社时代科技发展有限公司 |
| 21 | 2010-S-04-10 | 纺织印染设备的隔热保温技术 | 北京兴通力得科技有限公司 |
| 22 | 2010-X-04-01 | 基于 SOA 架构的印染企业节能减排管理系统软件 | 上海环思信息技术有限公司 |
| 23 | 2010-X-04-02 | HD 型双氧水在线检测及控制系统 | 常州市宏大电气有限公司 |
| 24 | 2010-X-04-03 | 微波测湿传感系统 | 常州蓝博纺织机械有限公司 |
| 25 | 2010-Z-04-01 | 练漂新型纺织助剂——卜公茶皂素 | 上海金堂轻纺新材料科技有限公司 |
| 26 | 2010-Z-04-02 | 练染一浴助剂 Sinmorle SP-521 | 上海泽星精细化工有限公司 |
| 27 | 2010-Z-04-03 | DM1573 酸性皂洗剂 | 广东德美精细化工股份有限公司 |
| 28 | 2010-Z-04-04 | 染整同浴织物柔软剂 | 杭州传化精细化工有限公司 |
| 29 | 2010-Z-04-05 | 德固® RSA 高效节能低温皂洗剂 | 巴斯夫（中国）有限公司 |

**附表 2-5　第五批中国印染行业节能减排先进技术推荐目录**

| 序号 | 分类 | 项目名称 | 申报企业 |
| --- | --- | --- | --- |
| 1 | 2011-05-G-01 | 纤维素纤维制品低温前处理工艺技术 | 浙江传化股份有限公司 |
| 2 | 2011-05-G-02 | 棉型织物低温漂白关键技术 | 东华大学<br>华纺股份有限公司<br>青岛康地恩生物科技有限公司 |
| 3 | 2011-05-G-03 | 棉型织物生物催化及受控氧化协同前处理新技术 | 东华大学<br>浙江稽山控股集团有限公司 |
| 4 | 2011-05-G-04 | 涤棉针织物前处理染色高效短流程工艺 | 广东德美精细化工股份有限公司 |
| 5 | 2011-05-G-05 | 纯棉中深色无前处理染色技术与产业化 | 鲁泰纺织股份有限公司 |

续表

| 序号 | 分类 | 项目名称 | 申报企业 |
| --- | --- | --- | --- |
| 6 | 2011-05-G-06 | 高效自动控制少水节能气雾染色技术 | 福建众和股份有限公司 |
| 7 | 2011-05-G-07 | 巾被织物连续轧染及整理技术 | 孚日集团股份有限公司 |
| 8 | 2011-05-G-08 | 涤纶有浆织物退浆、染色（免还原清洗）一浴一步法 | 鞍山曼迪精细化工有限公司 |
| 9 | 2011-05-G-09 | 活性印染逐格逆流全沸洗工艺 | 浙江省湖州三友印染有限公司 |
| 10 | 2011-05-H-01 | 太阳能及余热回收综合利用项目 | 江苏而今新能源科技有限公司 |
| 11 | 2011-05-H-02 | 燃煤链条锅炉优化燃烧节能控制装置（蒸汽锅炉、导热油炉、热风炉） | 靖江市利源自动化节能设备有限公司 |
| 12 | 2011-05-H-03 | ZOS 系列氧化锆氧量分析仪—燃烧控制节能技术 | 上海雅锆科贸有限公司 |
| 13 | 2011-05-H-04 | DT 隔热保温节能涂料在印染行业中的应用 | 北京华泰兴源科技有限公司 |
| 14 | 2011-05-H-05 | 污水热能回收系统 DT 系列 | 常州蓝博节能设备有限公司 |
| 15 | 2011-05-H-06 | 污泥生物沥浸干化处理技术 | 北京中科国通环保工程技术有限公司 |
| 16 | 2011-05-H-07 | 复合矿物在印染废水处理及回用中的关键技术 | 吴江市伟强环保材料科技有限公司<br>江苏枫华纺织整理科技有限公司 |
| 17 | 2011-05-S-01 | 大口径圆筒电烧毛技术 | 常州市新经发纺织机械有限公司 |
| 18 | 2011-05-S-02 | 中支轧辊的高效轧车应用和节能 | 上海衡昌纺织机械设备厂 |
| 19 | 2011-05-S-03 | JBDX1 型短程式环保节能型拉幅定形生产线 | 绍兴县精宝机械有限公司 |
| 20 | 2011-05-S-04 | 筒子纱及短纤维微波干燥成套技术及装备 | 泰安康平纳机械有限公司<br>机械科学研究总院先进制造技术研究中心 |
| 21 | 2011-05-S-05 | 基于机器视觉技术的圆网印花机自动对花纠错系统 | 常州市宏大电气有限公司 |
| 22 | 2011-05-S-06 | 蓝光直接制网系统 | 杭州开源电脑技术有限公司 |
| 23 | 2011-05-Z-01 | 节能减排的新型环保型活性染料 | 台湾永光化学工业股份有限公司 |
| 24 | 2011-05-Z-02 | “ReactoMe”锐美纺织品数码印花活性染料墨水 | 郑州鸿盛数码科技股份有限公司 |
| 25 | 2011-05-Z-03 | 欧诺兰高效环保新型酶制剂 | 上海雅运纺织助剂有限公司 |

## 附表 2-6　第六批中国印染行业节能减排先进技术推荐目录

| 序号 | 分类 | 申报技术名称 | 申报企业 |
|---|---|---|---|
| 1 | 2012-06-G-01 | 棉织物低温连续快速练漂工艺 | 山西彩佳印染有限公司 |
| 2 | 2012-06-G-02 | 锦/棉、锦/粘混纺及交织织物的一浴一步法染色技术 | 上海雅运纺织化工股份有限公司 |
| 3 | 2012-06-G-03 | 纯棉针织物低温（60℃）练漂新技术的研究及其产业化 | 广东德美精细化工股份有限公司 |
| 4 | 2012-06-G-04 | 特宽幅、超柔软、高牢度、产业化颜料印花技术 | 浙江亚太特宽幅印染有限公司 |
| 5 | 2012-06-G-05 | 低给液的泡沫后整理技术 | 上海誉辉化工有限公司 |
| 6 | 2012-06-G-06 | 替代海藻酸钠活性染料印花技术 | 辽宁恒星精细化工有限公司 |
| 7 | 2012-06-G-07 | 涤纶深色织物碱性续缸染色工艺的应用 | 浙江传化股份有限公司 |
| 8 | 2012-06-H-01 | 丝胶回收关键技术及其应用 | 苏州大学 |
| 9 | 2012-06-H-02 | 废旧松香溶剂法提纯再利用新技术 | 青岛凤凰印染有限公司 |
| 10 | 2012-06-H-03 | 定形机“油改汽”高效节能关键技术及产业化 | 绍兴县精宝机械有限公司 |
| 11 | 2012-06-H-04 | MNIP 变声速增压节能装置 | 北京上元恒通环保科技有限公司 |
| 12 | 2012-06-H-05 | 高效废热利用装置 | 江苏煌明能源科技有限公司 |
| 13 | 2012-06-H-06 | 高温高压液流染色机外壳复合体保温新工艺 | 福建省中伟节能减排有限公司 |
| 14 | 2012-06-H-07 | 针织印染企业节能减排集成技术及应用 | 常州旭荣针织印染有限公司 |
| 15 | 2012-06-H-08 | 染整工艺数字化集成优化控制系统 | 绿章（北京）新能源技术有限公司 |
| 16 | 2012-06-S-01 | 意大利 MS 导带式高速直喷印花机 | 意大利 MS s. r. l 公司<br>北京运源数码科技有限公司 |
| 17 | 2012-06-S-02 | 平板数码喷墨印花机 | 杭州开源电脑技术有限公司 |
| 18 | 2012-06-S-03 | TEC 系列高温溢流小浴比染色机 | 立信染整机械（深圳）有限公司 |
| 19 | 2012-06-S-04 | 高效节能、环保型数字化退煮漂联合机 | 江苏红旗印染机械有限公司 |
| 20 | 2012-06-S-05 | 散纤维、毛条超小浴比染色设备开发及应用 | 北京雪莲集团有限公司 |

续表

| 序号 | 分类 | 申报技术名称 | 申报企业 |
|---|---|---|---|
| 21 | 2012-06-S-06 | 筒子纱数字化自动染色生产线 | 泰安康平纳机械有限公司<br>机械科学研究总院先进制造技术研究中心 |
| 22 | 2012-06-Z-01 | 新型生物除氧酶 | 诺维信（中国）投资有限公司 |
| 23 | 2012-06-Z-02 | 多用途活性墨水 Eriofast XKS | 亨斯迈纺织染化（中国）有限公司 |
| 24 | 2012-06-Z-03 | 纤维素纤维低温染色专用活性染料 | 上海安诺其纺织化工股份有限公司 |
| 25 | 2012-06-Z-04 | 含氟三嗪染料及低盐低碱染色技术 | 丽源（湖北）科技有限公司 |

**附表 2-7　第七批中国印染行业节能减排先进技术推荐目录**

| 序号 | 分类 | 申报技术名称 | 申报企业 |
|---|---|---|---|
| 1 | 2013-07-G-01 | 新型纱线连续涂料染色技术和设备 | 张家港三得利染整科技有限公司 |
| 2 | 2013-07-G-02 | 棉及涤棉织物高效冷轧堆前处理助剂及工艺 | 北京中纺化工股份有限公司 |
| 3 | 2013-07-G-03 | 高保留共生物的棉针织物全流程60℃低温染整助剂及工艺 | 广东德美精细化工股份有限公司 |
| 4 | 2013-07-G-04 | 散毛染色设备改造及工艺 | 嘉兴欣龙染整有限公司 |
| 5 | 2013-07-G-05 | 天丝/羊毛/棉混纺高档面料染整新技术 | 华纺股份有限公司 |
| 6 | 2013-07-G-06 | 牛仔纱线特种浆料与免退浆染整技术 | 广州市唯佳安达新材料科技有限公司<br>华南理工大学 |
| 7 | 2013-07-H-01 | 印染废水处理与回用“蛛网”智能控制系统 | 厦门市威士邦膜科技有限公司 |
| 8 | 2013-07-H-02 | 污泥低温真空脱水干化成套技术 | 上海复洁环保科技有限公司 |
| 9 | 2013-07-H-03 | 规整铁炭微电解填料 | 江苏华杉环保科技有限公司 |
| 10 | 2013-07-H-04 | WTB-J 型定形机废气净化装置 | 福建省沃特宝环保科技有限公司 |
| 11 | 2013-07-S-01 | JPV-2000 型染缸集控系统 | 杭州开源电脑技术有限公司 |
| 12 | 2013-07-S-02 | 印染信息智能化动态管控系统 | 盛虹集团有限公司 |
| 13 | 2013-07-S-03 | ASH 型高温气液染色机 | 佛山市三技精密机械有限公司 |
| 14 | 2013-07-S-04 | CM101-350 型多功能缩绒柔软整理装备 | 泰安康平纳机械有限公司 |
| 15 | 2013-07-S-05 | WT 系列精确耗水智能测控系统 | 常州市宏大电气有限公司 |

续表

| 序号 | 分类 | 申报技术名称 | 申报企业 |
|---|---|---|---|
| 16 | 2013-07-Z-01 | Everzol LX/LF 系列“超高一次对色率”的棉用环保型活性染料 | 台湾永光化学工业股份有限公司 |
| 17 | 2013-07-Z-02 | Printspe-PF 系列活性染料无尿素印花技术 | 亨斯迈纺织染化（中国）有限公司 |
| 18 | 2013-07-Z-03 | 涤棉织物分散/活性一浴两步法热熔染色专用分散染料 | 浙江龙盛集团股份有限公司 |
| 19 | 2013-07-Z-04 | 高效退浆酶 TF-162F 的应用技术 | 浙江传化股份有限公司 |
| 20 | 2013-07-Z-05 | 纺织用多组分中性纤维素酶 | 诺维信（中国）投资有限公司 |
| 21 | 2013-07-Z-06 | STZB 系列低碳环保型涂料印花遮盖白浆 | 四川省纺织科学研究院 |
| 22 | 2013-07-Z-07 | 联创佳艺数码印花活性墨水 | 北京联创佳艺影像新材料技术有限公司 |
| 23 | 2013-07-Z-08 | “HOTME”鸿美直喷分散染料墨水 | 郑州鸿盛数码科技股份有限公司 |

**附表 2-8　第八批中国印染行业节能减排先进技术推荐目录**

| 序号 | 分类 | 申报技术名称 | 申报企业 |
|---|---|---|---|
| 1 | 2014-08-G-01 | React EVO®纤维素纤维低温短流程后处理创新工艺 | 三义精细化工（苏州）有限公司 |
| 2 | 2014-08-G-02 | 纯棉及涤/棉织物数码喷绘热转移印花技术 | 北京华旭缔拓纺织科技有限公司<br>上海鼎级数码印花有限公司 |
| 3 | 2014-08-G-03 | 牛仔混纺经纱涂料靛兰套染技术 | 广州市唯佳安达新材料科技有限公司<br>华南理工大学 |
| 4 | 2014-08-H-01 | 能源精细化管理信息系统 | 上海胜易能源科技有限公司 |
| 5 | 2014-08-H-02 | 活性炭深度处理印染废水及再生技术 | 湖北君集水处理有限公司 |
| 6 | 2014-08-H-03 | 新型树脂中水回用设备 | 浙江普泰环保科技有限公司 |
| 7 | 2014-08-H-04 | 电吸附除盐技术 | 爱思特水务科技有限公司 |
| 8 | 2014-08-H-05 | 磁悬浮离心式鼓风机技术 | 南京磁谷科技有限公司 |
| 9 | 2014-08-H-06 | 辫带式水处理填料实用技术 | 河北益康针棉织有限公司 |
| 10 | 2014-08-H-07 | 工业级长效型静电式油烟废气处理设备 | 台湾镇信工程有限公司 |
| 11 | 2014-08-H-08 | 生化微污泥印染废水处理技术 | 恒天立信环境工程（深圳）有限公司 |

续表

| 序号 | 分类 | 申报技术名称 | 申报企业 |
|---|---|---|---|
| 12 | 2014-08-SH-01 | 新型 ASMA503 型系列拉幅定形机 | 江苏海大印染机械有限公司 |
| 13 | 2014-08-SH-02 | 超低浴比高温高压纱线染色机 | 广州番禺高勋染整设备制造有限公司 |
| 14 | 2014-08-SH-03 | SYN 8 高温气流染色机 | 立信染整机械（深圳）有限公司 |
| 15 | 2014-08-SH-04 | UFH-plus 型高温染色机 | 佛山市三技精密机械有限公司 |
| 16 | 2014-08-SH-05 | S-DT1000 顺流染色机 | 宁波德科染整机械有限公司 |
| 17 | 2014-08-SH-06 | 针织平幅连续式除油水洗机 | 绍兴东升数码科技有限公司 |
| 18 | 2014-08-SH-07 | NWG1000 型针织高效绳状连续水洗机 | 诺唯格机械制造江苏有限公司<br>秭归吉盛织染有限公司 |
| 19 | 2014-08-SH-08 | 爱普生微喷印花机及爱普生“活的色彩 DS”热转印墨水 | 爱普生（中国）有限公司 |
| 20 | 2014-08-SH-09 | 双面冷染直印机 | 日冠（福建）针纺织机械有限公司 |
| 21 | 2014-08-SH-10 | 齐玛科瑞丝工业数码纺织印花机 | 上海挚阳国际贸易有限公司 |
| 22 | 2014-08-SH-11 | Kornit（康丽）涂料成衣数码印花机 | Kornit Digital Asia Pacific Ltd<br>北京运源数码科技有限公司 |
| 23 | 2014-08-SH-12 | 智能图像整花系统 | 常州市宏大电气有限公司 |
| 24 | 2014-08-Z-01 | Everzol CS 敏感色系超高匀染性及染色再现性活性染料 | 台湾永光化学工业股份有限公司 |
| 25 | 2014-08-Z-02 | 液状溴靛蓝染料专用多功能助剂的开发及应用技术研究 | 北京中纺化工股份有限公司 |
| 26 | 2014-08-Z-03 | 纺织品无氟防水剂开发应用技术 | 广东德美精细化工股份有限公司 |
| 27 | 2014-08-Z-04 | 皂洗酶 TF-166B 用于活性染料皂洗的节能减排工艺 | 浙江传化股份有限公司 |

**附表 2-9 第九批中国印染行业节能减排先进技术推荐目录**

| 分类编号 | 项目名称 | 申报单位 |
|---|---|---|
| 2015-09-G-01 | 特宽幅织物高精度清洁生产印花关键技术研发与产业化应用 | 愉悦家纺有限公司 |
| 2015-09-G-02 | 家纺宽幅高档面料湿蒸无盐染色工艺的研究与产业化开发 | 华纺股份有限公司 |
| 2015-09-G-03 | 高密化纤织物冷轧堆前处理关键技术及其产业化 | 盛虹集团有限公司 |

续表

| 分类编号 | 项目名称 | 申报单位 |
| --- | --- | --- |
| 2015-09-G-04 | 涤/锦超细纤维毛巾、珊瑚绒开纤染色一浴法染整工艺 | 蓬莱嘉信染料化工股份有限公司 |
| 2015-09-G-05 | 棉纤维高温低碱免中和快速练漂技术 | 广东德美精细化工股份有限公司 |
| 2015-09-H-01 | 印染行业能耗管控信息系统 | 上海环思信息技术有限公司 |
| 2015-09-H-02 | 高温低 NOX 煤粉锅炉在印染行业中的应用技术 | 上海题桥纺织染纱有限公司 |
| 2015-09-H-03 | 微煤雾化清洁燃烧技术 | 亿利洁能科技有限公司 |
| 2015-09-H-04 | 中压高温蒸汽定形机关键技术 | 浙江精宝机械有限公司 |
| 2015-09-H-05 | 热回收装置在定形机上的应用 | 立信门富士纺织机械（中山）有限公司 |
| 2015-09-H-06 | 全自动智能清理定形机废气处理装置 | 江苏蓝博环保机械有限公司 |
| 2015-09-H-07 | 高效增氧曝气装置 | 常州市钜岳水务环保科技股份有限公司 |
| 2015-09-H-08 | 耐强碱超滤膜回收丝光淡碱 | 宜兴新乐祺纺织印染有限公司 |
| 2015-09-H-09 | 应用于印染废水深度处理的高性能抗污染超滤膜技术 | 北京赛诺膜技术有限公司 |
| 2015-09-H-10 | MBR+RO 膜法印染废水资源化处理技术 | 天津膜天膜科技股份有限公司 |
| 2015-09-SH-01 | Coloris-Infiniti 工业级数码印花机 | 上海挚阳国际贸易有限公司 |
| 2015-09-SH-02 | 彩虹 7 系列高速导带数码印花机 | 杭州开源电脑技术有限公司 |
| 2015-09-SH-03 | 凡腾智能配液系统 | 杭州凡腾科技有限公司 |
| 2015-09-SH-04 | 多功能全松式针织物连续化练漂新技术与专用装备 | 山东康平纳染整装备工程技术研究中心有限公司 |
| 2015-09-SH-05 | 针织平幅去油、预缩精练机 | 江阴福达染整联合机械有限公司 |
| 2015-09-SH-06 | 智能环保高速退煮漂联合机 | 江苏赛格纺织机械有限公司 |
| 2015-09-SH-07 | 织物破洞在线检测系统 | 常州市宏大电气有限公司 |
| 2015-09-SH-08 | 流亚科技自动化系统整合技術 | 流亚科技有限公司 |
| 2015-09-Z-01 | 京瓷喷头高速数码印花机专用超级活性墨水 NOVACRON XKS HD 和超级预处理剂 PREPAJET UNI | 亨斯迈纺织染化（中国）有限公司 |
| 2015-09-Z-02 | 坯布涂料数码印花技术 | 杜邦中国集团有限公司上海分公司 |
| 2015-09-Z-03 | 化纤针织物低温除油剂 BRIGEN DH-88 | 东莞市恩科化工有限公司 |

附表 2-10　第十批中国印染行业节能减排先进技术推荐目录

| 序号 | 编号 | 申报技术名称 | 申报企业 |
|---|---|---|---|
| 1 | 2016-10-G-01 | 锦棉一浴法染色工艺 | 浙江龙盛集团 |
| 2 | 2016-10-G-02 | 棉织物新型低碱短流程染色技术 | 上海新发明高新科技有限公司 |
| 3 | 2016-10-G-03 | 生态印花牛仔裤加工工艺技术 | 上海翩然数码印花有限公司 |
| 4 | 2016-10-G-04 | 泡沫整理技术的产业化应用 | 鲁丰织染有限公司 |
| 5 | 2016-10-G-05 | 纯棉免烫数码印花面料生产关键技术 | 鲁丰织染有限公司 |
| 6 | 2016-10-H-01 | “A3O+MBR” 废水处理工艺 | 广东新大禹环境科技股份有限公司 |
| 7 | 2016-10-H-02 | 二氧化碳中和碱性废水技术 | 梅塞尔管理咨询（上海）有限公司 |
| 8 | 2016-10-H-03 | 印染废水液态膜脱色技术 | 广东顺德天新环保科技有限公司 |
| 9 | 2016-10-H-04 | KDL 污水一体化深度处理系统 | 佛山市顺德彩辉纺织有限公司 |
| 10 | 2016-10-H-05 | 磁悬浮高速离心鼓风机 | 亿昇（天津）科技有限公司 |
| 11 | 2016-10-H-06 | 三点支座带排空气装置自由浮球式蒸汽疏水阀 | TLV 上海有限公司 |
| 12 | 2016-10-H-07 | 蜡染企业异味综合治理技术 | 青岛凤凰东翔印染有限公司 |
| 13 | 2016-10-H-08 | 定形废气深度治理技术 | 盛虹集团有限公司 |
| 14 | 2016-10-H-09 | 定形机自动过滤网技术 | 浙江远信印染机械有限公司 |
| 15 | 2016-10-H-10 | 智能化控制的蒸汽高效利用技术 | 常州市宏大电气有限公司 |
| 16 | 2016-10-H-11 | 微排放高效工业煤粉锅炉 | 杭州燃油锅炉有限公司 |
| 17 | 2016-10-H-12 | 气凝胶水性隔热保温材料 | 苏州同玄新材料有限公司 |
| 18 | 2016-10-S-01 | 高乐梭织布丝光机 | 立信染整机械（深圳）有限公司 |
| 19 | 2016-10-S-02 | 高乐梭织布退浆机 | 立信染整机械（深圳）有限公司 |
| 20 | 2016-10-S-03 | AYD 气溢染色机 | 东莞市求实机械有限公司 |
| 21 | 2016-10-S-04 | M7206 系列型高温气液染色机 | 邵阳纺织机械有限责任公司 |
| 22 | 2016-10-S-05 | SME2108 系列型低浴比高温液流染色机 | 邵阳纺织机械有限责任公司 |
| 23 | 2016-10-S-06 | SME2701A 系列型常温气液染色机 | 邵阳纺织机械有限责任公司 |
| 24 | 2016-10-S-07 | 印染企业智能生产管理控制系统 | 广州市东海鹏染整织造有限公司 |
| 25 | 2016-10-S-08 | 凡腾印染生产资源管理软件 | 杭州凡腾科技股份有限公司<br>开平市信迪染整厂有限公司<br>山东魏联印染有限公司 |
| 26 | 2016-10-Z-01 | 捷特丝纺织涂料墨水 | 郑州鸿盛数码科技股份有限公司 |

**附表 2-11 第十一批中国印染行业节能减排先进技术推荐目录**

| 序号 | 编号 | 申报技术名称 | 申报企业 |
| --- | --- | --- | --- |
| 1 | 2017-11-Z-01 | 水性无溶剂高固含量发泡聚氨酯关键技术开发及应用 | 传化智联股份有限公司<br>杭州传化精细化工有限公司 |
| 2 | 2017-11-G-01 | 活性染料低温短流程带蜡印花技术的开发与应用 | 山东如意数码科技印染有限公司 |
| 3 | 2017-11-G-02 | 易染超仿棉低温常压染色技术的研究与应用 | 鲁丰织染有限公司 |
| 4 | 2017-11-G-03 | 液体分散染料的微量印花技术 | 苏州大学 |
| 5 | 2017-11-G-04 | 活性染料无盐染色关键技术研发与产业化应用 | 青岛大学 |
| 6 | 2017-11-G-05 | 用于纬编针织物染色生产的平幅水洗技术 | 广州市东海鹏染整织造有限公司 |
| 7 | 2017-11-SH-01 | DANIFLOW 高温高压绳状染色机 | 苏州丹氏机械设备有限公司 |
| 8 | 2017-11-SH-02 | Q7F8 气液染色机 | 广州科光机械有限公司 |
| 9 | 2017-11-SH-03 | ZNJD50-1000 高温高压溢流染色机 | 浙江中特智能装备股份有限公司 |
| 10 | 2017-11-SH-04 | 圆网印花机布面质量在线检测系统 | 常州市宏大电气有限公司 |
| 11 | 2017-11-SH-05 | 高乐除油水洗机 | 恒天立信工业有限公司 |
| 12 | 2017-11-SH-06 | 粉状助剂密相气力输送系统 | 浙江中创科联智能装备技术有限公司 |
| 13 | 2017-11-SH-07 | 染色机智能化控制系统 | 浙江中创科联智能装备技术有限公司 |
| 14 | 2017-11-H-01 | KMA 热能回收及空气净化系统 | 广州晶冠机械有限公司 |
| 15 | 2017-11-H-02 | 直列式高效螺旋管换热器在印染污水余热回收中的应用 | 孚日集团股份有限公司 |
| 16 | 2017-11-H-03 | 智能化定形油烟废气净化装置 | 浙江富丽达染整有限公司 |
| 17 | 2017-11-H-04 | 印花镍网超高压强力喷淋脱膜技术 | 青岛凤凰东翔印染有限公司 |
| 18 | 2017-11-H-05 | 印染生产系统中温中压蒸汽替代导热油及余热回收利用 | 愉悦家纺有限公司 |
| 19 | 2017-11-H-06 | FLC150 磁悬浮鼓风机 | 佛山格尼斯磁悬浮技术有限公司 |
| 20 | 2017-11-H-07 | 印染污泥无燃料无害化制烧结砖工艺开发及示范 | 石狮市鸿辉环保建材有限公司 |
| 21 | 2017-11-H-08 | 新型树脂印染废水回用技术 | 江苏新凯盛企业发展有限公司<br>浙江华洋水务科技有限公司 |
| 22 | 2017-11-H-09 | KISM 全自动免维护烟气 VOC 净化系统 | 绿章（北京）工业技术有限公司 |

续表

| 序号 | 编号 | 申报技术名称 | 申报企业 |
|---|---|---|---|
| 23 | 2017-11-H-10 | MBBR/SF/$O_3$ 组合工艺处理印染废水技术 | 山东中科恒源环境工程有限公司 |
| 24 | 2017-11-H-11 | 一种印染废水“MCR+RO”中水回用技术 | 杭州开源环保工程有限公司 |
| 25 | 2017-11-H-12 | 后整理系统性节能减排技术开发与应用 | 浙江富润印染有限公司 |

**附表 2-12　第十二批中国印染行业节能减排先进技术推荐目录**

| 序号 | 编号 | 申报技术名称 | 申报企业 |
|---|---|---|---|
| 1 | 2018-12-Z-01 | 免水洗分散染料 | 昆山凯洲环保科技有限公司 |
| 2 | 2018-12-Z-02 | 硅胶热熔胶复合膜技术 | 东莞市良展有机硅科技有限公司 |
| 3 | 2018-12-Z-03 | “SILKMATE”丝美特酸性染料墨水 | 郑州鸿盛数码科技股份有限公司 |
| 4 | 2018-12-Z-04 | 超级环保黑在纤维素纤维染色方面的应用 | 佛山市晟世纺织科技有限公司 |
| 5 | 2018-12-Z-05 | 有机硅共聚及缔合双重改性丙烯酸酯乳液印花粘合剂 | 传化智联股份有限公司<br>杭州传化精细化工有限公司 |
| 6 | 2018-12-Z-06 | 新型无尿素雅格素活性印花染料 | 上海雅运纺织化工股份有限公司 |
| 7 | 2018-12-Z-07 | 紫荆花墨水 | 苏州聚福环保科技有限公司 |
| 8 | 2018-12-Z-08 | 绿色环保免煮淀粉接枝共聚浆料 | 湖北顶新环保生物质材料有限公司 |
| 9 | 2018-12-G-01 | 棉麻织物生物酶精练技术开发及产业化 | 河北宁纺集团有限责任公司 |
| 10 | 2018-12-G-02 | 活性染料低尿素印花关键技术 | 青岛凤凰东翔印染有限公司 |
| 11 | 2018-12-G-03 | 两浴 CPB 染色技术的研究与应用推广 | 鲁丰织染有限公司 |
| 12 | 2018-12-G-04 | 精益工厂布局和一个流生产方式 | 绵阳佳联印染有限责任公司 |
| 13 | 2018-12-SH-01 | SYQ 系列高温涌泉染色机 | 佛山市三技精密机械有限公司 |
| 14 | 2018-12-SH-02 | TM186A 型针织平幅丝光机 | 广东三技克朗茨机械科技有限公司 |
| 15 | 2018-12-SH-03 | HZ-217 型溢流环保染色机 | 无锡市惠泽通用机械有限公司 |
| 16 | 2018-12-SH-04 | 色织产业颜色数字化传输关键技术的研究与应用 | 鲁泰纺织股份有限公司 |
| 17 | 2018-12-SH-05 | YOH 型高温低浴比溢流染色机 | 广州市番禺艺煌洗染设备制造有限公司 |

续表

| 序号 | 编号 | 申报技术名称 | 申报企业 |
| --- | --- | --- | --- |
| 18 | 2018-12-SH-06 | 定形机助剂均匀施加系统 | 佛山市顺德区德博仕机械设备有限公司 |
| 19 | 2018-12-SH-07 | 贝宁格针织物活性染料冷轧堆无盐染色技术 | 苏州贝宁格寇司德机械有限公司 |
| 20 | 2018-12-SH-08 | LMH212 型节水丝光机 | 江苏赛格纺织机械有限公司 |
| 21 | 2018-12-SH-09 | 针织连续煮漂机 | 立信染整机械（深圳）有限公司 |
| 22 | 2018-12-SH-10 | 针织物定形密度智能在线测控系统 | 常州市宏大电气有限公司 |
| 23 | 2018-12-SH-11 | 双幅烧毛机越位停车项目 | 临清三和纺织集团有限公司 |
| 24 | 2018-12-H-01 | 智能型定形机废气余热回收及处理系统 | 广州市天工开物科技有限公司 |
| 25 | 2018-12-H-02 | 印染废水余热资源利用与稳定减排 | 愉悦家纺有限公司 |
| 26 | 2018-12-H-03 | 工业用复叠式热功转换制热机组 | 威海双信节能环保设备有限公司 |
| 27 | 2018-12-H-04 | 活性炭吸附再生技术在废水处理中应用 | 青岛瑞发恩环保科技有限公司 |
| 28 | 2018-12-H-05 | PowerTrap 冷凝水回收和 FV 闪蒸汽回收系统 | 迪埃尔维（上海）流体商贸有限公司 |
| 29 | 2018-12-H-06 | 印染废水处理智能在线监测与优化运行技术 | 广州中国科学院沈阳自动化研究所分所<br>互太（番禺）纺织印染有限公司 |
| 30 | 2018-12-H-07 | 生态型单组份圆网制版感光材料 | 上海中大洁润丝实验室科技有限公司 |
| 31 | 2018-12-H-08 | 多酶复合除臭技术 | 嘉兴市九分钟生物科技有限公司 |
| 32 | 2018-12-H-09 | 天然气供热定形应用技术 | 盛虹集团有限公司 |
| 33 | 2018-12-H-10 | 多级高压静电废气处理设备 | 广东茂山环保有限公司 |

**附表 2-13　第十三批中国印染行业节能减排先进技术推荐目录**

| 序号 | 编号 | 申报技术名称 | 申报企业 |
| --- | --- | --- | --- |
| 1 | 2019-13-Z-01 | 水性膨胀型高克重织物阻燃涂层树脂关键技术 | 传化智联股份有限公司<br>杭州传化精细化工有限公司 |
| 2 | 2019-13-Z-02 | 雅格素绿色环保型免皂洗活性染料 | 上海雅运纺织化工股份有限公司 |
| 3 | 2019-13-Z-03 | 免水洗或少水洗印花和染色用分散染料 WCD | 浙江龙盛集团股份有限公司 |

续表

| 序号 | 编号 | 申报技术名称 | 申报企业 |
|---|---|---|---|
| 4 | 2019-13-Z-04 | 生态型胶状体分散黑染料 3-COD 300% | 浙江博澳染料工业有限公司 |
| 5 | 2019-13-G-01 | 纬编针织物节能减排染色流程 | 广州市东海鹏染整织造有限公司 |
| 6 | 2019-13-G-02 | 棉及其混纺织物的 KINDGER 酶漂环保前处理工艺 | 江苏新瑞贝科技股份有限公司 |
| 7 | 2019-13-G-03 | 棉及其混纺针织物染色低成本短工艺方案 | 石狮市瑞鹰纺织科技有限公司 |
| 8 | 2019-13-G-04 | 合成纤维织物一浴法印染废水循环染色新工艺 | 石狮市万峰盛漂染织造有限公司 |
| 9 | 2019-13-G-05 | 筒子纱智能染色工厂 | 泰安康平纳机械有限公司 |
| 10 | 2019-13-G-06 | 多活性基活性染料低盐低耗轧染技术 | 鲁丰织染有限公司 |
| 11 | 2019-13-SH-01 | Q8/Q8T 智能化染色机 | 科光工业有限公司 |
| 12 | 2019-13-SH-02 | SAF 气流溢流两用染色机 | 德意佳机械江苏有限公司 |
| 13 | 2019-13-SH-03 | 染料自动称料系统 | 杭州三拓科技有限公司 |
| 14 | 2019-13-SH-04 | 分散染料少水连续染色技术及设备 | 广东智创无水染坊科技有限公司 |
| 15 | 2019-13-SH-05 | TH-OQ 型高温喷气液染机 | 无锡同华染整机械有限公司 |
| 16 | 2019-13-SH-06 | 高效节能型热风烘燥机 | 扬州瑞金机械制造有限公司 |
| 17 | 2019-13-SH-07 | 活性染料母液智能配送系统 | 淄博祥源纺织有限公司<br>虹歌科技有限公司（台湾） |
| 18 | 2019-13-SH-08 | 椭圆数码印花机 | 深圳市全印图文技术有限公司 |
| 19 | 2019-13-SH-09 | 同步双面数码印花技术 | 沈阳飞行船数码喷印设备有限公司 |
| 20 | 2019-13-SH-10 | LMH050D 双层织物退煮漂联合机 | 烟台海联印染机械有限公司 |
| 21 | 2019-13-SH-11 | 针织平幅连续煮漂机 | 广东三技克朗茨机械科技有限公司 |
| 22 | 2019-13-SH-12 | 新型下抽风高效节能定形机 | 广东三技克朗茨机械科技有限公司 |
| 23 | 2019-13-H-01 | 智能电控疏水系统 | 常州市宏大电气有限公司 |
| 24 | 2019-13-H-02 | 印染智能化热能综合回收装置及系统 | 徐州荣盛纺织整理有限公司 |
| 25 | 2019-13-H-03 | 定形机废气环保节能脱白管理系统 | 无锡太阳山新能源科技有限公司 |
| 26 | 2019-13-H-04 | 印染环保设施优化控制与远程运维系统 | 广州中国科学院沈阳自动化研究所分所 |
| 27 | 2019-13-H-05 | 第六代 P 系列超低氮智慧蒸汽发生器 | 浙江南方锅炉有限公司 |

续表

| 序号 | 编号 | 申报技术名称 | 申报企业 |
|---|---|---|---|
| 28 | 2019-13-H-06 | 印染企业热能分级回收利用系统 | 常熟市江南印染有限公司 |
| 29 | 2019-13-H-07 | 印染废水低成本处理与高效再生利用关键技术 | 盛虹集团有限公司 |

**附表 2-14　第十四批中国印染行业节能减排先进技术推荐目录**

| 序号 | 编号 | 技术名称 | 技术持有单位 |
|---|---|---|---|
| 1 | 2020-14-Z-01 | 超微分散 NM 系列液态分散染料 | 上海安诺其集团股份有限公司 |
| 2 | 2020-14-Z-02 | 尿素替代剂 XD-N | 佛山市晨辉化工发展有限公司 |
| 3 | 2020-14-Z-03 | 尤纳素易清洗羊毛用活性染料 | 上海雅运纺织化工股份有限公司 |
| 4 | 2020-14-Z-04 | 超高强度系列分散染料 | 浙江博澳新材料股份有限公司 |
| 5 | 2020-14-Z-05 | 仿蜡印整理剂关键技术 | 杭州传化精细化工有限公司<br>浙江传化功能新材料有限公司<br>传化智联股份有限公司 |
| 6 | 2020-14-G-01 | 高效节能经纬双弹免烫面料生产关键技术 | 鲁丰织染有限公司 |
| 7 | 2020-14-G-02 | 纤维素纤维制品喷墨印花关键技术 | 山东黄河三角洲纺织科技研究院有限公司 |
| 8 | 2020-14-G-03 | 基于降低臭气的新型环保牛仔浆染纱硫化黑染色工艺技术 | 苏州中纺学面料产业研究院 |
| 9 | 2020-14-G-04 | 高质低耗仿蜡印印花关键技术 | 华纺股份有限公司 |
| 10 | 2020-14-G-05 | 纯棉深色系列染色后处理节水工艺技术 | 石狮市瑞鹰纺织科技有限公司 |
| 11 | 2020-14-G-06 | 膨体纱线筒子纱染色新技术 | 山东恒泰纺织有限公司 |
| 12 | 2020-14-G-07 | 涤纶/改性涤纶针织物异色花灰效果一步法染色工艺 | 互太（番禺）纺织印染有限公司 |
| 13 | 2020-14-SH-01 | 织物印花后高温低张力水洗机 | 江苏红旗印染机械有限公司 |
| 14 | 2020-14-SH-02 | LMH424 型高效热风打底机 | 扬州市江都印染机械有限公司 |
| 15 | 2020-14-SH-03 | MH688 型节能焙烘机 | 扬州市江都印染机械有限公司 |
| 16 | 2020-14-SH-04 | 平幅连续热熔轧染联合机 | 江苏赛格纺织机械有限公司 |
| 17 | 2020-14-SH-05 | 定形机在线中控系统 | 盛虹集团有限公司 |
| 18 | 2020-14-SH-06 | TH-LA-C 低浴比节能染色机 | 无锡同华染整机械有限公司 |

续表

| 序号 | 编号 | 技术名称 | 技术持有单位 |
|---|---|---|---|
| 19 | 2020-14-SH-07 | LMH202SCE 型高效节能双层布铗拉幅丝光联合机 | 烟台海联印染机械有限公司 |
| 20 | 2020-14-SH-08 | ZNJ 高温高压喷射溢流染色机 | 浙江中特智能装备股份有限公司 |
| 21 | 2020-14-SH-09 | Hawk Vision 智能图像整纬机 | 常州市宏大电气有限公司 |
| 22 | 2020-14-SH-10 | 智能化自动化上料系统 | 山东魏桥特宽幅印染有限公司<br>浙江恒天凡腾科技股份有限公司 |
| 23 | 2020-14-SH-11 | 高速高效节能绳状退煮漂联合机 | 无锡合众印染机械有限公司 |
| 24 | 2020-14-SH-12 | AIRJETWIN 高温气流染色机 | 立信染整机械（深圳）有限公司 |
| 25 | 2020-14-SH-13 | TECWIN 高温染色机 | 立信染整机械（深圳）有限公司 |
| 26 | 2020-14-SH-14 | ST 系列低浴比节能水洗机 | 无锡赛腾机电科技有限公司 |
| 27 | 2020-14-SH-15 | 布长精确计量与标识系统 | 中山市元目图像科技有限公司 |
| 28 | 2020-14-H-01 | 高效低能耗深井曝气废水处理技术 | 浙江金佰利环境科技有限公司 |
| 29 | 2020-14-H-02 | 印染废水臭氧—曝气生物滤池—纳滤工艺深度处理回用 | 华南理工大学环境与能源学院、广州市华绿环保科技有限公司 |
| 30 | 2020-14-H-03 | 丝光机淋吸碱系统改造方案 | 山西彩佳印染有限公司 |
| 31 | 2020-14-H-04 | TDLAS 激光气体分析仪 | 北京航天易联科技发展有限公司 |
| 32 | 2020-14-H-05 | 中温中压蒸汽节能技术 | 绍兴梁正机械有限公司 |
| 33 | 2020-14-H-06 | 印染废水（HMF+RO）深度处理回用技术 | 浙江津膜环境科技有限公司 |
| 34 | 2020-14-H-07 | 染色机热效率测定方法 | 广州弘禹环保科技有限公司 |

**附表 2-15　第十五批中国印染行业节能减排先进技术推荐目录**

| 序号 | 编号 | 申报技术名称 | 申报企业 |
|---|---|---|---|
| 1 | 2021-15-Z-01 | 高效节水环保型凯乐素 SP-EC 系列活性染料 | 凯乐玛（上海）科技有限公司 |
| 2 | 2021-15-Z-02 | 低尿素低能耗型活性染料 | 江苏德美科化工有限公司 |
| 3 | 2021-15-Z-03 | 涤棉一浴雅格欣 CP 系列染料 | 上海雅运纺织化工股份有限公司 |
| 4 | 2021-15-Z-04 | 多元嵌段改性有机硅水性乳液关键技术 | 杭州传化精细化工有限公司<br>浙江传化功能新材料有限公司<br>传化智联股份有限公司 |
| 5 | 2021-15-G-01 | 高效节能仿蜡染印花布后整理技术 | 浙江宝纺印染有限公司 |

续表

| 序号 | 编号 | 申报技术名称 | 申报企业 |
|---|---|---|---|
| 6 | 2021-15-G-02 | 丝光机淡碱浓度智能化控制技术 | 山西彩佳印染有限公司 |
| 7 | 2021-15-G-03 | 活性染料“潮固色”染色关键技术 | 华纺股份有限公司<br>东华大学<br>滨州华纺工程技术研究院有限公司 |
| 8 | 2021-15-G-04 | 新型无氟易去污高白度持久免烫面料关键技术 | 鲁丰织染有限公司 |
| 9 | 2021-15-G-05 | 溢流染色机节能改造技术 | 晋江市维盛织造漂染有限公司 |
| 10 | 2021-15-SH-01 | 贝宁格 Dimensa 针织丝光及 Kasag 碱回收技术 | 苏州贝宁格寇司德机械有限公司 |
| 11 | 2021-15-SH-02 | 特宽幅直辊布铗丝光机 | 无锡合众印染机械有限公司 |
| 12 | 2021-15-SH-03 | 高效去碱高速丝光机 | 江苏红旗印染机械有限公司 |
| 13 | 2021-15-SH-04 | “DANIEVO 英威”超低浴比匀流染色机 | 苏州丹氏机械科技有限公司 |
| 14 | 2021-15-SH-05 | MFH 系列高温染色机 | 广东三技精密技术（广东）股份有限公司 |
| 15 | 2021-15-SH-06 | ST 低浴比节能成衣染色机 | 无锡赛腾机电科技有限公司 |
| 16 | 2021-15-SH-07 | HZ650 系列高温高压低浴比喷射染色机 | 无锡市惠泽通用机械有限公司 |
| 17 | 2021-15-SH-08 | LMH623 数控高效节能轧染联合机 | 烟台海联印染机械有限公司 |
| 18 | 2021-15-SH-09 | 高效节能多功能绳状水洗机 | 江阴福达染整联合机械有限公司 |
| 19 | 2021-15-SH-10 | 可调向式四温控打色机 | 上海千立自动化设备有限公司 |
| 20 | 2021-15-SH-11 | 数码柯式镂空烫画工艺设备 | 中山市泰拓数码科技有限公司 |
| 21 | 2021-15-SH-12 | 针织物平幅丝光机 | 立信染整机械（广东）有限公司 |
| 22 | 2021-15-SH-13 | 印染工厂（车间）信息系统 | 福建省向兴科技有限公司 |
| 23 | 2021-15-SH-14 | AHYBRID 多功能染色机 | 立信染整机械（广东）有限公司 |
| 24 | 2021-15-SH-15 | HV-GM 智能克重在线检测仪 | 常州市宏大电气有限公司 |
| 25 | 2021-15-H-01 | KMA 新型印染废气处理系统 | 客明环境技术（上海）有限公司 |
| 26 | 2021-15-H-02 | 印染废气余热回收及深度治理成套装备 | 苏州敬天爱人环境科技有限公司 |
| 27 | 2021-15-H-03 | 蜡染生产过程中新型热能回收技术 | 青岛凤凰东翔印染有限公司 |
| 28 | 2021-15-H-04 | 活性染料染棉残液中盐回用系统 | 新疆神邦环境工程有限公司 |

续表

| 序号 | 编号 | 申报技术名称 | 申报企业 |
|---|---|---|---|
| 29 | 2021-15-H-05 | 印染废水处理全流程在线集控系统 | 盛虹集团有限公司 |
| 30 | 2021-15-H-06 | 印染行业 iTEX 能源管理系统 | 佛山技研智联科技有限公司 |
| 31 | 2021-15-H-07 | 高盐高浓度印染废水源头减量及处理技术 | 愉悦家纺有限公司 |

**附表 2-16　第十六批中国印染行业节能减排先进技术推荐目录**

| 序号 | 编号 | 申报技术名称 | 申报企业 |
|---|---|---|---|
| 1 | 2023-16-Z-01 | 高固色率低能耗活性染料 | 江苏德美科化工有限公司 |
| 2 | 2023-16-Z-02 | JETALL 水性环保乳胶墨水 | 郑州鸿盛数码科技股份有限公司 |
| 3 | 2023-16-Z-03 | 生态型胶状体系列分散染料 | 浙江博澳新材料股份有限公司 |
| 4 | 2023-16-Z-04 | 法曼隆纳米黑 KF 分散染料 | 上海雅运新材料有限公司 |
| 5 | 2023-16-Z-05 | RY-295 染色活化剂 | 石狮市瑞鹰纺织科技有限公司 |
| 6 | 2023-16-G-01 | 节能高精平网+数码印花面料生产技术 | 浙江富润印染有限公司 |
| 7 | 2023-16-G-02 | “闪染”免水洗关键技术 | 连云港鹰游新立成纺织科技有限公司 |
| 8 | 2023-16-G-03 | 弹力包芯纱筒染技术 | 山东恒泰纺织有限公司 |
| 9 | 2023-16-G-04 | 士林染色与加白一浴技术的应用 | 山东魏桥特宽幅印染有限公司 |
| 10 | 2023-16-G-05 | 棉织物臭氧前处理技术 | 愉悦家纺有限公司 |
| 11 | 2023-16-G-06 | 超声波除油水洗烘干技术 | 广东德润纺织有限公司 |
| 12 | 2023-16-SH-01 | 海大 HDMA19 型定形机 | 无锡海善纺织机械有限公司 |
| 13 | 2023-16-SH-02 | RX88M828 拉幅定形机 | 山东泰达仁信机械装备有限公司 |
| 14 | 2023-16-SH-03 | Y9000 双层定形机 | 远信工业股份有限公司 |
| 15 | 2023-16-SH-04 | FD 系列大型智能数码印花机 | 郑州新世纪数码科技股份有限公司 |
| 16 | 2023-16-SH-05 | 三辊真空吸湿轧车 | 无锡欧易博科技有限公司 |
| 17 | 2023-16-SH-06 | 针织物连续平幅练漂增白设备 | 苏州贝宁格寇司德机械有限公司 |
| 18 | 2023-16-SH-07 | 高温高压卷染机主轴温控系统 | 江苏艾诺立智能装备有限公司 |
| 19 | 2023-16-SH-08 | 定形助剂自动输送系统 | 盛虹集团有限公司 |
| 20 | 2023-16-SH-09 | LMH636 双层织物数控高效水洗联合机 | 烟台海联印染机械有限公司 |
| 21 | 2023-16-SH-10 | 盐碱饱和溶液自动配送系统 | 佛山市南海天富科技有限公司 |
| 22 | 2023-16-SH-11 | 纺织印染数字化节能管控系统 | 广州工业智能研究院 |

续表

| 序号 | 编号 | 申报技术名称 | 申报企业 |
|---|---|---|---|
| 23 | 2023-16-SH-12 | COLOR SERVICE 全自动注料系统 | 上海钧式德实业有限公司 |
| 24 | 2023-16-SH-13 | LMH028 平幅四层布双速复合退煮漂机 | 江苏新联印染机械有限公司 |
| 25 | 2023-16-SH-14 | 洗框烘干一体设备 | 广东德润纺织有限公司 |
| 26 | 2023-16-SH-15 | MH7312 大容量低张力无皱条节能蒸箱 | 无锡合众印染机械有限公司 |
| 27 | 2023-16-SH-16 | 低轧余率高效节能油压轧车 | 无锡合众印染机械有限公司 |
| 28 | 2023-16-SH-17 | 基于工业互联网标识解析的重点印染企业水平衡在线监测系统 | 广东长天思源环保科技股份有限公司<br>广东弘禹环保科技有限公司 |
| 29 | 2023-16-SH-18 | TS16-PLUS 松式烘干机 | 广东三技克朗茨机械科技有限公司 |
| 30 | 2023-16-SH-19 | TKD665 针织平幅染色后水洗机 | 广东三技克朗茨机械科技有限公司 |
| 31 | 2023-16-SH-20 | LMH792 型快速蒸化机 | 江苏赛格纺织机械有限公司 |
| 32 | 2023-16-SH-21 | HV 智能定形工艺执行系统 | 常州宏大智慧科技有限公司 |
| 33 | 2023-16-SH-22 | 喷嘴摆布低浴比溢流染色机 | 高勋绿色智能装备（佛山）有限公司 |
| 34 | 2023-16-H-01 | 棉染色废水深度治理关键技术 | 河北宁纺集团有限责任公司 |
| 35 | 2023-16-H-02 | 印染废水自动恒温控制及二次热能再利用系统 | 山西彩佳印染有限公司 |
| 36 | 2023-16-H-03 | 印染废水深度处理及再生回用集成技术 | 山东中科恒源环境工程有限公司 |
| 37 | 2023-16-H-04 | 氧捕捉动态 DO 调控节能技术与装备 | 环浔科技（苏州）有限公司 |
| 38 | 2023-16-H-05 | 定形机废气热能回收高温油烟处理技术 | 浙江远泰智能制造有限公司 |
| 39 | 2023-16-H-06 | 印染废水深度处理专用新型纳滤膜材料及组件制备技术 | 浙江津膜环境科技有限公司 |
| 40 | 2023-16-H-07 | 蒸汽中低压两用节能技术 | 绍兴梁正机械有限公司 |
| 41 | 2023-16-H-08 | 高效生物强化技术应用于印染污水处理及回用 | 绍兴合源环境科技有限公司 |
| 42 | 2023-16-H-09 | 磁悬浮 MVR 蒸发浓缩技术 | 山东双合节能环保技术股份有限公司 |
| 43 | 2023-16-H-10 | 印染废气电活性粒子除臭设备 | 苏州敬天爱人环境科技有限公司 |
| 44 | 2023-16-H-11 | 印染行业高氨氮废水处理技术 | 佛山市化尔铵生物科技有限公司 |

**附表 2-17　第十七批中国印染行业节能减排先进技术推荐目录**

| 序号 | 编号 | 技术名称 | 技术持有单位 |
|---|---|---|---|
| 1 | 2024-17-Z-01 | 纤维素纤维面料用活性染料 | 江苏德美科化工有限公司 |
| 2 | 2024-17-Z-02 | 可控自由基聚合丙烯酸涂料印花粘合剂 | 杭州传化精细化工有限公司<br>浙江传化功能新材料有限公司<br>传化智联股份有限公司 |
| 3 | 2024-17-Z-03 | 有机—无机微纳米无氟防水整理剂 | 北京中纺化工股份有限公司 |
| 4 | 2024-17-Z-04 | 超细涤纶与天丝混纺织物分散染料/活性染料一浴法染色 | 上海雅运新材料有限公司 |
| 5 | 2024-17-Z-05 | HONGSAM® 阳离子染料墨水 | 郑州鸿盛数码科技股份有限公司 |
| 6 | 2024-17-G-01 | 弹力印花面料超声波连续平幅水洗 | 广东德润纺织有限公司 |
| 7 | 2024-17-G-02 | 平幅连续染色全流程智能化控制关键技术 | 华纺股份有限公司 |
| 8 | 2024-17-G-03 | 棉针织物节能减污印染加工关键技术与装备 | 汕头市鼎泰丰实业有限公司<br>东华大学 |
| 9 | 2024-17-G-04 | 高效节能人棉活性印花工艺技术 | 绍兴永通印花有限公司 |
| 10 | 2024-17-G-05 | 针织物松式连续化浸煮工艺练漂新技术与专用装备 | 枣庄龙翔针纺织品有限公司<br>青岛大学 |
| 11 | 2024-17-SH-01 | HZ652 系列高温高压低浴比喷射染色机 | 无锡市惠泽通用机械有限公司 |
| 12 | 2024-17-SH-02 | LMH095-W 型高效节能短蒸快速退浆机 | 无锡合众印染机械有限公司 |
| 13 | 2024-17-SH-03 | 印染水洗箱智能供排水装置 | 山西彩佳印染有限公司 |
| 14 | 2024-17-SH-04 | GEM-CENTER 印染能源管理系统 | 北京广元科技有限公司<br>遂宁市新绿洲印染有限公司 |
| 15 | 2024-17-SH-05 | 染化料无人化实时精准调配输送系统 | 浙江绍兴福元科技有限公司 |
| 16 | 2024-17-SH-06 | 宽幅涂料数码印花机 | 杭州宏华数码科技股份有限公司 |
| 17 | 2024-17-SH-07 | SHR（SHQII）系列低浴比染色机 | 三技精密技术（广东）股份有限公司 |
| 18 | 2024-17-SH-08 | T（DT）系列高温低浴比大载量染色机 | 三技精密技术（广东）股份有限公司 |
| 19 | 2024-17-SH-09 | 定形机滤网智能检测系统 | 常州宏大智慧科技有限公司 |
| 20 | 2024-17-SH-10 | DBAL-K 系列气流溢流两用染色机 | 无锡东宝机械制造有限公司 |
| 21 | 2024-17-SH-11 | 前处理智能在线加料系统 | 江苏赛格纺织机械有限公司 |

续表

| 序号 | 编号 | 技术名称 | 技术持有单位 |
| --- | --- | --- | --- |
| 22 | 2024-17-SH-12 | 平幅去油、预缩、平整水洗机 | 江阴福达染整联合机械有限公司 |
| 23 | 2024-17-SH-13 | 梭织物活性染料无盐冷染关键技术和设备 | 苏州贝宁格寇司德机械有限公司 |
| 24 | 2024-17-SH-14 | OnePass 高速高精度直喷数码印花机 | 浙江海印数码科技有限公司 |
| 25 | 2024-17-SH-15 | OnePass 直喷数码印花机用自动上浆技术 | 浙江海印数码科技有限公司 |
| 26 | 2024-17-SH-16 | 前处理碱回收系统 | 山东魏桥特宽幅印染有限公司<br>宜兴市华东印染机械厂 |
| 27 | 2024-17-SH-17 | 新门结构高温压力染色机 | 江苏艾诺立智能装备有限公司 |
| 28 | 2024-17-SH-18 | 前处理碱浓度在线监控与自动输送系统 | 盛虹集团有限公司 |
| 29 | 2024-17-SH-19 | BSN 系列溢流染色机 | 巴苏尼智能科技（浙江）有限公司 |
| 30 | 2024-17-SH-20 | 纺织品印花瑕疵在线 AI 检测关键技术 | 上海布眼人工智能科技有限公司<br>复旦大学 |
| 31 | 2024-17-H-01 | 碳基材料生物强化印染废水处理技术 | 北京恩菲环保股份有限公司 |
| 32 | 2024-17-H-02 | 印染废水深度处理智慧水务监测系统 | 浙江津膜环境科技有限公司 |
| 33 | 2024-17-H-03 | KD 型九宫池智能化集成式污水处理装置 | 常州科德水处理成套设备股份有限公司 |
| 34 | 2024-17-H-04 | 高效集约型 MBR 内置膜印染废水处理技术 | 科德宝宝翎衬布（南通）有限公司<br>江苏工程职业技术学院 |
| 35 | 2024-17-H-05 | 基于 MVR 碱回收系统构建印染车间碱回收和余热回收双平衡 | 宜兴乐祺纺织集团有限公司 |
| 36 | 2024-17-H-06 | 印染车间余热转蒸汽技术 | 山东双合节能环保技术股份有限公司 |
| 37 | 2024-17-H-07 | 电催化厌氧折流污泥膨胀床 EABR™ | 广州一博环保科技有限公司 |
| 38 | 2024-17-H-08 | 高浓印染废水双循环（DC）厌氧反应器废水处理技术 | 山东中科恒源环境工程有限公司 |
| 39 | 2024-17-H-09 | 印染行业高盐浓水电渗析回用技术 | 杭州蓝然技术股份有限公司 |

续表

| 序号 | 编号 | 技术名称 | 技术持有单位 |
|---|---|---|---|
| 40 | 2024-17-H-10 | 印染废水“MCR+RO”回用技术 | 开源环境科技集团有限公司 |
| 41 | 2024-17-H-11 | 染色残液盐回收技术 | 广东溢达纺织有限公司 |
| 42 | 2024-17-H-12 | 印染废水处理生物增效技术 | 北京赛富威环境工程技术有限公司 |
| 43 | 2024-17-H-13 | 立式超导换热器定形烟气余热回收技术 | 浙江昇茂新能源科技股份有限公司 |

# 附录 3 《印染行业绿色低碳发展技术指南（2024 版）》

## 一、环保型前处理和后整理技术

### （一）棉及其混纺织物低温前处理

适用范围：棉针织物、机织物和筒子纱的前处理。

技术特点：采用高效双氧水催化/活化剂和低温煮练剂，在低于常规温度（95℃左右）下除去棉纤维表面杂质和进行氧化漂白，实现 40～75℃低温煮练和漂白。

应用效果：避免织物氧漂破洞，改善织物手感。相比常规双氧水 95℃前处理，在保证染色效果的前提下，大幅降低能耗。

### （二）冷轧堆前处理

适用范围：棉织物的前处理，长丝类涤纶、锦纶等化纤织物的前处理。

技术特点：织物浸轧前处理工作液，打卷后匀速转动堆置一段时间，退卷后进行水洗处理。通过优化带液率、打卷速度、织物张力等工艺参数，保证织物处理的一致性和重现性。化纤织物冷轧堆前处理带液率均匀性较难控制。

应用效果：相比常规连续高温前处理工艺，棉织物综合节能 30%左右，化纤织物节能 20%～30%。

### （三）低带液高效浸轧

适用范围：各类织物的浸轧环节。

技术特点：通过油缸加压、轧辊性能的优化设计，使棉织物的带液率降低到 55%以下，涤纶织物的带液率降低到 35%以下，实现低给液浸轧。不同织物对压力有不同的要求，由于压力增加会破坏部分织物的组织结构，应根据不同织物设定不同的压力，在保证被加工织物质量的前提下达到节能效果。

应用效果：降低烘干环节能耗 20%左右。

### （四）双层拉幅定形

适用范围：针织物的拉幅定形。

技术特点：采用双层烘箱结构、进出布同侧布局，通过垂直链条回转送布，使织物在烘箱内正反面均匀受热的工况下平稳运行，通过控制织物张力、烘箱温度、喷风量大小、车速等工艺参数，实现织物的脱水、烘干、拉幅定形。

应用效果：可提高生产效率，上下层烘箱结构设计，提高热能利用率的同时减少占地面积。较常规单层定形机减少用工和能源消耗。

**（五）无氟防水整理**

适用范围：各类织物的防水整理。

技术特点：无氟防水剂不含氟碳化合物，可使织物的表面张力介于水和油之间，水不能润湿织物，达到防水效果。无氟防水剂容易降解，避免造成环境问题。使用时应注意色变、手抓痕、色牢度等影响。

应用效果：无氟防水整理具有良好的防水和耐洗效果但防油效果差。

**（六）水基（性）聚氨酯涂层整理**

适用范围：各类织物的涂层整理。

技术特点：水性聚氨酯分子链中含有亲水性基团，与水有较强的亲和性。以水代替常规有机溶剂作为分散介质，形成水溶/水分散性聚氨酯。

应用效果：涂层织物生态安全、气味小，具有较良好的手感、耐磨性。

**（七）机械柔软整理**

适用范围：各类织物的柔软整理。

技术特点：不使用化学整理剂，利用气流以拍打、搓揉等机械方式对织物进行处理。

应用效果：织物不易产生折痕，可增加织物的柔软度、蓬松感和尺寸稳定性，生产重现性好，减少污染物排放及化学品在织物中的残留。

**（八）生物酶防毡缩**

适用范围：羊毛防毡缩处理。既可用于染前毛条前处理环节，也可用于染后织物后整理环节。

技术特点：利用蛋白酶、脂肪酶等生物酶对羊毛表面鳞片进行处理，改变羊毛鳞片层结构，实现羊毛无氯防毡缩处理。为提高处理效果，可配合使用生物酶活化剂等助剂。

应用效果：在不影响羊毛制品染色性和可纺性的基础上，增强羊毛制品的抗起球性，减少羊毛纤维的损伤。与氯化防毡缩技术相比，减少环境污染。

## 二、节能减排染色和印花技术

**（一）气液染色**

适用范围：棉、涤纶等织物的染色。

技术特点：采用气液分离技术，结合了气流染色和溢流喷射染色的优点。织物在低浴比条件下容易产生色花问题，特别是机织面料。

应用效果：气液染色比气流染色能耗低，比溢流、喷射染色浴比小。

**（二）无导布轮喷射染色**

适用范围：化纤及混纺织物的染色。

技术特点：染色机装有染液匀染装置、布槽变载调节装置等，通过液体喷射带动织物循环运转，无须主动导布轮带动织物。

应用效果：可减少织物折印和布面擦伤，织物表面质量好。

**（三）高性能低张力卷染**

适用范围：对均匀性、张力和皱折要求高的各类机织物。

技术特点：大容量设计，提升生产效率。通过张力控制软件和先进的变频传动技术，保持恒定张力和速度，避免织物收缩和变形。采用双液槽和新型穿布路线进行逆流冲洗，提高洗涤效率。精准的剂量系统，有效防止中边和头尾色差。

应用效果：较常规卷染节水、节能约30%。

**（四）筒子纱数字化染色**

适用范围：棉、化纤、麻等纤维的筒子纱染色。

技术特点：采用基于中央控制系统的筒子纱染色自动化生产，实现染色任务统筹规划、工艺参数实时监测及在线反馈、任务信息在线查询及追溯、生产流程在线监控。

应用效果：与常规筒子纱染色技术相比，生产效率提高10%~15%，平均吨纱节水25%以上，节约染料5%以上，减少用工。

**（五）液态分散染料印染**

适用范围：涤纶织物的染色和印花。

技术特点：液态分散染料中添加的分散剂量远少于粉末状染料，纳米级颗粒结构更易向纤维内扩散和固着，残留在纤维表面的染料少。液态分散染料用于印花时，可降低印花糊料的用量。

应用效果：液态分散染料称料无粉尘飞扬，化料简单，计量准确，使用方便，降低用水量及废水化学需氧量（$COD_{Cr}$）值。在少水洗条件下，可获得颜色鲜艳度好、牢度高等效果。

**（六）低尿素活性染料印花**

适用范围：棉织物、再生纤维素织物、麻织物和真丝织物的活性染料印花。

技术特点：在染料商品化过程中通过添加电解质、分散剂、助溶剂等提高染料的溶解性；在现有活性染料中筛选出适用于低尿素或者无尿素印花工艺的活性染料；在印花色浆中加入尿素代用剂；在蒸化过程中提高布面含湿量。

应用效果：减少印花生产中的尿素用量，降低印花废水中的氨氮浓度，减轻废水处理负担。

**（七）数码喷墨印花**

适用范围：各类织物、衣片的印花。

技术特点：电脑设计好的花型图案可通过喷头将专用墨水直接喷印到织物

上，无须分色、描稿、制版。除涂料墨水外（上预处理液），织物在图案喷印前需上浆处理，喷印后需蒸化固色、水洗等。

应用效果：工艺简单流程短，印花精度高，可满足多品种、个性化订单需求。与常规印花相比，数码喷墨印花单位产品水耗降低 10%~20%，能耗降低 5%~10%。

**（八）新型涂料印花**

适用范围：各类织物的涂料印花。

技术特点：通过使用新型黏合剂，使织物在满足手感的前提下获得优异的印花牢度，解决织物手感与印花牢度无法兼顾的问题。也可用于金银粉印花等特殊的印花方法。

应用效果：与常规涂料印花相比，织物的耐摩擦色牢度、耐洗色牢度、手感均有提高。

**（九）无酚锦纶固色**

适用范围：锦纶织物酸性染料染色后的固色处理。

技术特点：通过合适分子的立体构象设计强化固色剂与锦纶纤维的亲和力，使固色剂能很好地附着在纤维的表层并有效阻止染料向外扩散，从而提高织物的色牢度。环保酸性固色剂不含甲醛，以及苯酚、双酚 A、双酚 B、双酚 S、双酚 F、双酚 AF 等禁限酚物质，避免了对人体及环境造成的健康和环保问题。环保酸性固色剂属于阴离子物质，使用时应避免与阳离子物质接触。

应用效果：环保酸性固色剂可有效提高酸性染料染色锦纶织物的湿处理牢度，尤其是耐水洗牢度、耐汗渍牢度和耐水渍牢度。

**（十）莱赛尔织物抗原纤化交联整理**

适用范围：莱赛尔织物的抗原纤化整理。

技术特点：通过分子间交联技术解决莱赛尔纤维原纤化问题。使用时应注意对织物亲水性、色变、手感等的影响。

应用效果：通过交联技术，莱赛尔织物水洗 50 次后不出现起毛起球现象。

## 三、污染物治理与资源综合利用技术

**（一）定形机废气高效处理及余热回收**

适用范围：定形机的废气处理及余热回收。

技术特点：通过高效过滤、喷淋、热交换、高压静电除油、自动清洗、消雾等系统实现废气处理和余热回收。

应用效果：对定形机废气颗粒物、油烟去除率高，可将定形机高温废气降至 60℃以下，通过热交换回收的热能可转换成热风或热水，节约能源。

### （二）废水膜法再生及分质回用

适用范围：印染废水深度处理和再生，降低废水中有机物和总盐的浓度。

技术特点：印染废水处理中常用的膜法工艺主要有超滤和反渗透。超滤可以分离废水中悬浮固体、胶体和聚合物，操作压力相对较低。反渗透可截留溶解盐和有机物，操作压力一般在 0.8MPa 以上，处理高盐浓水时可采用余压能量回收装置。此外，纳滤可分离大分子有机物和多价离子。

应用效果：超滤应用于膜生物反应器（MBR），可以提高出水水质，减少占地面积；纳滤膜可进行印染尾水脱色和分盐；反渗透膜可以进行废水脱盐和纯化，水质满足印染全工序水质要求，膜分离浓缩液可通过深度处理后达标排放。

### （三）含盐染色废水循环利用

适用范围：纤维素纤维活性染料染色废水的循环利用。

技术特点：利用酸性条件下可阳离子化的萃取剂与活性染色废水中带有负电的残留染料的络合作用，对染色废水中的染料进行萃取分离，分离出的含盐水可循环用于染色环节，利用 pH 值摆动效应实现络合萃取剂的再生，分离出残留染料浓液。浓液可采用复配絮凝和高级氧化进行深度处理。

应用效果：活性染色废水中的染料去除率可达 95%以上，脱色后的含盐水可回用于织物染色，实现水和元明粉的重复利用，大幅减少纤维素纤维染色过程中的盐用量，减少废水中的全盐量。

### （四）低能耗风机及微氧曝气

适用范围：废水处理的曝气环节，包括磁悬浮风机、可提升微孔曝气软管的曝气技术、智能溶解氧控制技术等。

技术特点：通过设备和过程管理降低废水处理中的曝气能耗。采用磁悬浮轴承技术、高速大功率永磁同步电机技术、高效率流体技术等降低风机能耗。通过可提升微孔曝气软管的低通气量曝气，延长气泡在水中的停留时间，提高氧传递效率。智能溶解氧控制系统通过记录、运算电流信号，调整鼓风机运行频率，精确跟踪并控制曝气量，降低运行能耗。

应用效果：可提升微孔曝气软管的曝气效率，相比常规曝气方式氧利用率提高 30%以上，减少反硝化过程投加的碳源 25%以上，磁悬浮风机相比常规的罗茨鼓风机节能 25%左右，溶解氧控制系统按需供给曝气量规避了负荷变化造成的风量不足/过剩的情况。

### （五）热泵法中低品位热能回收

适用范围：印染企业及园区内中高温废水和废气余热回收。

技术特点：通过热泵机组、换热器、水泵以及控制系统实现热量回收和利用。系统杂质过滤精度、自动化程度高，防止热泵机组和管道结垢、腐蚀。

应用效果：可回收中高温工艺废水和废气中70%左右的余热，降低废水、废气的温度，有利于废水和废气的后续处理。回收余热可用于工艺水预热、污泥干化等。

**（六）蒸汽热能梯级的利用**

适用范围：低压蒸汽印染设备。

技术特点：中压蒸汽经定形机使用后，通过一级闪蒸罐回收至低压蒸汽管网后，低于0.8MPa的冷凝水和蒸汽进入二级闪蒸罐，通过热泵系统加压后再次进入低压蒸汽管网，用于染色机等低压设备，充分利用蒸汽热能。

应用效果：通过闪蒸系统减少蒸汽消耗，实现热能再利用。

**（七）MVR淡碱回收**

适用范围：印染丝光淡碱的回收利用。

技术特点：利用蒸汽机械再压缩技术将蒸发过程中产生的蒸汽压缩，使蒸汽压力和温度升高，经压缩的蒸汽被送到蒸发器加热室作为热源加热淡碱液，实现蒸汽的循环使用，同时将淡碱液浓缩至所需浓度。

应用效果：相比蒸汽多效蒸发节能30%左右。

## 四、降碳减污协同增效技术

**（一）化纤机织物连续平幅前处理**

适用范围：化纤及其混纺机织物的前处理。

技术特点：选用高效稳定的退浆助剂体系和精确的碱浓度在线监控系统，以连续化加工方式替代常规间歇式加工方式。工艺控制要求比间歇式加工高，对浆料重、密度高的织物处理效果不佳。

应用效果：可避免织物机械擦伤，减少织物上的折皱印。相比常规间歇式前处理工艺，生产效率高、节水减排、节汽、节电、碱液用量少、减少污染物排放。

**（二）针织物连续平幅前处理**

适用范围：适合较大批量的棉及其混纺针织物的连续平幅前处理。

技术特点：使用扩幅与展边装置，通过控制织物张力、碱液浓度、带液率等工艺参数，采用平幅均匀轧碱工艺，结合高效水洗，实现连续高效针织物平幅前处理。该技术对工艺的控制要求高于间歇式前处理。

应用效果：可提高生产效率，降低劳动强度，避免机械擦伤和绳状加工产生的折皱印，有效控制织物缩水率，减少织物表面毛羽。较常规针织物前处理节水减排、节约蒸汽。

**（三）超声波连续水洗**

适用范围：化纤织物的前处理除油及染色、印花的水洗。

技术特点：在水洗槽底部安装超声波发生器，利用超声波发生器产生的“空化效应”，对织物上的杂质、油渍进行物理除油。该技术对印花糊料、未上染的染料等附着物也具有一定的去除效果。

应用效果：与常规除油水洗机相比，节能、节水，不添加或者少添加除油助剂便可获得相同除油效果，减少污染物排放。

**（四）连续喷射绳状水洗**

适用范围：棉、化纤及其混纺织物的水洗。

技术特点：采用U型的底部设计、紧凑的并列方式排列，每槽配有两个圆形喷嘴，结合逆流循环用水，实现织物的连续化绳状水洗。

应用效果：相比常规绳状、溢流工艺节能30%左右，节水减排20%左右，节约助剂30%左右。

**（五）活性染料无盐轧染**

适用范围：棉机织物轧染。

技术特点：将染液施加方式由常规的染料和碱剂分开施加，优化为染料和碱剂同时施加，将常规的轧烘轧蒸染色工艺缩短为轧蒸染色工艺。

应用效果：与常规轧染工艺相比，减少无机盐用量，降低 $COD_{Cr}$ 排放，节能降碳30%左右。

**（六）分散染料碱性染色**

适用范围：涤纶织物的退染一浴工艺、涤棉织物的一浴法工艺。

技术特点：耐碱性（pH 7~13）分散染料的助色基团为耐碱基团，可在碱性浴中对涤纶织物染色。染料有一定局限性，日晒牢度欠佳。

应用效果：与酸性条件染色相比，染色成本降低15%左右，节水减排10%~30%，节能10%~30%。可避免因前处理或碱减量后水洗不充分，再经酸性条件染色出现的染色重现性差、色光不准等问题。

**（七）涤纶织物少水连续轧染**

适用范围：涤纶绒类织物、革基布的连续轧染。

技术特点：通过聚合物包裹分散染料纳米颗粒，减少分散剂用量，有效阻止分散染料向空气“逸散”，将游离染料粘附到织物上。或通过分散染料超细化加工，提高分散染料向纤维无定形区的扩散和固着。由于大部分分散染料通过升华进入纤维无定形区，残留在纤维表面的染料少，除色牢度要求非常高的织物需水洗外，一般不需要水洗处理，从而达到节水的目的。

应用效果：染色环节无须水洗或少水洗，节能30%左右，节约染料和助剂10%左右，节约运行成本15%左右。

**（八）数码喷墨印花在线上浆**

适用范围：数码喷墨印花过程。

技术特点：采用圆网印制或均匀喷液上浆技术，对上浆量进行实时监测和控制，实现数码印花织物的在线上浆。湿浆印花工艺，增加印花反面渗透效果。

应用效果：与常规上浆相比，节省浆料，节省烘干能耗10%左右，生产效率提高8%~15%，得色量提高5%~10%，减少污染物排放。

## 五、数字化智能化技术

### （一）染化料自动称量、配制和输送系统

适用范围：印染企业染化料自动称量、配制和输送。

技术特点：依据生产工艺配方按需自动配制生产所需染化料，通过生产指令将配制好的染料、助剂自动输送到各生产机台，实现印染生产化学品物流、信息流的统一调度和管理。

应用效果：小样配方和大生产配方的一致性更高，工艺稳定重现性好。减少用工并降低劳动强度，改善作业环境。

### （二）印花自动调浆系统

适用范围：印花生产中色浆的自动调配。

技术特点：通过化料分配系统、母液储存系统、具备自动上粉装置的糊料准备系统、全自动称量化料系统等，对印花订单、工艺配方、配浆量等信息进行集中管理，准确控制色浆工艺配方的关键参数。

应用效果：可提高印花调浆配方的准确性和工艺配方的重现性，减少人为不确定因素，便于工艺处方管理，提高生产效率，改善作业环境，降低劳动强度，减少色浆浪费。

### （三）工艺参数在线采集和控制系统

适用范围：印染设备工艺参数的采集和控制。

技术特点：对印染设备的工艺参数，通过传感器进行实时数据采集，将采集的数据与工艺参数进行比对分析，控制关键工艺参数在设定范围内。

应用效果：通过对生产过程的工艺参数进行在线自动采集和控制，提高工艺重现性和产品合格率，提升生产自动化水平。

### （四）废水处理在线监控系统

适用范围：印染废水处理的数据实时监测、分析和在线控制。

技术特点：对印染废水物化处理、生化处理、深度处理等各工艺、设备和水质参数进行在线监测和在线数据分析，以此为基础动态调整物化处理加药量、生化处理曝气量等关键操作参数，减少混凝剂用量以及生物曝气系统能耗，提高废水处理系统运行效率和自动化水平。

应用效果：实现废水处理的高效化运行和集约化管理，降低废水处理异常工

况发生率，减少人工经验误差，降低人力成本与劳动强度，保证出水水质稳定达标。节省混凝药剂添加量，减少曝气能耗和污泥产生量。

**（五）智能化仓储物流系统**

使用范围：坯布和成品布的仓储物流。

技术特点：通过完善 WMS 系统、ERP 系统实现订单接单、物料需求运算、物料采购、生产管理、仓库按订单出入库管理。

应用效果：物流调度和管理系统的实施，有效分流了装车时间点集中的矛盾，使物流、货运之间的出货节奏得到有效协同和计划，节约了人力物力成本、提升了工作效率、提高了货物发运的准确性，也使得交付体系流程间的协同性得到加强。

**（六）能源管理系统**

适用范围：印染企业能源监控与统计分析。

技术特点：基于浏览器/服务器模式架构，将蒸汽、电力、天然气等能耗仪表与数据采集网关连接，通过实时采集各监测点的能耗、影响参数和运行信息，实现能耗的分类、分项、分区域、分时段、分订单分析，并对能源参数进行智能调控。

应用效果：降低企业综合能耗，实现节能降碳，提升企业能源精细化管理水平。

## 六、前沿技术

**（一）棉针织物活性染料连续染色**

适用范围：棉针织物的染色。

技术特点：通过防褶皱平幅前处理设备、平幅染色预烘设备和大直径多辊汽蒸固色设备等，控制棉针织物在平幅运行中的形变与张力，构建棉针织物低温平幅前处理→浸轧染色→后整理→定形的连续化生产过程。

应用效果：能有效降低单位产品能耗、水耗，提高生产效率，减少用工，减少擦伤、折痕等疵点产生，提高产品品质。

技术难点：目前棉针织物活性染料连续染色还处于研发和产业化验证阶段，仍存在一些需要解决的问题：一是轧染固色装备需进一步优化；二是有关染色工艺有待进一步研究与完善。

**（二）数码喷墨染色**

适用范围：各类机织物、针织物的染色。

技术特点：利用数码微喷涂喷头将染液以雾化形式喷出，雾化后的染液精确传输到织物，实现织物的定量低给液。该技术代替了常规染色织物需要浸轧在染液中染色的方法。

应用效果：上染量精确可调，染液换色时间短、换色时染液浪费少。相比常规染色，节能、节水、降低染料用量。

技术难点：一是目前在数码微喷涂喷头的研发方面，我国技术和人才储备不足，增加了研发的复杂性和难度；二是要解决自动、准确、快速配色问题，特别是解决自动配色难题；三是要解决喷涂后织物颜色的均匀性、渗透性与喷涂速度之间协调性的问题。

**（三）活性染料非水介质染色**

适用范围：纤维素纤维的染色。

技术特点：以非水介质代替水介质作为染色介质对棉等纤维素纤维进行活性染料染色。选用对活性染料具有较高溶解度的极性非水介质，能使纤维增塑、溶胀，实现纤维对染料的吸附、固色，达到无盐少水染色目的。目前主要研究方向包括：使用极性溶剂取代部分水进行染色、采用极性与非极性溶剂混合染色。

应用效果：活性染料在非水介质中的稳定性更好，避免了染料的无效水解，染料利用率更高。染色过程无须使用大量无机盐来促进纤维对染料的吸附，降低染色废水的处理难度。减少染色和染色后水洗用水，节能减排效果显著。

技术难点：非水介质大部分是非极性介质，难以有效溶胀棉纤维，染料上染纤维较困难；研发在生产、运输、使用过程中安全环保的非水介质溶剂，是实现非水介质染色的前提，也是该类技术需要攻克的难点之一；溶剂的回收和重复利用率等方面还有待提高。

**（四）超临界二氧化碳染色**

适用范围：聚酯纤维的染色。

技术特点：超临界 $CO_2$ 流体是指温度和压力处于 $CO_2$ 临界点以上的一种区别于气态和液态的流体状态。超临界流体既有与液体相近的密度和对物质优良的溶解能力，能够溶解染料，又兼具有与气体相当的高渗透力和低粘度，将染料分子迅速、均匀地扩散到纤维中。超临界状态下 $CO_2$ 使纤维迅速溶胀，促使染料易于上染纤维，能大大缩短染色时间。

应用效果：染色过程无须用水，无废水产生。染色后无须烘干，缩短工艺流程，节省能源。$CO_2$ 稳定性好，易得且可重复使用，减少污染。

技术难点：目前超临界 $CO_2$ 染色还处于研发和产业化验证阶段，大规模推广应用尚需解决几个问题：一是生产设备为高压系统（设计压力 32MPa），确保设备安全性是需要持续关注的问题；二是技术的基础研究和产业化验证还需要进一步加强；三是相关技术和装备需要进一步完善；四是适用的染料品种少，有关染色工艺有待进一步研究和优化；五是该技术的综合能耗、综合成本情况需要进行综合评价。

**（五）智能测配色系统**

适用范围：色纺纱、织物的测配色。

技术特点：采用测色仪、分色及识别系统、混配色模型及软件、自动化染色装备及 MES 系统，可实现色纺纱、面料智能化测色、配色、仿真数字化设计、数字化自动化生产。同时，利用计算机大批量获取调色配方数据，在快速大批量计算配方的同时，保证配方的准确性，并且同步生产现场的设备和原材料，减少实验小样与大货的误差。

应用效果：提高色纺纱和面料测配色效率、减少原料损耗、降低废品率、减少排污，且数字化配方易追溯、提升颜色配方管理效率。

技术难点：构建较为完备单色样 RGB 基础数据；测配色系统的软件和硬件开发；建立我国的产业标准、测量评价体系，并在产业应用中获得基础数据。

**（六）印染 MES 系统**

适用范围：印染企业生产。

技术特点：由生产计划、机台管理、工艺管理、能源管理等模块构成。通过将企业的生产管理层、生产执行层和设备的运作层整合，使企业制定和执行科学的调度计划，精确监测和控制生产工艺、能源消耗等关键参数，实现生产过程的数字化、精细化管理。

应用效果：MES 系统承上启下，融合生产智能化和管理智能化，在印染行业智能制造中具有重要作用。

技术难点：当前很多印染企业的上层管理信息系统与车间生产执行过程存在信息断层问题。需要解决车间各种类型设备数据采集接口的通用性、各类生产配套系统的数据集成性及实时响应性等问题。

**（七）智能缝头进布系统**

适用范围：印染设备进布前织物缝合连接。

技术特点：将相同幅宽布匹对中、展平，输送至自动缝合装置工作位置，与上一匹布进行缝合连接。缝合过程经过上布、寻找布头、夹持、展平等自动化过程，实现布匹平整、对正、齐边地缝合连接。

应用效果：提高生产效率，降低工人劳动强度，减少人为因素引起的损失。

技术难点：解决布匹卷边、对边不准、起皱等问题。

**（八）智能验布装置**

适用范围：坯布、染色布、印花布的疵点检测。

技术特点：采用无监督 AI 深度学习技术自动生成疵点检测模型，实现对织物的疵点检测。实时存储检测疵点数据，自动生成质量评级报告。

应用效果：将机器视觉应用于布匹检测，可降低因出厂产品质量问题造成的损失、减少用工人数。

技术难点：目前智能验布技术的成熟度、可靠性有待进一步提高，疵点标识贴敏感度的自动控制、疵点辨识度和准确性还不能完全满足实际生产需求，需要人工辅助完成。

GUREN
Hawk Vision®
宏大定形机智慧系统
助力印染行业智能化高质量发展！
HAWK VISION密度检测
自动超喂控制系统
密度高精度检测与控制。
定形机滤网智能检测系统
解决堵网引起的能耗高问题。
MSC–U5全幅含潮率在线
测控系统
确保质量、改善手感、减少
能耗。
HVMC–HE智能图像整纬机
最新技术，纬纱全幅检测 。
HV–T500 智能定形工艺
系统
精准定形、确保质量。
定形机自动节能排风系统
排风量等多参数进行测控，实
现更优的节能减排。
织物智能克重在线检测仪
全球创新研发，拥有多项自主
知识产权 。
拥有多项知识产权！ 支撑印染行业数字化高质量发展！
宏 大 智 慧　　打 造 纺 织 印 染 智 能 新 时 代 ！
宏大官网
宏大公众号
国家印染数字化系统技术研发中心
国家工业和信息化部试点示范企业
宏大智慧科技(集团)

CDPA

# 中国印染行业协会

CHINA DYEING AND PRINTING ASSOCIATION

## 关于我们

ABOUT US

中国印染行业协会成立于1995年3月，由从事印染及相关行业生产、贸易、研究的企事业单位、社会团体和具有一定经验的专业人员自愿结成的全国性、行业性社会团体。

本会的宗旨是维护行业的整体利益和会员的合法权益，充分发挥行业组织的桥梁和纽带作用，协助政府部门完善行业管理，为企业、行业、政府服务，推动我国印染行业持续稳定健康发展。本会遵守宪法、法律、法规和国家政策，践行社会主义核心价值观，弘扬爱国主义精神，遵守社会道德风尚，自觉加强诚信自律建设。

北京市朝阳区朝阳门北大街18号801室

010-85229329

www.cdpa.org.cn

绿色·科技·时尚